大学二级学院院长的角色认知与管理之道

曹希绅◎著

经济管理出版社
ECONOMY & MANAGEMENT PUBLISHING HOUSE

图书在版编目（CIP）数据

大学二级学院院长的角色认知与管理之道/曹希绅著．—北京：经济管理出版社，2019.3
ISBN 978－7－5096－6472－8

Ⅰ.①大…　Ⅱ.①曹…　Ⅲ.①高等学校—院长—学校管理—研究　Ⅳ.①G647.17

中国版本图书馆 CIP 数据核字(2019)第 054417 号

组稿编辑：申桂萍
责任编辑：申桂萍　杜羽茜
责任印制：黄章平
责任校对：赵天宇

出版发行：经济管理出版社
（北京市海淀区北蜂窝 8 号中雅大厦 A 座 11 层　100038）
网　　址：www.E－mp.com.cn
电　　话：（010）51915602
印　　刷：三河市延风印装有限公司
经　　销：新华书店
开　　本：720mm×1000mm/16
印　　张：13.75
字　　数：240 千字
版　　次：2019 年 3 月第 1 版　　2019 年 3 月第 1 次印刷
书　　号：ISBN 978－7－5096－6472－8
定　　价：58.00 元

联系地址：北京阜外月坛北小街 2 号
电话：（010）68022974　　邮编：100836

序

高校在整个教育体系中占据重要地位，是推进教育现代化、建设教育强国的重要组成部分。高校的二级学院是履行高校人才培养、科学研究、社会服务、文化传承等社会功能的主体，一所高校是否有竞争力，关键在于学院。毫无疑问，二级学院院长作为行政“一把手”，扮演着十分重要的角色。可以说，一所学院办得好不好，在很大程度上受到院长角色认知和角色扮演状况的影响。曹希绅同志的著作《大学二级学院院长的角色认知与管理之道》，作为系统阐述高校二级学院院长角色定位与管理方法的尝试，可以说是适应了我国高等教育发展的迫切需要。

从该书的内容来看，主要包括院长的角色认知、不同角色下的院长职能、院长的特质与风格、学院治理与领导班子建设、院长的基础管理工作、院长的基本业务工作、资源整合与能力建设、学院文化建设、院长的管理方法与艺术、院长的工作绩效评价十个部分，涵盖了院长工作的主要方面，具有较强的系统性。该书大部分内容，都是基于对全国高校校院领导、专家的调研，反映了当前大家对于院长的角色定位以及管理工作的一些共识，具有较强的现实基础和实证依据。

针对院长的角色定位以及如何抓学科建设等问题，曹希绅同志曾对我进行了访谈。我向他介绍，我当校长的时候，正是在“211”工程建设开始前夕，我就想把学科建设作为最重要的、基本工作去抓。我当时提出了学科建设的“八字方针”——联合、交叉、前沿、急需。联合，就是组建学科群，联合建设，强强联合，优势互补。交叉，就是不同学科之间进行交叉，比如地学与数学交叉，就形成了数学地质。交叉可以产生创新，使相关学科之间更加协调，使学科群产生新方向、新的增长点。前沿，就是考虑国际学术界发展趋势，瞄准前沿，不能落后，引领学科发展。究竟哪些问题可以作为学科问题去研究，需要对学科进行引导。急需，就是考虑国家急需、社会发展、人类生存急需。

那么这样做的成效如何呢？事实证明非常有必要。它保证了我校地学学科的优势地位，并且优势更加突出、强大。同时也促进了非地学学科的发展，使得各学科各得其所。当然，对于学科建设，也要有所得，有所失。有所失，才能有所得。对于没有发展前途的学科，该放就放。

学科建设是一项很综合性的工作，涉及人才培养、科学研究、社会服务、国际学术交流与合作，这些都与学科建设有关。一所学校要想成为很强势、很有竞争力的学校，应以一流学科为支撑，要有数一数二的学科为支撑。要保证一流，就要在国内保持先进性，在国际上也拿得出手。这样的学科，对于学院也好，大学也好，就是要有自己的特色、优势和竞争力。从这个角度讲，一定要把学科建设放在优先发展的地位，要作为战略来抓。

还有关于如何看待人才培养、科学研究和社会服务三者关系的问题。大家知道，人才培养、科学研究和社会服务是大学的三项基本功能，后来胡锦涛同志在一次讲话中又加了一个功能——文化传承。我觉得大学还有一项功能，即引领时尚。因为在产生知识、创新知识上，大学应走在社会前面。像美国苹果公司的乔布斯，他开发苹果手机“iPhone”，就是引领市场，而不是简单地适应市场，是引领群众的消费。高校不是简单地适应社会发展，而是应该引领社会发展，引领时尚。而要引领，就要做到超前，就需要创新，创新才能引领。

大学的这五大功能是相辅相成的。其一，人才培养是天经地义的大学基本功能；其二，科学研究，科研差了，人才培养也提高不了水平；其三，大学可以利用现有的知识、技术、设备以及人才优势去服务社会，随时解决一些社会实际问题；其四，传统文化的传承功能；其五，引领时尚。当然不同时代、不同时期，大学在功能上会有不同的侧重点。

至于院长在大学中的角色定位，我觉得优秀的院长首先应该是一位教育家，所谓教育家就不是一个“书呆子”。校长、院长必须走在时代前面，是一个思想家，包括具有政治思想、政治头脑，具有自己的教育思想和教育理念。

那么作为院长，应该要建成什么模式的学院呢？概括起来就是现代型、开放型、国际型。所谓现代型，就是教育思想现代化，办学条件现代化，办学理念现代化。所谓开放型，就是不能关门办学，要广泛交往，向国内、国外开放。所谓国际型，就是要有国际视野，要有国际标准，要有国际学术交流，开展国际交流与合作，培养的人才具有国际化素养。

那么要培养什么样的人才呢？针对中国地质大学的学生我曾提出“五强人才”标准：一是爱国心和责任感强，起码对国家、对老百姓要有责任感。二是基础理论强。数理化、天地生，包括人文社科类基础理论知识要扎实，这样才有发展后劲、发展潜力，基础一定要打牢。三是创新能力强，这个时代，不创新就会落伍。四是计算机与外语能力强。虽然提出这个标准已经多年，但现在看来也很重要，大数据时代，信息时代，全球化时代，就要求这样的能力。五是管理能力强。不能只是智商高，情商也要高。你要管理好自己和别人，就需要管理能力强、沟通能力强。

在我校举行五十周年校庆时，我曾提出高校应发展“四力”——创造力、贡献力、影响力、竞争力。学院、学校必须要有社会影响力，包括人才培养、科研、社会服务等各方面成果的影响。比如出一位总理、出一位大科学家等。学校、学院必须形成自己的核心竞争力，否则就要落伍。

教育家也好，领导者也好，都需要有一套理念，有一套明确的办学指导方针。就像一个指挥员，你要让大家达到什么目标，必须明确才能取胜。无论院长、校长、学科带头人，在业务能力上、视野上都应该是引领前沿的人，理念上落伍了那是肯定不行的。

我也强调校长、院长都应该扮演好师生服务者角色，要同群众有感情，关心大家。当时我当校长时，就建立了教学科研行政后勤服务值班制，从校长到普通职工，都要到现场了解情况，解决群众的实际问题。领导要有服务精神，管理育人、服务育人，不能高高在上，要想群众之所想，急群众之所急，不能空喊口号，要落实，服务到位才行。

关于院长的类型，我觉得单纯学者型和单纯管理型可能都有问题，都不够完善。理想的院长类型应该是“学者型＋管理型”的复合型。

对于院长的工作评价，我想首先要多听听群众反映，群众是不是满意。群众满意并不是统统打高分就是好院长。要确实对学院事业发展有利，对公共事业发展有利，你的贡献群众看得见、摸得着。如果群众不买账，口碑不好，恐怕就不能算是好的院长。

还有，学校在考察学院学科发展、科研产出方面，我认为不能简单地看短期的成效，而是要看其对国家、社会和人类实际的贡献。所以，对于SCI论文，虽然这个指标能说明部分问题，但简单采用SCI论文数量考核，恐怕不够合理和全面。不能简单比论文篇数，一定要把量化指标同质量指标统一起来看效果。

另外，院长作为学院领导班子的班长，其班子团结协作很重要，因为学院不能单打独斗，作为班长就要把班子建成一个团结协作的集体。班子是否能够团结协作也是考核院长的重要方面。在学校层面，党委书记和校长，要“将相和”；院长和学院的书记也是一样，都要有担当精神，都要为共同事业相互包容、相互支持、相互理解，而不能相互扯皮、发生内耗。

对于院长的成功特质，我想即使不当院长、校长，也需要一个基本素质。当了校长、院长，在素质上就要有更高标准。首先在人品上，要品德高尚，要成为人们的楷模。其次要追求卓越，不能满足于现状，永远向前看齐，这与简单完成任务不一样，只有这样，才能把一所学院带向新的高度。最后要具有艰苦奋斗的精神。我曾针对中国地质大学向院长、系主任提出四个方面要求：一是选好方向，二是逆境而上，三是完美为本，四是勤奋为纲。我想这些素质是成为优秀院长的基础。

总之，该书作为系统地研究高校二级学院院长角色定位和管理之道的专门著作，具有较强的学术价值和实践价值。说实话，没有一种对高等教育事业的责任感，是不可能坐下来深入研究这一问题的。作为现任院长或未来有志于从事学院管理工作的同志，读一读这本书还是会有所裨益的。

中国科学院院士

中国地质大学教授、博士生导师

赵鹏大

2018 年 10 月

自　序

本书是专门探讨大学二级学院院长角色定位与管理之道、管理方法的书。本书初稿形成于 2017 年 7 月 10 日，完稿于 2018 年 10 月 30 日，历时逾 15 个月。

在开展院长访谈过程中，曾有几位院长问我，您为什么要研究这样一个课题呢？我告诉他们：第一个原因，是我在与几届院长共事的过程中，也包括在接触兄弟高校学院院长的过程中，不少院长所表现出来的使命担当、强烈的事业情怀让我感动，不少院长所表现出来的那种推进学院改革创新发展的智慧和魄力让我敬佩，同时我也感到，不是每一位院长都能够很好地定位自己的角色，不是每一位院长都能够专业化地去履行自己的职责。第二个原因，是我自己做了近 20 年的副院长，确实有不少感悟，觉得能够把这些感悟加以梳理、总结，或许对后人会有些启发。第三个原因，是我在查阅相关国内文献时，关于院长角色定位、院长工作原理、工作方法的系统理论文献少之又少。正是这样三个原因，促使我下决心开展这方面的研究和撰写这本书，总体目标就是通过理论分析和实际调研，初步形成一本系统阐述院长角色定位、职能履行、工作原理和工作方法的著作。

二级学院是高校履行人才培养、科学研究和社会服务三大功能的主要载体，院长作为学院行政“一把手”，承担着重要的职责，扮演着重要的角色。特别是随着我国的快速崛起、互联网时代的到来以及高等教育的全球化竞争，院长的角色变得越来越重要且越来越多元化和柔性化。可以说，院长角色定位和职能履行的状况，对于学院发展会产生直接影响。因此，研究院长的角色定位、院长的特质与风格、学院治理和领导班子建设、院长的工作原理、工作方法，形成一套较为系统的理论和实践模式，就是期望在促进院长专业管理素质和履职效能方面起到些许作用。

本书基于对全国 70 余位院长进行问卷调查和对 26 位专家（院士、校领导、院长）进行访谈调研的深度挖掘，并力求系统化阐述学院院长的角色定位、职能履行、工作原理和工作方法。全书共分 11 章，第一章：院长的角色定位；第二章：不同角色下的院长职能分析（一）；第三章：不同角色下的院长职能分析（二）；第四章：院长的特质与风格；第五章：学院治理与领导班子建设；第六章：院长管理工作的基础；第七章：院长的基本业务工作；第八章：资源整合与能力建设；第九章：学院文化建设与管理；第十章：院长的管理方法与艺术；第十一章：院长工作绩效评价。

本书读者群主要为学者、校院领导，尤其是新任院长、副院长以及开展相关学术研究的学者。因此本书不同于通俗性畅销书，具有较强的学术性、理论性；本书也不同于单纯的学术著作，而是力求理论与实际结合、学术与经验紧密结合。

在问卷调查、访谈调研和本书的编写过程中，得到了众多高校院长（或曾任院长），或曾任院长的校领导（或卸任校领导）的支持帮助，其中还有德高望重、现年 86 岁高龄的赵鹏大院士。在访谈过程中，无论是校领导还是院长们，都是在百忙之中抽出时间接受我的访谈，虽然经常是约好的访谈时间由于一个临时会议而变更，但最终都完成了访谈任务。比如在访谈对外经贸大学副校长张新民教授、天津大学经济与管理学部前主任张维教授时变更了三次时间，但他们最终都以热情的态度和精心的准备接受了我的访谈。校领导或院长们的风格各有差异，其观点既有差异也有共识，笔者前面已经形成的观点，常常由于访谈中出现的新的观点而被调整，所以每一次访谈都会给我留下很深的印象。

我要特别感谢原中国地质大学校长赵鹏大院士，西郊利物浦大学执行校长席酉民教授，对外经济贸易大学副校长张新民教授，中国地质大学（北京）前任或现任副校长余际从教授、张汉凯教授、雷涯邻教授、万力教授、王训练教授，上海交通大学安泰经济管理学院前任院长王方华教授，天津大学经济与管理学部前任主任张维教授，中国人民大学商学院院长毛基业教授，中国地质大学（北京）经济管理学院院长安海忠教授、土地科学技术学院前任院长白中科教授、能源学院前任院长樊太亮教授，北京林业大学经管学院院长陈建成教授，北京师范大学经济与工商管理学院院长赖德胜教授，北京航空航天大学人文社科学院（公共管理学院）院长郑晓齐教授，中央民族大学管理学院院长李俊清教授，对外经济贸易大学国际商学院院长王永贵教授，中央财经大学商学院院长王瑞华教授，南京农业大学公共管理学院前任院长欧名豪教授，河北工业大学原管理学院院长王云峰教授，中国矿业大学（北京）管理学院院长丁日佳教授，北京邮电大学经济管理学院执行院长王欢教授，内蒙古大学公共管理学院院长刘银喜教授，上海对外经济贸易大学工商管理学院前任院长魏农建教授，D 大学某理科学院院长尚元君教授。我也要感谢中国地质大学（北京）校长邓军教授，邓校长曾专门打电话对我专题研究院长角色定位与学院管理问题表示鼓励和支持。我还要感谢我的同事冯天天博士，他在美国访学期间精心帮助我收集整理有关美国大学及学院治理、院长角色定位等资料。此外，在通过电子邮件进行问卷调研时，先后有 70 余位院长（少量院党委书记）提供了帮助，在此一并表示感谢！书中引用了许多专家、学者文献中的观点或数据，特别是前中山大学前任校长黄达人先生、哈佛大学前任校长德里克·博克先生等著名教育家的观点，在此一并表示感谢！最后，我也要感谢我的研究生夏艳清、周梦、张颖等同学，我的夫人毕文翎，女儿曹梦新以及“星海十二仙”微信群友的鼓励和支持。

由于笔者水平和精力所限，有许多问题的研究还不够充分、不够深入，这有待于以后继续深入研究。笔者仅期望以此书抛砖引玉，真诚希望本书内容成为校院领导们相互交流的引子，真诚希望各位专家学者对本书提出宝贵意见和建议，如果本书能够对我国高等教育管理起到些许促进作用，那就是笔者所期望的和感到欣慰的。

曹希绅

2018 年 10 月 30 日于中国地质大学（北京）

目　录

第一章　院长的角色定位

一、院长角色的产生及其演变

“角色”这个词，原意是指“演员扮演的剧中人物，也比喻戏曲演员专业分工的类别”①。在戏剧舞台上，每个演员都在扮演特定的角色，如皇帝、太监、大臣、丫鬟等。后来，“角色”一词的含义泛化了，泛指生活中某种类型的人物。美国著名的社会心理学家米德（G. H. Mead）将“角色”这一概念引入社会心理学，之后许多学者对角色问题展开了研究。角色理论认为，“角色是指个人或人们在群体和社会中由于占据一定的地位而显示的态度与行为模式的总和”②。在社会互动中，人们总是对一个特定角色持有一定的认知和期望，如果一个人的角色行为超出了人们既有的角色认知和角色期望，就会引起人们的疑惑、异议或者排斥。

院长角色最早产生于13世纪欧洲的巴黎大学和蒙彼利埃大学。当时的学院主要有两种：一是大学的专业学院；二是住宿学院。在专业学院中，最早的院长是由从事教学的高级教师兼任的，他是学院教师集会的主席，负责管理学院的教学、辩论和考试，通常由学院成员选举产生。在住宿学院中，院长主要负责学生道德和纪律监控，具有替代父母或监护人的职能，院长任职者往往具有高于学生成员的社会、宗教或学术地位。③

13世纪中叶，巴黎大学等的住宿学院在履行道德和纪律监控功能的基础上，

---

① 见百度词条对“角色”的释义。

② 参见任初明博士学位论文《我国高校院长的角色冲突研究》（华中科技大学，2009）有关高校院长角色的文献综述部分。

③ 参见刘菊香博士学位论文《治理视域下的我国大学院长角色研究》（华中科技大学，2014）有关高校院长角色的文献综述部分。

开始组织教学活动，院长担任了辅助教师的角色。15 世纪以后，学院成为大学真正的教学中心，院长的角色性质也发生了根本性变化。牛津和剑桥大学也分别效仿巴黎大学成立了自己的学院，此后两校虽然几经改革，但学院制管理模式一直没有改变。

美国模仿英国大学的教育模式，于 1636 年建立了第一所殖民地学院——哈佛学院。到美国建国初期，共建立了九所殖民地学院。然而，美国的学院制虽然发源于欧洲，但又进行了本土化改造。欧洲的大学往往自身都有继承的富足的土地、房舍、捐款、政府拨款等，而美国的大学没有这些优势，其更加依靠社会支持。这就导致了不同于欧洲大学的内部控制模式，美国大学大多建立了外部控制模式，一般都建立了由校外人员组成的董事会或校监会等。然而，由校外人员组成的董事会或校监会成员，很难保证履行学院日常管理和运行职责，因此客观上需要负责学院日常运行的院长发挥主要管理职责，于是院长地位得以上升，成为学院实际的领导者。到 19 世纪中叶，最终形成了综合文理学院与专业学院相结合的美国式学院制。作为院长，开始多属于学者型角色，院长在担任行政工作的同时，还承担大量的教学工作和科研学术工作。到后来，院长的角色职能渐渐发生了变化。特别是第二次世界大战以后，院长的角色由关注学生转变到关注教师。20 世纪 90 年代以后，院长不仅要关注院内的教学、行政预算、学院环境建设以及教师的招聘与培养，而且还要关注外部生源、同校友和校外委托人打交道、校外筹款等，越来越倾向于管理型院长。

根据冯天天博士的调研①，目前美国大学的院长主要扮演的角色包括：学院的学术领导；在大学（特别是行政层面）代表学院；在自己所属学院代表大学实施领导；管理学院资源；在大学外部代表学院和大学。美国大学院长的职责规定得比较详尽，具体包括：协调制定和实施学院的愿景和目标；领导学院实现大学目标；制定学院预算；管理学院财务；领导和协调学院战略规划和课程制定；监督、评价和支持全院/系争取教学优异，提升学术和创新力，以及开展校内服务；领导和协调学院的治理；领导学院管理者的选拔程序，监督教师和职员的选聘和留任；协调学院管理者和职员的专业发展；在咨询学院教师和职员后，对学院管理者和职员进行评价；评价系主任和院各部门主任；评价各系的政策和程

① 笔者委托 2017～2018 年在美国密歇根大学访学的中国地质大学（北京）经济管理学院教师冯天天博士就美国大学院长的角色做了访谈调研。

序，就教师的聘任、工资、留任、终身聘用和晋升提出推荐意见；对各系教学、研究和服务职责进行评价；就教师和职员的学术休假和其他休假向教务长提出推荐意见；就大学的政策和程序的实施向教务长提出建议；就政策和程序，特别是在学术方面的政策和程序的制定，向教务长提出建议；管理学院的非教师成员；开发、领导和鼓励筹款以支持学院、系和专业项目目标的实现，推进校外拓展和公共服务工作。

在我国，相当于院长角色的职位出现于 1904 年，当时《奏定大学堂章程》中就规定有分科大学监督一职。1929 年 7 月国民政府颁布《大学组织法》，对大学的组织结构设置做了规定："大学分文、理、法、教育、农、工、商、医各学院""大学各学院或独立学院各科，得分若干学系"。这是从法律上确认了我国大学"校—院（科）—系"三级组织结构。根据规定，院系负责人更多扮演的是学术事务的管理者和召集人角色。中华人民共和国成立以后，1950 年 8 月政务院颁布了《高等学校暂行规程》，规定"大学设有学院者各院设院长一人，由校长就教授中聘任，报请中央教育部备案，其职责包括：计划并主持本院教学行政工作；督导本院各系执行教学计划；提出本院各系主任人选的建议"。

1952 年 5 月，教育部颁布了《关于全国高等学校 1952 年的调整设置方案》，"大学（指综合大学）为培养科学研究人才及培养师资的高等学校，全国各大行政区最少 1 所，最多不得超过 4 所；大学行政组织取消院一级，以系为教学行政单位"。从而将过去的"大学—学院—系"的三级组织结构改为"大学—系"两级。1966 年出台的《教育部直属高校暂行工作条例》，对系主任职权做了明确规定。系主任是系的行政负责人，系主任在校长的领导下，主持系务委员会和系的经常工作；系务委员会是全系教学行政工作的集体领导组织；系内的重大工作问题，应该由系主任提交系务委员会讨论并做出决定，决定由系主任负责组织执行，并且报告校长和校务委员会。

随着 20 世纪 80 年代改革开放的逐步展开以及知识增长和科学发展越来越趋向于高度分化又高度融合，原来过度专业化的高校机构设置已经不适应形势的要求。1992 年国家颁布了《国家教委关于直属高校内部管理体制改革的若干意见》，1998 年颁布了《中华人民共和国高等教育法》，允许高校根据高等教育发展形势需要自主设置校内机构。于是，在我国许多高校中逐渐恢复了"校—院—系"的三级管理体制。院长作为学院的直接行政负责人，由学校任命产生。

当我们谈到院长角色时，首先指的是一个中层管理职位，是学院的"行政一把手”。一个高校有多少学院，就有多少个院长职位。当然，在院长下面，一般还要设置副院长职位，以便分担各项不同的行政管理职责。

二、研究文献中的院长角色考查

关于院长的角色定位，文献中存在不同的观点。有人主张“一重说”，即认为院长作为学院“一把手”，负有繁重的管理任务，因此要履行好院长的各项职能，就必须专心致志抓学院管理，承担好专职管理者角色。有人主张“二重说”，即认为院长作为以学术研究、人才培养为基本使命的组织负责人，既要做一位好的管理者，也要做一位好的学者或学科带头人，两种角色相互促进，也相互制约。还有人主张“多重说”，即认为院长要带领学院改革与发展，必须履行好多重角色，如学者、教育者、管理者、执行者、领导者、师生服务者、社会活动者、外交活动者等。

朴雪涛（2002）认为，系主任位于大学技术管理与行政管理相互作用的交叉点之上，承担着系级组织挂名首脑、变革的设计者和发起人，资源的分配者和联络者或中介人以及本部门的“守门人”与校职能部门的“大干事”等十种角色。

任初明（2009）认为，“院长是学科子系统和科层子系统两维交汇处所形成的一个独特的中间管理职位。院长扮演着多重角色，既是学校决策的执行者，又是学院的领导者；既要代表学校，又要代表学院；既要代表管理系统，又要反映学术系统，是一个典型的角色冲突情境。”

莫西（Moses，1992）认为，院长或系主任是学术领导者，由那些为同事所公认的具有学科专业知识及令人信服的洞察力的人来担任。其曾是教授团体中的一员，当前在一些国家和大学中依然如此。院长是所在院系管理者和教师行列中的一员，具有职位所授予的正式权力，但他们所拥有的职位通常不是职业的终点，只是一个具有行政或管理功能的临时性岗位，他们在教师和管理者之间架起了一座沟通的桥梁。

刘菊香（2014）通过文献调研发现，牛津大学和剑桥大学继承并发展了中世纪大学住宿学院的传统，形成学院制大学。其院长在平等自治的学院共同体中扮演着组织象征者的角色。德国的大学各学院是政府教育部门与基层讲座之间的权力中空组织。院长在学院中往往扮演着“同辈中的长者”，其权力源于专业知识与学者身份。美国的大学学院则汲取牛津大学和剑桥大学的传统并融合了美国自身的特色，成为享有管理权力的中层组织。院长从最初的“学者—院长”逐渐成为管理专家，即“管理者—院长”。

哈里·德布尔等（Harry De Boer et al.，2010）也指出，大学治理变革导致院长等中层管理者职权更大，角色更倾向于管理者，传统的学者—院长（Scholar - Dean）已为管理者—院长（Manager - Dean）角色所取代。

塔克与布赖恩（Tucker and Bryan，1988）则将院长形象地概括为“和平鹤、龙和外交官”：“院长必须是‘和平鹤’，协调并干预在学院中可能造成动荡的各个派别；有时候，院长必须是‘龙’，驱赶那些来自内外部的威胁学院价值系统、财政健康或者学院统一性的力量。但是对院长最常用的比喻是外交官，只有外交官能在这样一种环境下，引导、激励并鼓励大家。”

潘如勤、彭子柱（1999）则认为，师范院校系主任分别扮演着教育者、管理者、师生服务者和教改教研的带头人四种角色。

任初明（2009）在对我国35位院长进行访谈调研的基础上，通过质性分析和因子分析，将院长的角色概括为九种，即挂名首脑、领导者、组织协调者、沟通联络者、学科建设的指导者、资源调配者、资源获取者、冲突调解者和发展环境的营造者。

刘菊香（2014）调研发现，随着大学办学环境的复杂化和大学规模的扩大，学院承担了越来越多的管理职责。尽管院长依然是教师中的一员，但其作为学术管理者的特征明显增强。与此同时，院长扮演的角色也更加多样化。院长既是学者、学科带头人、学院资源筹集者，又是学院的领导者和管理者；在校内兼任学术委员会、教师指导委员会或职称评审委员会的委员，在校外往往还身兼数个社会职务，如学术性机构或政府机构及企事业单位的咨询者等。

综上所述，学者们主要从以下三种视角来看待院长的角色定位：

（1）从管理的一般属性和规律性上看待院长的角色。尽管组织性质、类型有所不同，但管理具有一般规律，如果违反了管理的一般规律，就必然会产生对组织不利的后果。因此，作为院长，无论其属于何种出身，都应该遵循管理的一般规律。学院作为高校的二级单位，要管理好、发展好，需要院长下大力气去研究去抓好学院的管理。如果院长仅仅顾及自身的学术研究，往往就会忽略学院的管理，就可能会造成学院管理的混乱和学院整体绩效的降低。不仅如此，学校对院长职位的考核，主要是基于院长作为执行者和管理者角色而进行的。因此，院长在任期内必须全力做好学院的管理工作，这也就支持了院长角色“一重说”的观点。

（2）从组织使命和组织性质上看待院长角色。高校的社会使命是人才培养、科学研究和社会服务，学院作为高校履行三大社会使命的主要承担者，其核心任务是学科建设，包括人才培养、科学研究和社会服务。这也就决定了学院属于学术组织、育人组织，它同行政机关、企业等组织在性质上存在较大差异。因此，院长尽管是管理者，但其必须了解学术组织、育人组织的运行规律。然而如果院长本身是学者出身，或者本身是一位学科带头人，这不仅会使其更能够了解学术规律、教育规律，而且更容易获得教师这个群体的认可，这也就支持了院长“二重说”的观点。

（3）从高校权力下移的趋势上看待院长的角色。从未来发展趋势上看，高校权力会逐渐下移，必然要求院长承担更多的责任。在全球化、信息化和外部竞争日益加剧的形势下，学院面临的挑战越来越多，压力越来越大，改革与发展的任务越来越繁重。这就决定了，作为院长，不仅要扮演好一般的管理者角色，还要扮演好其他多重角色。面对学校领导层面，院长需要扮演好执行者角色；面对学院内部的人、财、物等，需要扮演好管理者、领导者角色；面对人才培养活动，需要扮演好教育者角色、师生服务者角色；面对国内学术交流及与社会各界交往，需要扮演好学者、社会活动者角色；面对学院国际化发展和提升国际影响力，需要扮演好“外交家”角色；等等。

上述三种视角各有侧重，皆有道理。本书主要采纳了第三种视角，即院长角色的“多重说”。院长的角色具体包括：管理者、执行者、领导者、学者、教育者、其他角色（见图 1－1）。

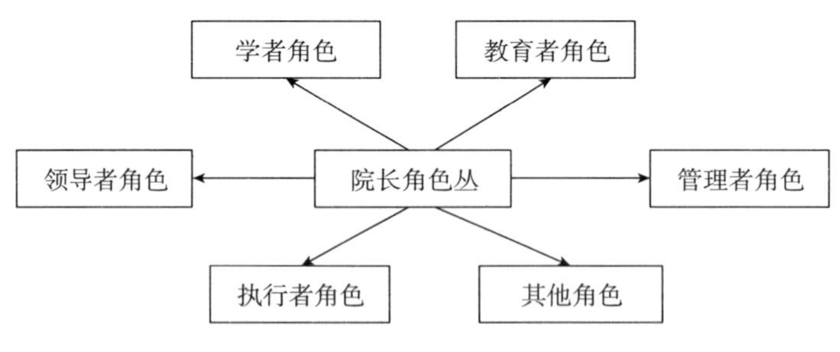

图 1－1　院长的“多重角色”

三、关于院长角色定位的调查与分析

就院长的角色定位，笔者分别采用问卷调查法和访谈法对全国 70 余所高校

二级学院的院长进行了调研，这些学院主要为各校经济与管理类学院，少量为理工类学院。问卷调查采用电子邮件方式，共发放问卷70份，回收56份，有效问卷50份。接受问卷调查的高校中，65%属于“985”或“211”高校，35%属于其他本科高校。访谈调研的25位专家基本上属于“985”或“211”高校，专家中主要包括现任或曾任院长，现任或曾任校长、副校长等。

（一）问卷调查

问卷调查内容是，对于院长的下列角色分别按照重要程度和自身实际扮演角色所付出的时间和精力依次进行排序：

按照重要程度排序：学者/学科带头人、教师/教育家、管理者、执行者、领导者、社会活动家、政治家、其他。

按照实际扮演角色付出的时间和精力排序：学者/学科带头人、教师/教育家、管理者、执行者、领导者、社会活动家、政治家、其他。

对于问卷调查数据的统计分析，参考何大义等提出的“因子权重的排序估计法”（何大义、孔锐，2006）。该方法既可以计算出院长各角色的绝对重要性排序值，也可以计算出归一化处理后计算的各角色的相对重要性排序（权重值）。

1. 按照角色重要程度排序的权重值计算

表1－1是按照院长各角色重要程度的原始排序统计。学者/学科带头人、教师/教育家、管理者、执行者、领导者、社会活动家、政治家所对应的代码分别是A1、A2、A3、A4、A5、A6、A7。

表1－1　按角色重要程度的原始排序选次统计　（单位：次）

角色编号	排第i位次数							
	1	2	3	4	5	6	7	总计
A1	14	8	14	8	5	0	1	50
A2	15	10	8	7	7	2	1	50
A3	8	13	11	9	5	4	0	50
A4	0	3	3	8	12	12	12	50
A5	12	13	8	8	5	3	1	50
A6	0	3	6	8	8	20	5	50
A7	1	0	0	2	8	9	30	50
总计	50	50	50	50	50	50	50	—

第一步：根据公式（1－1）计算角色出现在某个位置上的频率。

$$f_{ij} = \frac{\sum_{k=1}^{N} F_{ij}^{k}}{N}, \ F_{ij}^{k}, \ I, \ j=1, \ 2, \ \cdots, \ n; \ k=1, \ 2, \tag{1-1}$$

N 表示第 k 个院长把第 i 个角色排在第 j 位，f_{ij}表示第 i 个角色出现在第 j 位的频率。根据公式（1－1）计算的频率值如表 1－2 所示。

表 1－2　按角色重要程度选择的频率统计

角色编号	排第 i 位频率							
	1	2	3	4	5	6	7	总计
A1	0.28	0.16	0.28	0.16	0.10	0.00	0.02	1
A2	0.30	0.20	0.16	0.14	0.14	0.04	0.02	1
A3	0.16	0.26	0.22	0.18	0.10	0.08	0.00	1
A4	0.00	0.06	0.06	0.16	0.24	0.24	0.24	1
A5	0.24	0.26	0.16	0.16	0.10	0.06	0.02	1
A6	0.00	0.06	0.12	0.16	0.16	0.40	0.10	1
A7	0.02	0.00	0.00	0.04	0.16	0.18	0.60	1
总计	1	1	1	1	1	1	1	—

第二步：计算各角色的绝对重要性排序值。

$$\omega(F_i) = \sum_{j=1}^{N} f_{ij} \times (n+1-j), \ i=1, \ 2, \ \cdots, \ n \tag{1-2}$$

$\omega(F_i)$表示排序值，反映了各个角色在院长心目中的绝对重要性排序，排序值越大，重要性越强。根据公式（1－2）计算的排序值如表 1－3 所示。

第三步：计算相对重要性排序值（权重值）。

$$\begin{cases} \omega_i = \dfrac{\omega(F_i)}{\min\limits_{i}\{\omega(F_i)\}}\omega_0 = a_i\omega_0, \ i=1, \ 2, \ \cdots, \ n \\ \sum\limits_{i=1}^{n} \omega_i = 1 \end{cases} \tag{1-3}$$

ω_i 为所有角色的权重，ω_0 为排序值最小的角色权重，a_i 为各个角色的排序值与最小排序值之比，它反映了各个角色之间的相对重要性大小。$\sum_{i=1}^{n} \omega_i = 1$ 为归一化公式。利用方程组（1－3）即可以计算出各个角色的相对重要性权重（见表 1－3、图 1－2）。

表1－3　按角色重要程度的排序值及权重值

角色	A1	A2	A3	A4	A5	A6	A7
排序值	5.28	5.18	4.96	2.74	5.12	2.98	1.74
权重值	0.188	0.185	0.177	0.098	0.182	0.106	0.062

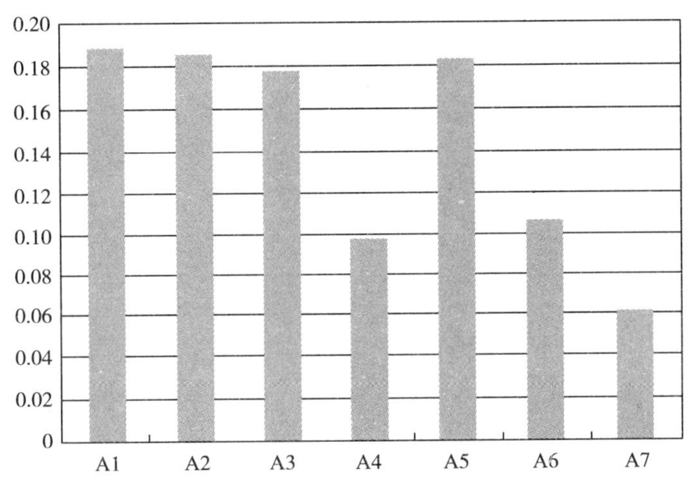

图1－2　按照重要程度排序的各角色权重值比较

由表1－3、图1－2可知，在院长心目中，学者/学科带头人（A1）、教师/教育家（A2）以及领导者（A5）、管理者（A3）是最主要的四大角色，其中学者/学科带头人角色、教师/教育家角色还排在领导者、管理者角色之前。之所以出现此种现象，原因主要包括以下三个方面：

一是院长具有双重身份。长期以来，在我国高校的二级学院院长基本都是采用“双肩挑”模式，院长既是教师系列，又兼任行政职务。作为院长，一方面必须做好行政工作；另一方面又需要当好一位学者/学科带头人、当好一位教师/教育家。双重职责、双重任务，院长均需要承担。

二是学术价值观导向。在高校，一般属于学术价值观导向，教师对学术成就看得很重。作为院长，如果想在学术圈中获得师生认同，就必须具有较高的学术地位或在育人方面潜心投入，培养出好的学生。

三是院长身份具有临时性。高校对于院长的聘期少则一届，多则三届，最终可能还是回归普通教师身份。因此，作为院长，始终保持自己的学术地位、教授地位是职业生涯中的长远之计。

当然，作为院长要“在其位，谋其政”。院长职位对于一个学院学科发展及各方面工作都非常重要，院长必须拿出相当的时间和精力去做好对学院的引领工作以及管理与服务工作。由此看来，作为院长处理好自身学术工作、教学工作与行政工作的关系显得十分重要。

由表1－3、图1－2还可以看出，领导者角色被排在管理者、执行者等角色之前。这说明，作为院长在战略上对学院发挥领导作用越来越显得重要，特别是随着高校权力逐渐下移，院长更需要独立谋划好学科建设和人才培养工作，更需要主动“走出去”建立广泛的外部协作关系和迎接国内外学科领域内的竞争与挑战。不仅如此，社会活动家角色也被排在了执行者角色之前，这也就更加反映了院长们普遍希望高校权力能够实质性下移和掌握学院发展、改革主导权的诉求。

此外，调研结果显示，对于政治家角色的排序是最靠后、权重最低的，这可能反映了学院作为学术机构、育人机构的价值观导向与行政机构存在较大差异。

2. 按照实际扮演角色排序的权重值计算

表1－4是按照院长实际扮演角色的原始排序选次统计。其排序特征同前面院长按照重要程度排序明显不同，管理者（A3）成为排序最靠前的选项，其次是学者/学科带头人（A1），执行者（A4）的排位上升明显，超过了领导者（A5）。

表1－4　按实际扮演角色选择的原始排序选次统计　　（单位：次）

角色编号	排第i位次数							
	1	2	3	4	5	6	7	总计
A1	12	5	9	12	9	2	1	50
A2	5	8	10	8	13	5	1	50
A3	12	23	7	6	2	0	0	50
A4	9	5	10	8	4	9	5	50
A5	10	5	5	9	10	5	6	50
A6	1	4	7	5	9	18	6	50
A7	1	0	2	2	3	11	31	50
总计	50	50	50	50	50	50	50	—

依据公式（1－1）、公式（1－2）、公式（1－3），可以计算出按实际扮演角色选择的频率值（见表1－5）、排序值和权重值（见表1－6、图1－3）。

表1－5　按实际扮演角色选择的频率统计

角色代码	排第i位频率							
	1	2	3	4	5	6	7	总计
A1	0.24	0.10	0.18	0.24	0.18	0.04	0.02	1
A2	0.10	0.16	0.20	0.16	0.26	0.10	0.02	1
A3	0.24	0.46	0.14	0.12	0.04	0	0	1
A4	0.18	0.10	0.20	0.16	0.08	0.18	0.10	1
A5	0.20	0.10	0.10	0.18	0.20	0.10	0.12	1
A6	0.02	0.08	0.14	0.10	0.18	0.36	0.12	1
A7	0.02	0	0.04	0.04	0.06	0.22	0.62	1
总计	1	1	1	1	1	1	1	—

表1－6　按实际扮演角色的排序值及权重值

角色	A1	A2	A3	A4	A5	A6	A7
排序值	4.78	4.30	5.74	4.20	4.14	3.10	1.72
权重值	0.182	0.163	0.218	0.160	0.157	0.118	0.065

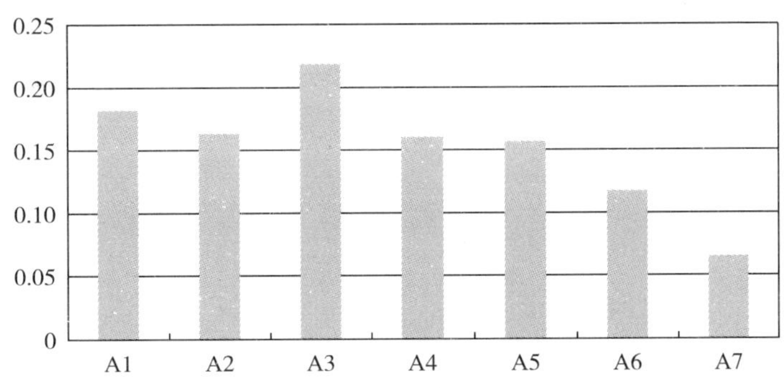

图1－3　按照实际扮演角色排序的各角色权重值比较

由表1－6、图1－3可以看出，在院长实际扮演的角色排序中，管理者角色（A3）大大超过了其他角色的排序值和权重值，执行者角色（A4）略超越了领导者角色（A5），教师/教育家角色（A2）相比学者/学科带头人（A1）出现了一定的落差。这说明，院长期望的角色排序（按重要程度）同其实际扮演的角色排序存在明显偏差。从实际情况来看，院长的日常管理工作的确占据了很多时间和精力，原本期望用于学术研究和培养研究生的时间客观上被占用了，特别是履职时间较短的院长更是如此。执行者角色在实际中超越了领导者角色，说明在现有高校体制机制下，院长独立决策的权力还受到较大限制，来自校领导、校职能部门的指令、意见仍然在相当程度上影响着院长的行政决策。教师/教育家角色显著低于学者/学科带头人角色的排序值和权重值：一是说明院长大多认为自己尚未达到教育家的要求或境界；二是在一定意义上也说明长期以来高校存在重科研、忽视人才培养的倾向。

由表 1－4 可以看出，虽然社会活动家角色（A6）的排序值和权重值总体上偏低，但也有 12% 左右的院长对于社会活动家角色比较重视。至于政治家角色（A7），在院长实际扮演角色中同样是排序值和权重值最低的，这主要是由学院作为学术机构和育人机构的性质所决定的。

（二）访谈调研

针对院长的角色定位，除了问卷调研，还对 25 位现任或曾任院长以及现任或曾任校领导进行了访谈。选取的高校仅有 1 所不属于原“985”“211”高校，选取的学院大多属于经济管理或公共管理学院，少量属于理工科学院。访谈主要包括两个方面：一是院长的角色定位，二是院长各角色之间的冲突及其应对方法。

1. 关于院长角色定位的访谈

对于院长的角色定位，访谈提纲中列出了学者/学科带头人、教师/教育家、管理者、领导者、执行者、师生服务者、社会活动家、外交家等角色选项。相对于问卷调研列出的角色选项有所变动：增加了师生服务者和外交家角色，去掉了政治家角色。这是因为师生服务者角色以及外交家角色在与院长们交往中多次被提到，而政治家角色在问卷调研中却总是被排在最后，多数院长对这一角色并不认同。

本次访谈的调研结果如表 1－7 所示。从院长角色排序及其选择作为第一角色的频次来看，排在第一位的是领导者角色和学科带头人角色，排在第二位的包括教育家角色和管理者角色，排在第三位的是执行者角色，排在第四位的是师生服务者角色，排在最后的是社会活动家和外交家角色。因为管理者和领导者只是强调的侧重点不同，有的更侧重日常管理，有的更侧重战略引领，本质上都可以归属于管理者范畴，所以如果将管理者和领导者角色合并，则更显示多数院长认同将管理者或领导者作为其主要角色。对于学者/学科带头人角色和教育家角色也有不少院长将其视为主要角色，还有些院长强调师生服务者角色和执行者角色的重要性。

表1-7　院长角色定位的访谈调研结果梳理

姓名	扮演角色及其排序	典型思想	所在校院及职位
安海忠	教师/教育家、管理者、执行者、社会活动家等	教育是根，院长是为教育而管理；作为管理者和执行者，不能违背学校的战略和政策；国内外学术交流需要院长扮演社会活动家角色；学科带头人不是院长的主要角色	中国地质大学（北京）经济管理学院院长
陈建成	教师/教育家、学者/学科带头人、领导者、师生服务者等	领导者有三种角色：顶层设计者、资源整合者、沟通协调者	北京林业大学经济管理学院院长
毛基业	领导者、管理者（其他角色是非必需的）	专业人做专业事是最有效率的	中国人民大学商学院院长
赖德胜	学者/学科带头人、领导者、管理者、执行者、外交家（社会活动家是次要的）	只有好的学者才能更好地胜任院长职位；国际交流是建设一流学院的重要途径	北京师范大学经济与管理学院院长
王方华	职业化院长	对上是执行者，对下是领导者，对内是管理者，对外是社会活动家和资源整合者	原上海交通大学安泰经济与管理学院院长
王云峰	领导者、执行者	对上是Administrator，对下是Leader；学科带头人等不是院长的核心角色	原河北工业大学经济管理学院院长
王瑞华	教师/教育家、管理者、领导者、学者/学科带头人等	院长要在各个角色之间进行平衡，站在不同角度扮演着不同角色；至于应该更加侧重于哪个角色，要根据学院发展阶段以及院长本身的性格特色或个人偏好决定	中央财经大学商学院院长
王永贵	学者/学科带头人、教师/教育家、师生服务者	国外：领导者、管理者； 国内：学科带头人、教育者和师生服务者；责任大、权力小，履行角色职能主要靠人格魅力	对外经济贸易大学国际商学院院长

续表

姓名	扮演角色及其排序	典型思想	所在校院及职位
王欢	管理者、执行者、学者/学科带头人、社会活动家等	有人倾向于把自己当作领导者，我更倾向于作为管理者和执行者	北京邮电大学经济与管理学院执行院长
张维	领导者、学者/学科带头人、教师/教育家、管理者或执行者、社会活动家或外交家	多元角色构成一个丰满的院长角色，其中领导者角色是最主要的；院长应该努力成为教育家；院长通常不是师生服务的直接提供者，而是通过建立一种平台和制度性安排更专业、更有效地服务师生	天津大学经济与管理学部原任主任
李俊清	学者/学科带头人、管理者、教师/教育家、社会活动家、执行者	院长主要扮演学科带头人角色，这是由学院的使命和组织属性决定的；应为院长行政工作减负	中央民族大学管理学院院长
郑晓齐	学者/学科带头人、学术管理者	院长既是一位学科带头人，又是一位学术管理者	北京航空航天大学人文社会科学学院院长
白中科	学者/学科带头人、社会活动家、教师/教育家、师生服务者、管理者	对年轻学院来说，发展初期，院长角色排序依次是学科带头人、社会活动家、教育家、师生服务者、管理者	中国地质大学（北京）原土地科技学院院长
欧名豪	管理者、领导者、执行者、学者/学科带头人	院长首先是管理者、领导者，其次才是学者，应该把主要精力放在管理上	南京农业大学公共管理学院原任院长
魏农建	教师/教育家、战略家、专家、管理者、慈善家	院长应该懂得教育规律、学科发展规律，有战略眼光，能够有效协调各种利益和关系，关心师生	上海对外经贸大学工商管理学院原任院长
刘银喜	学者/学科带头人、管理者、领导者、执行者、师生服务者	院长的核心角色应该是学科带头人，要对学科发展起到引领作用	内蒙古大学公共管理学院院长
尚元君	管理者、师生服务者、执行者等（不认可社会活动家和外交家角色）	担任院长后，主要扮演管理者、执行者和师生服务者角色，学者角色应退居第二位；院长应该要有教育家情怀；管理者和师生服务者是一体两面的关系	D大学某理科学院院长
樊太亮	引领者、服务者、教授、协调者	既要作为引领者、管理者，又要在学术上拿得起来，还要做好服务工作	中国地质大学（北京）能源学院原任院长

续表

姓名	扮演角色及其排序	典型思想	所在校院及职位
丁日佳	执行者、师生服务者、管理者	学院只能在学校总体战略和任务框架内去发挥作用；院长在院内主要是做好师生服务	中国矿业大学（北京）管理学院院长
余际从	教育家、学科带头人、领导者、执行者（社会活动家和外交家属于次要角色）	这些年我国高校强调“政治家”、学科带头人比较多，而强调教育家太少了，其结果就是对人才规律、教育规律研究不够，对人才培养重视不够	中国地质大学（北京）原任副校长、原任人文经管学院院长
万力	学科建设的规划者和带头人、管理者、师生服务者	引导、规划学科发展是院长最核心的职责；院长不是打杂的，而是要为学院学科发展制定规划并通过政策和制度进行引导推动	中国地质大学（北京）副校长、水资源与环境学院原院长
王训练	管理者、师生服务者	面对高级知识分子，首要的是做好服务工作；至于学科带头人等其他角色要服从于管理和服务工作	中国地质大学（北京）研究生教育副校长、地学院原院长
张新民	学者、行政管理者	学者身份是胜任院长的基本条件；作为行政管理者要处理好党政、个人利益与组织利益、与班子成员、与职能部门等关系	对外经济贸易大学副校长、国际商学院原院长
席酉民	领导者、教师/教育家、管理者、学者/学科带头人、社会活动家	院长最重要的角色最后可以归结为两种：领导者和教育家。院长可以是，也可以不是学科带头人	西交利物浦大学执行校长、英国利物浦大学副校长
赵鹏大	教师/教育家、领导者、师生服务者	院长应该有一套理念，在学科发展、人才培养上应该是引导前沿的人；院长应该成为教育家；院长要关心师生，同群众有感情	中国地质大学原任校长、中国科学院院士

注：尚元君是某“211”大学理科学院院长，笔者曾就院长角色定位及其管理工作对其进行了访谈，尊重该院长意见书中隐去姓名、所在单位名称。

就调研的共识性而言，绝大多数院长认同学者/学科带头人是胜任院长职务的前置条件或基础条件；所有院长都认同院长角色是两种或两种以上角色的组合；多数院长都认同在院长各角色中存在主辅角色之分，作为主角色的一般是领导者、学者/学科带头人、管理者、教师/教育家、执行者五种角色中的一种或两种角色，其他则作为辅助角色或次要角色。社会活动家、外交家等一般都作为辅助角色或次要角色。

2. 关于院长角色冲突的调研

在关于院长角色定位访谈调研的同时，也调研了院长角色冲突的情况（见表1-8），可以看出，院长的角色冲突可以从以下维度或角度进行区分：

表1-8　关于院长角色之间冲突的访谈调研结果梳理

姓名	冲突类型	冲突原因及处理方式
王云峰	在执行过程中僵死、缺乏创新而导致冲突；以权谋私侵占公共学术资源而导致冲突；搞学术山头或宗派而导致冲突	院长角色原本没有冲突，但很多人因为自身没有清醒认识，角色“扮演”出现问题而造成下属或上级不满。常见问题：一是执行和创新上缺乏自觉意识，二是以权谋私侵占公共学术资源搞学术山头或宗派
王永贵	管理者角色同学者、教育者角色之间存在时间和精力上的冲突；学者角色同教育者角色、师生服务者角色也存在冲突	院长要想做一番事业，冲突在所难免，就需要牺牲部分闲暇时间；如果只想“吃老本”冲突可能就少些
王方华	本来院长角色间没有冲突	对院长角色认知出现偏差、摆不正位置就会出现冲突。顺应环境、创新思维是院长工作成功的关键
毛基业	管理者角色同学者、教育者角色都会存在冲突	冲突在于要的太多，科研、教学以及做管理都要，冲突在所难免；解决的办法是实行专业化，专业人做专业事
李俊清	管理者角色同学科带头人角色存在时间和精力上的冲突；存在角色超负荷现象	院长面临学科建设艰巨任务，因此应适当为院长行政工作减负。学会时间管理，正常上班时间主要处理管理问题，业余时间从事学术研究、社会服务和带研究生
丁日佳	行政管理工作与自身科研业务工作的冲突	学校层面要有保证院长行政工作尽职的制度约束；院长自觉将主要精力放在管理上，在此基础上力所能及地开展学术研究
张维	领导者、管理者角色同学科带头人角色存在冲突；在资源分配过程中存在冲突；不同观点、意见的冲突	明确划分学术权力与行政权力，并依靠制度加以保障；决策者与执行者冲突通过班子合理分工以及建立管理服务平台解决；同学校职能部门的不同观点、意见冲突要通过沟通解决
安海忠	可能的冲突包括：学者角色与管理者角色之间的冲突；维护学院整体利益与维护教职工个人利益的冲突；观念或意见上的冲突	只要摆正角色定位，就不会产生大的冲突；要选择基本条件适合的院长，包括教授职称、有一定学术威望；善于运用制度去管理，避免无效的扯皮、争吵；观念或意见冲突要通过有效的沟通和深入的研究来解决

续表

姓名	冲突类型	冲突原因及处理方式
魏农建	学院战略及其实施与学校意见、资源配置之间的冲突；个人学术与潜心管理工作的冲突	要强化同学校层面的沟通；减少两头作战，重心转移到做管理工作；要通过制度设计，对院长权利做出限制性规定，做好工作计划安排
刘银喜	作为决策者又作为执行者存在冲突；学校战略、政策在执行过程中存在冲突；领导者、管理者同师生服务者、学科带头人之间存在冲突	做好班子成员之间的责权划分；增加行政服务资源
尚元君	以学者思维去当管理者，必然会有冲突；僵化的政策执行者也会有冲突	要摆正自己位置，认可自己作为管理者、师生服务者的角色；应把主要精力放在管理和服务上，有所舍才能有所得；要创新性地执行学校政策，而不能死板硬套
王训练	社会对高校要求与自身能力不相适应的冲突；院长努力与广大群众认可之间的冲突；管理工作和学术业务工作的冲突	要想避免冲突，院长就要以管理为主，别的应该放一放或者能做多少做多少

（1）角色定位不恰当、不清晰导致的冲突。如过分强调自身的学科带头人角色，而忽视学院行政管理与师生服务而导致管理与服务工作不到位；或者过分强调执行者角色、服务者角色，而忽视领导者角色的培养、塑造，从而导致学院缺乏战略导向和创新发展；或者过分强调领导者角色，而忽视作为学校执行者的角色定位，从而导致与学校战略、与学校领导或学校职能部门产生冲突；或者对自己究竟应扮演何种角色不清晰，从而导致因角色混乱引起的各种冲突。

（2）时间有限性所导致的冲突。院长需要面临多种事务和多方面诉求，扮演多重角色、履行多种职能，往往就会产生时间上的交叉重叠，从而造成冲突。比较突出的是学院管理与服务工作同个人开展学术研究会形成时间上的冲突，要么是管理与服务工作压缩个人学术研究时间，要么是个人学术研究挤占管理与服务工作时间。作为院长，如果“要的太多”，其冲突在所难免。

（3）能力有限性所导致的冲突。面临社会对高校、学院越来越高的要求，面临教师、学生、校领导、学生家长、用人单位以及其他利益相关者的越来越高的诉求，加之高校之间的竞争越来越激烈，对院长的能力提出了挑战。中国地质大学（北京）研究生教育副校长王训练接受访谈时指出，“我认为最大的冲突就是社会对高校的要求与院长自身能力不相适应的冲突”“第二个冲突就是院长的努力同广大群众认可程度之间的冲突”。

（4）资源有限性所导致的冲突。学科要发展、师生要发展，都需要资源作为支撑，而学院的资源是有限的，这就难免会导致冲突。作为学校、学院，在分配资源时一般会优先保证重点学科，其他非重点学科常常会因资源不足而得不到发展。如何获取、分配和利用好学科资源成为院长的一项重要工作。

（5）不同利益诉求所导致的冲突。院长有时会面临个人利益与学院利益、个人利益与他人利益间的冲突，如何摆正这些利益关系、合理化解这些利益冲突是院长面临的重要课题。比如院长个人的学术发展同学院管理与服务工作投入之间往往会存在利益上的冲突；院长所在学科与其他学科在资源分配上有时会存在冲突；面对一些学术名誉院长个人同其他教师可能会存在冲突等。

（6）不同观念和思维方式所导致的冲突。首先，不同主体对同样的事物可能会存在不同的观念，这就可能会导致冲突。比如校领导和校职能部门站在学校角度看待学院的学科定位、发展战略和学科成就，就会同院长站在学院角度看待这些问题的观念有所不同。其次，正像王方华、尚元君等一些院长所强调的，院长如果僵化地而不是创新性地去执行学校战略或政策，就可能会遭遇冲突。同样，如果以学者思维去做管理工作也会产生冲突。

那么应该如何解决院长所面临的角色冲突？访谈中院长们也给出了一些思路或建议。

一是合理定位自己的角色，摆正自己的位置。尽管每个高校、每个学院情况不同，对院长的角色定位也不尽相同，但作为院长必须依据学校、学院的实际情况以及学科发展的客观要求，合理、明确地定位自己的角色。比如要明确你的主角色是什么？辅助角色是什么？如何平衡自身既作为管理者，又作为学者、教师，既作为学院领导者，又作为学校执行者，既作为领导者、管理者，又作为师生服务者的角色关系？作为院长，要切实完成好由过去的学者、学科带头人角色向学院领导者、管理者和师生服务者角色的转换。

二是作为院长，要有所为，有所不为。学院的资源是有限的，人的精力是有限的，在这种情况下，只能是确立有限目标，保证重点，统筹兼顾，特别是作为院长个人，不能“要的太多”，而应该是有所取舍，更多考虑集体利益、长远利益。不少院长认为，作为院长应优先把学院管理工作做好，适当放弃一些学术工作。也有院长提出，作为院长应该“专业人做专业事”，否则会造成管理工作不

专业和低质、低效。

三是不断提升自身能力。作为院长，面对各种诉求和事务，面临各种问题与挑战，只能是通过不断学习、不断创新，来提升自身的各方面素质和能力，特别是提升自身的学科洞察力、领导力、变革力、资源整合力和驾驭力。正像席酉民校长所指出的，院长角色间本来不存在冲突，只存在自身素质、能力不能适应角色要求的问题。

四是学会时间管理和“弹钢琴”。作为院长，要处理的事务很多，但总有一些是最关键、最重要的事务，这就要求院长能够在其面临的所有事务上分清轻重缓急，确保关键事务、最重要事务优先得以处理，其他事务也会有一个恰当的时间安排。

五是争取或创造更多资源。资源有限性是导致冲突的重要原因，因此作为院长通过各种途径去争取资源或创造资源十分重要。一方面要合理争取学校资源，前提是能够让学校领导和职能部门充分了解学院面临的资源短缺状况，以及投入必要资源所能带来的学科发展前景或对于提升学校整体竞争力的贡献。另一方面就是要主动走出去，通过合理、有效的社会服务或利用校友关系创造学科发展的资源。

六是通过创新性的执行，解决学校战略、政策与学院战略、学院发展之间的矛盾。作为执行者的院长，一方面有义务去执行学校的整体战略和各项政策，另一方面又不能僵死不化地去执行这些战略和政策，要学会原则性与灵活性、创新性相结合，做到既不违反学校整体战略和政策，又能够结合学院自身情况去落实学校战略和政策。在这一问题上，王方华、尚元君、白中科等都有切身的体会和经验。

七是要强化沟通协调。对于不同主体之间的各种矛盾和冲突，应该通过有效的沟通加以协调和处理。作为院长，要主动同教师、校领导、职能部门以及其他利益相关者沟通，善于通过沟通化解相互之间的矛盾，包括观念上、工作上、利益上的冲突，从而营造一种和谐的内外环境。

八是力求在学校和学院两个层面，制定规避或处理院长角色冲突的规则、程序、办法。有了这样一些规则、程序和办法，就可以大大减少无谓的扯皮、争吵，就可以在一定程度上避免一些冲突，或者在出现冲突时使之尽快得以处理和化解。

四、调研结果的深度分析与问题解决路径

（一）调研结果的深度分析

在院长角色的问卷调查和访谈调研中，本书发现了一些很有趣的现象，下面分别予以分析：

1. 院长角色模式具有多样性

每一位院长在实际中都不可能扮演单一角色，也不可能完全齐头并进地扮演多样化的角色。无论从理论还是现实上分析，都可以将院长的角色模式按照以下三个角度进行划分：

（1）均衡角色模式。所谓均衡角色模式，是指院长在实际工作中相对均衡地扮演各种主要角色，对各项工作能够统筹兼顾。均衡角色模式又可以分为两种类型：一是完备型，二是中庸型。

所谓完备型，是指院长对各种角色均能够全身心投入，并最大限度地保证各种主要角色履行的效率和效果。如他们既重视扮演领导者角色，对学院发展方向、发展战略起引导作用，又重视执行者和管理者角色，强化对于学校战略和学院战略的执行效率；既重视人才培养，又重视科研学术。与此同时，也努力扮演好“社会活动家”“外交家”等角色。此类院长往往事业心很强，综合素质好，能力强，精力充沛，追求卓越绩效，力求使学院各项工作尽善尽美。

所谓中庸型，是指院长对各种角色虽然均能够顾及或履行，但履行力度并不能完全到位，履行效率和效果也不够突出。中庸型的院长通常奉行中庸之道，既不想当“排头兵”，也不想当“掉队卒”；希望学院各项事业、各项工作能够保持有序发展，各方面关系保持和谐稳定。

（2）非均衡角色模式。所谓非均衡角色模式，是指院长在实际工作中偏重于履行一两种角色而淡化或忽视履行其他角色的模式。非均衡角色模式可以分为两种类型：一是主导—兼顾模式，即以一两种角色履行为主导，兼顾其他角色履行，此种模式者居多；二是片面角色履行模式，即片面履行一两种角色，而置其他角色履行于不顾。主导—兼顾型角色模式通常属于正常的、合理的模式，而片面角色模式通常是由于院长对于其角色的片面认知或处于特殊环境压力而导致的非正常角色模式，往往会导致学院工作上出现偏颇。

访谈中发现，强调领导者作为主角色的院长占比排第一位，他们更加认同自己作为学院愿景、战略设计者和学院引领者的角色定位，而不是普通管理者、服

务者或单一学科带头人的角色。

强调学者或学科带头人作为主角色的院长占比也排第一位，他们更加认同自己在学术研究、学科建设方面的带头人作用，认为作为院长在某一学科或学术领域内必须具有对内的权威性和对外的影响力，以此来带动学院学科的发展。特别是对于那些学科带头人相对缺乏的学院，此类院长居多。

强调管理者作为主角色的院长占比排第二位，他们更加认同由学者角色转向管理者角色的现实，强调院长应将主要精力放在学院管理上，而不是学术研究或教学上。

强调教育家作为主角色的院长占比也排第二位，他们更加强调高校或学院的核心功能即人才培养功能，认为院长应该力求成为一位教育家，在人才培养方面有一套科学、先进和务实的理念，并以此理念统领学院的各项工作；或者起码应该具有教育家的情怀，真正关心教育教学、人才培养。

强调执行者作为主角色的院长占比排第三位，他们更加强调学院作为学校二级单位的性质，认为学院应该服从或服务于学校整体战略和政策体系，而不能成为脱离学校整体战略和政策体系的"独立王国"。

强调师生服务者作为主角色的院长占比排第四位，他们更加强调以师生为本，更加强调为教师开展教学科研、师生潜能发挥及事业、学业发展创造优良环境和提供优质服务。

然而，在对于师生服务者角色内涵的理解方面，大家存在一定的差异性：第一种理解，认为从广义上说，领导、管理本质上就是服务，院长所做的所有工作，本质上都是服务于教师、学生，都是服务于人民群众，"管理和服务是一体两面的关系"，如赵鹏大、王训练、尚元君等都持这一观点；第二种理解，认为院长通常不是直接的师生服务者，而是通过建立平台和制度间接地、更有效率地为师生服务，张维和安海忠均持这一观点；第三种理解，认为院长也需要直接为师生提供一定的日常性服务，如指导年轻教师做学术研究和开展教学，帮助教师解决工作上或生活上的某些具体问题，等等；第四种理解，将师生服务者角色看作是一种态度或姿态，也就是说，作为院长不应该将自己视为高高在上的"官僚"，而是应该有一种关爱师生、为师生服务的精神或作风。

值得注意的是，尽管大部分院长对于"社会活动家"和"外交家"角色视为次要角色或辅助角色，但也有部分院长对此两种角色（有的视为同一类）比较看重。主要的理由是院长需要通过国内外广泛交往，拓展学院资源网络和发展空间。事实也表明，凡是国内外一流高校、一流学院，无不高度重视国内外交流合作，既包括同学术界的交流合作，也包括同政府和企业的交流合作。

对于院长主角色差异性的看法，一方面与学院所处的特殊发展阶段、特殊环境、条件有关，特别是与其所在高校的体制机制、学院学科基础有关；另一方面也与每位院长的个性、风格、价值观、能力等有关。

（3）权变角色模式。所谓权变角色模式，是指院长根据学院发展目标和学院及自身所处环境和条件灵活地选择和履行相应角色以求达到更好结果的角色模式。权变角色模式实际上可以划分为三种类型：一是目标导向型权变角色模式；二是情境依从型权变角色模式；三是投机型角色模式。所谓目标导向型权变角色模式，是指院长为了保证或更好地实现学院战略发展目标，能够适时根据环境、条件的变化而合理、有效地调整自身扮演角色。所谓情境依从型权变角色模式，是指院长在不断变化的环境、条件面前不合理或非理性地变换角色，被动地适应环境、条件，从而出现顾此失彼、影响学院稳定发展的角色模式。属于情境依从型角色模式的院长，往往自身缺乏应对环境的能力、经验，或对环境变化认识不到位，或对来自上级的巨大压力感到无所适从。所谓投机型角色模式，是指院长在环境、条件变化中为了自身利益或自身安全，明哲保身，采用投机的方式扮演院长角色，而置学院整体利益于不顾，当然此类院长肯定是少之又少的。

在访谈中，一些院长谈到关于院长角色具有权变性的观点（如万力、王瑞华等）。他们认为，每个学院所处发展阶段不同、面临的校内外环境不同、教职工的构成不同、院领导班子构成及分工体系不同、院长的个性及优势不同，因而并不存在绝对理想的院长角色模式。如果说存在最好的院长角色模式，那就可以说适应的、有效的模式就是最好的模式。

2. 院长理想中扮演的角色同实际扮演的角色存在较大差异

这种差异主要表现在三个方面：

（1）问卷调查中发现，管理者角色在院长理想中并不是最主要的角色，排在学科带头人、教育家、领导者之后；而在实际工作中，管理者角色却上升为最主要角色。出现这种情况，大致有三方面原因：

首先是由于期望值存在偏差。院长作为学者/学科带头人主观上还是希望行政管理工作不要占用过多时间和精力，以便能够腾出较多时间用于学术研究和更多发挥学科带头人作用，但现实不以人的意志为转移，学院管理工作毕竟有其自身规律，在院长职位上会面临各种人、事、物及关系的处理，客观上要求院长必须投入较多时间和精力去探索、去处理。

其次是由于制度性缺陷。这又体现在两个方面：一是高校在学院内部管理上往往存在制度不健全、流程不规范、标准不科学等问题，大量工作都需要会议或会下协商处理，这无疑增加了院长行政工作的负担；二是高校在任命学院院长时并没有给予院长明确、具体的职责和任务，院长在实际工作中往往要承担无限责任，这无疑会增加院长工作的紧张度、焦虑感。因此，一些院长呼吁高校应为院长减轻行政管理负担（如李俊清），以便自己更有时间和精力去抓学科建设和产出高水平学术成果、培养高质量人才。

最后是由于行政资源配置不足。从实际情况看，目前大多数高校及其二级学院存在着行政、后勤力量配置不足的问题，也存在着校、院在行政、后勤职责上划分不清的问题。大多高校二级学院属于一个功能不完备的组织，其行政、后勤资源配置相当有限。本来许多行政、后勤服务职能应该由学校层面承担，但在现实中却推给了学院。

（2）问卷调查中发现，执行者角色在院长理想中不是一个重要角色，排在学者/学科带头人、教师/教育家、领导者、管理者甚至社会活动家之后的第六位；而在实际扮演的角色排序中，执行者角色却排在了领导者角色之前的第四位。

这种情况，说明作为院长期望学校能够给予更多自主权，以便带领学院更加务实、高效地开展学科建设及其他相关工作，然而高校在向学院下放管理权限方面却远远没有到位。学校领导或职能部门对于学院的宏观管理不可缺少，对于学院院长的指导甚至命令无可厚非，然而如果学校领导或职能部门不能够在宏观管理的前提下下放权力给学院和院长，那么久而久之学院和院长就会形成依赖成性，不会去主动开展工作，就难以通过创新突破现状。

刘菊香（2014）的研究认为："在大学管理重心逐步下移情况下，虽然教学、学生、科研、师资等事务的管理责任逐步下放到学院，但是与之对应的权利与资源却并没有完全下移。这使大学决策层、职能部门和院长之间在管理权利方面存在大量的交叉重叠，院长无法成为学院真正的学院领导者。"

（3）问卷调查中发现，教师/教育家角色在院长理想中是一个重要角色，与排序第一位的学者/学科带头人角色几乎处于同等地位，而在实际扮演的角色排序中，教师/教育家角色却排在了管理者角色、学者/学科带头人角色之后，其在排序选择上被列为第一位的比例（10%）远远落后于管理者角色（24%）和学者/学科带头人角色（24%）。这种状况，说明这些年来在高校明显存在重科研轻人才培养的倾向。无论是高校排位、学科点评估，还是教师职称评定、校内奖励政策，科研项目、科研成果、科研成果获奖总是最重要的衡量指标，而教学业绩、教学成果却往往体现不足，指标的区分度也不高。因此，尽管院长们内心希望拿出更多时间和精力抓好教育教学、投入人才培养，然而实际工作中却难以做到。

3. 大多高校院长存在比较多的角色冲突

在访谈中，不少院长认为在实际工作中存在角色冲突，而这种角色冲突往往会影响到自身职责的履行，影响到决策的效率和质量，影响到利益相关方的满意度，甚至影响到自身的职业前途和身心健康。在前面我们已经分析了六类原因所导致的院长角色冲突，下面再补充分析院长在三个方面所面临的角色冲突：

（1）领导者、管理者角色同学者、教育者角色冲突。院长大多属于学者/学科带头人，更属于教师、教育者，而在担任院长后，不得不投入大量精力于领导、管理工作中，所谓“在其位，谋其政”。两大类角色职责定位不同、工作模式不同、利益相关者期待不同、考核指标不同，且均需投入大量时间和精力，这难免会产生角色冲突。此外，院长通常属于一个过渡性角色，如果长期将大量时间和精力投入行政管理，必然会影响其在学术上的发展，这就进一步造成院长内心深处的冲突。

（2）学校执行者角色同学院利益维护者角色冲突。院长既是代表学院利益的院长，也是代表学校利益的院长。作为学校聘任的院长，他首先应该是一位执行者，学校要求院长在本学院必须贯彻学校的各项战略和政策、制度，执行校领导的指示、命令，维护学校的大局。然而作为代表学院利益的院长，他必须要保证学院的各项事业健康发展，必须维护好学院教职工的合法利益，必须为学院学科发展、人才培养和社会服务争取更多、更好的资源。尽管上述两种角色通常情况下是能保持一致的，但也常常会出现不一致甚至引发冲突。一旦发生两种角色冲突，作为院长就不得不绞尽脑汁，采取各种途径、方法予以协调或取舍，其耗费的精力、承受的压力往往都是很大的。比如在教师职称评聘问题上，还有各学科资源与招生指标分配上，都会存在角色冲突的情况。

（3）角色期望同角色执行的冲突。无论院长自身还是利益相关者，对于院长都存在一定的角色期待，即便这些期待看起来都具有合理性，但院长在实际角色履行中也难免会存在取舍或排序的情况。首先，院长可以支配的资源不足以满足所有期待。在这种情况下，院长就只好根据一定的规则和轻重缓急来做出具体的取舍或先后顺序安排。其次，院长可以支配的时间不足以同时满足所有期待。院长事务繁忙，可谓日理万机，而时间具有一维性，同一时间只能安排有限的事务，这难免会造成各方、各种期待的取舍或处理上的顺序有别。最后，院长自身难免存在知识、能力、经验等的不足，从而使得院长即使想满足自身和其他人期待，也难以在实际中实现。那些在知识、能力、经验上占优势的院长，往往会解决更多问题，满足更多期待，相反的情况下就会造成“心有余而力不足”的情况。

（二）问题解决路径分析

对于院长角色定位调研中发现的诸多问题，应该有一个系统的解决方案。但鉴于能力、水平所限，在此只提出一个基本思路供大家参考。

1. 完善校、院两级管理体制

根据国内外高等教育发展趋势、学校发展战略以及学校自身面临的实际情况，完善校院两级管理体制。主要包括以下三个方面：

（1）明确、合理划分学校和学院各自职权。学校负责总体战略、总体政策、总体制度设计和总体资源调配；学院负责相应学科的建设，包括各学科、专业的人才培养和科学研究工作，在学校领导、支持下独立自主地开展对外交流与合作。目前最重要的是高校要合理下放管理权限，真正确立学院在学科建设、人才培养方面的主体地位，充分调动学院在学科建设和人才培养上的主动性、创造性。

（2）依据校、院各自职、权配置相应资源。学校层面要进一步健全行政职能部门和后勤服务保障体系，真正起到为学院提供卓越管理和优质服务的作用，最大限度地减轻学院在行政、后勤服务方面的负担。学院层面要合理充实行政、服务人员以及配置相应的空间、财、物资源。这需要学校层面的政策支持，也需要学院自身的创造。尤其对于那些非主流学科的学院，学校投入资源相对较少，就更需要自身发挥主动性、创造性去整合资源。资源是推进战略的基础，也是履行日常工作的保障，有了资源作保障，院长就不会因为资源问题而过多分心。

（3）完善相应的运行机制、监督考评机制和奖惩机制。职权划分和资源配置属于基础问题、前置问题，但职责能否履行到位，权力是否合法行使，资源是否有效利用，这就需要健全相应的运行机制、监督考评机制以及奖惩机制。通过健全这些机制，首先保证学校层面各项职责得以有效履行，权力得以合法行使，资源得以有效利用，从而创造让学院、全校师生员工满意的管理和服务。其次，通过这些机制，也同样会使学院的环境得以改善，各项工作得以顺利推进。

2. 完善学院的内部治理结构

学院治理结构涉及学院内部人员权利和义务分配以及与此相关的组织结构设计与制度安排，核心要素是决策的体制机制、执行的体制机制以及监督奖惩的体制机制。主要包括以下三个方面：

（1）要完善学院决策的体制机制。随着我国高校管理体制逐步完善，学院在决策体制机制方面也不断得到完善，如“三重一大”制度在高校学院普遍落实，院级党政联席会议制度、院级教代会制度普遍建立和实施。然而从现实情况看，不少高校的二级学院在决策体制机制方面还存在着行政权力侵蚀甚至代替学术权力，院长、书记“一言堂”现象，存在教授、教职工参与决策不够充分以及分类、分层决策不够明确、细化等问题。当前，就是要尽快完善院党政联席会议制度、学术委员会制度、教授委员会制度、学位委员会制度、院级教代会制度以及日常工作的分层、分类决策制度。尤其要进一步发挥各学术型委员会的作用，保证教授、学科带头人和教师在学科建设、人才培养中的决策权、监督权，而避免院长或书记的“一言堂”现象。从院长的角度看，只有上述决策体制机制问题解决了，也才会有更多时间和精力去处理自身应该处理的事务。

（2）要完善学院执行的体制机制。实际上，对于学者、教师这一群体，其日常教学、科研基本可以做到自我管理、自我控制，无须院长天天指导、督促。然而对于学科申报、学科评估、专业评估、学术交流的组织、科研团队或教改团队的组织等集体性事务，如果没有一个完善的执行体制机制，就很难顺利实施和保质保量地完成。完善执行体制机制，重点是合理划分院领导之间、学院各部门及人员之间的职责，明确其任务分工及目标要求，制定科学、务实的执行计划，完善执行的流程、标准及其他要求。在这些方面，学院还有很多系统、基础的工作要做。

（3）要完善监督奖惩的体制机制。任何组织的工作，如果没有完善的监督及奖惩体制机制，是很难持续保证的。学院的学科建设，包括人才培养、科学研究和社会服务，一旦被列入规划和计划，就需要事先建立起保证正常运行并最终取得预期效果的监督考核及奖惩体制机制。这套体制机制在建立时虽然需要学院耗费大量时间和精力，但一旦建立和完善，其对于学院各项工作的顺利开展和绩效质量，必然是事半功倍的。有了这样一个监督和奖惩的系统发挥功能，在客观上就会减少院长直接监督和奖惩带来的时间精力负担和其他副作用。

3. 在院长聘任中强化院长素质、能力与学院环境的匹配性

主要包括以下三个方面：

（1）在聘任院长过程中，应该要求院长具备学科带头人或至少具备教授职称，同时具备较强的组织管理能力以及公道正派的人格修养，这是一个基本的要求。也有院长（毛基业、欧名豪、王瑞华等）认为，院长人选最好是五十岁上下的教授。在此年龄阶段，其学术水平一般达到了一个相对稳定的高度，各方面经验比较丰富，但同时随着学术创新活力和冲击力逐渐减弱，不适宜冲在最前线，此时如果担任院长，专心致志地做学院管理工作，可能是一个合理的选择。

（2）在聘任院长过程中，应该考虑学院的具体环境和具体要求。如果学院特别需要新任院长依托其学科带头人优势更好地带动学科发展，那么在聘任过程中就需要突出候选人的学科带头人因素，组织管理能力则相对放在其次。如果学院并不缺乏学科带头人，而是更加需要一位公道正派、组织管理能力和服务精神突出的院长，那么就需要在聘任中突出后者，而适当降低学科带头人方面的因素。如果学院特别需要一位深谙教育规律和擅长教育教学改革的院长，那么就需要在聘任中突出这一因素，而相对降低其他方面要求。

（3）在注重发挥院长个人优势的基础上，配好院领导班子和强化制度建设。对于院长来说，各有优缺点，重要的不是求全责备，而是创造条件让院长的优势发挥到极致，以此推动学院发展。为此，就需要在学校支持下配备好学院领导班子，形成合理优化的分工协作关系。同时需要建立完善的制度、流程、标准，以此来保证学院的均衡、有序发展。

4. 重视院长的培养与交流，强化院长的职业化水平

尽管不少院长在接受访谈中认为目前中国还很难实现院长的职业化，但如果长期将院长角色作为“过渡角色”或临时角色，其结果难免会造成学院管理的不专业、低效率。上海交大安泰经济与管理学院原院长王方华教授在接受访谈中谈到，“从复旦大学到了上海交通大学以后，我就决心做职业化院长。有了这个决定，我就不再报各种奖，不再拿新项目，不申报教学名师”“作为职业院长，就要集中精力把学院工作搞好，要‘乐业、勤业、专业、职业’，我是把院长当作自己毕生追求的事业”。中国人民大学商学院院长毛基业在接受访谈中也就特别指出：“学院管理是非常专业的工作，国内院长为什么做得不够好？就是不专业，片面强调学术，强调年轻化；作为院长一定要‘专业人做专业事’。”

从实际情况看，院长大都是从普通教师群体中产生的，这就不可避免地会使

其受到原有素质、经验以及所在学科等的限制。因此，对于院长，尤其是新任院长，强化培养与交流是非常必要的。院长培养可以采用多种方式，如参加教育理论、教育管理理论培训，参加院长管理研讨班，组织新任院长到知名高校取经，校领导对院长的日常考察及适时提出要求，组织院长出国考察，等等。通过培训和交流，院长们就可以获得学院管理的一般理论知识和典型经验，从而避免因个性及认知偏差而导致学院管理的误区，促进自身职业化程度和管理工作水平不断提高。

5. 高校要回归重视教学和人才培养的传统，使得人才培养和科学研究均衡发展

调研中明显可以看出，院长们在实际工作中具有重科研轻人才培养的倾向，如果这一倾向长期不能改变，必将影响到我国高校人才培养的质量。因此，国家教育行政主管部门必须高扬人才培养主旋律，从学校评估、学科专业评估、高校职称评审等方面建立更加明确的政策导向，要让那些在教育教学改革、人才培养方面取得成绩的高校、学院、院长、教师真正受到尊重并获得收益。只有这样，院长在实际工作中才能既重视科研又重视教学。

6. 完善院长的考评、激励与退出机制

对于院长的工作需要进行年度和任职考评，而考评的标准、指标应该力求符合院长角色的特点。作为院长，一般核心工作是抓学科建设，那么院长考评就应该主要围绕学科建设设立考评指标、强化学科建设的权重。当然，作为年度综合考核，肯定要兼顾德、能、勤、绩等各个方面，但学科建设成效无疑是最主要的考核指标。

在科学、公正的考核基础上，也需要建立有效的院长激励机制。院长的激励机制包括事业成就激励、信任激励、薪酬激励、公平制度激励、决策权力激励、竞争激励等，运用好这些激励院长的手段，对于提升院长的履职水平和履职效果非常重要。

此外，建立、完善院长的退出机制也是非常有必要的。如果院长在履职过程中存在下列情况就需要运用退出机制：一是院长在履职过程中出现重大失误或犯了重大错误；二是院长在履职过程中明显出现素质、能力不适应，继续留在院长岗位上将会为学院造成损失；三是院长履职已经到达规定的最长任期，或者已经超过规定年龄；四是根据形势发展和学院学科发展的迫切需要，学校认为应该更换更加胜任的院长。实施院长退出机制，对于院长来说会起到一种负激励作用。所以，实施退出机制一定要以制度而行，依据要充分，且做到一视同仁，公平公正。

第二章　不同角色下的院长职能分析（一）

一、作为管理者角色的院长

无论是对于院长的问卷调查还是访谈调研，多数院长都认为院长应该首先扮演好学院管理者角色。尽管大家比较一致的看法认为院长应该是一位有一定学术造诣的学者，但院长毕竟是一个管理者角色，管理有管理的规律，好学者、好教师却未必一定能够胜任院长职位，履行好管理者角色。作为高校统领一域的院长，既要执行学校的总体规划、年度计划和其他任务安排，又要根据本学院的具体情况制订学院层面的规划、年度计划和其他行动计划；既要接受校领导的领导、指示和命令，又要有独立决定学院具体事务的行政权力。无论教学、科研、师资队伍建设、软硬件条件建设以及开展其他工作，都是以资源为支撑的，而学院资源又总是有限的，这就需要院长通过有效的管理，使得分散的资源得以有效整合利用。那么院长作为管理者角色，其需要履行的职能有哪些呢?

（一）计划职能

计划是对未来行为的预先安排。学院的计划有多种类型，如五年规划、年度计划、学期计划、日常计划；综合计划、专项计划；政策、程序等。从管理学的角度看，做好计划十分重要，计划是学院行动的依据，是避免或减少风险的手段，是统筹兼顾、提高效率的方法，还是目标控制的标准和依据。计划对组织来说是一项制度，对院长个人来说是一项职责。作为院长，做好计划工作，是开展学院其他任何工作的开始。一般来说，制定学院的重要规划、重要计划，在内容上需要具备以下九项要素：

一是做什么？也就是计划的目标任务、项目性质是什么。比如，是制订学院五年规划，还是制订学院年度计划？是制订一项关于教学改革的计划，还是制订科研计划或人事分配制度改革计划？

二是为什么做？也就是计划的背景、目的和意义是什么。如果一项计划通过论证没有价值或价值不大，那么就没有必要花费学院资源去开展。记得曾有一位院长向笔者介绍，他们院里一位教研室主任向他申请主办一次学科研讨会，总费用大概5万元。他就问这位教研室主任："你们主办此次会议能够为你们学科带来什么收益？是能够为你们学科带来良好声誉还是能够带来经济收益？我知道你们学科目前在全国的排名属于非常靠后的，那么人家来了恐怕只会把我们的不良形象留给了大家。其次，恐怕会议也不能够带来经济收益，因为你们如果收费举办会议，很有可能没有多少人会来。既然这样，那么你们办这个会还有必要吗？起码理由是不够充分的。所以建议你们在目前阶段，还是多安排老师参加其他知名高校主办的学术会议更好。"结果，这个会议计划也就搁置了。

三是何时做？也就是计划何时开始、何时结束，其整个过程的时间节点如何控制。研究设计计划实施的时间节点，是一项比较细致的工作。比如开展学科评估，就需要认真细致地对整个进程中的时间节点做出预测和安排，以便实施前馈控制。否则，如果时间节点不清楚、不合理，就很容易出现前松后紧或工作不能有效衔接甚至导致计划失败的现象。

四是何地做？也就是计划实施的地点、环境。因为一项工作在何地、何种环境下开展，其影响因素是不同的。比如学生开展实践教学，或者在学校实验室，或者在当地企业，或者到几千里之外的一家跨国公司，那么学生实践教学中所遇到的问题可能全然不同。如果是到距离遥远的跨国公司，就需要学院及负责的老师预先做好周密的调研、联络工作，还需要购买保险以及签订相关协议等。

五是谁去做？也就是谁去负责计划实施，是个人还是一个团队。在现实工作中，负责具体工作的人和团队非常关键，俗话说，"人能成事，也能败事"。柳传志曾经说过一句话："所谓执行力，就是将恰当的人用在恰当的岗位上。"他还用当年大胆起用杨元庆担任联想掌门人作为例子来说明这个道理。因此可以说，如何用好人是院长非常重要的一项管理职责。

六是怎么做？也就是计划实施的途径、方法、程序、规范、标准、策略选择。不能运筹好计划实施的途径、方法、标准、程序、策略，好事也可能办不好。一位有丰富经验的院长，总是能够驾重若轻，就是由于其熟悉各种途径、规范、标准，能够熟练运用各种程序、方法、技巧、策略等。

七是需要何种条件？就是计划实施所需要的资金、物料、工具、场地等条件。俗语说“巧妇难为无米之炊”，学院要开展诸如学科建设、教学改革、学术交流以及其他项目，必然会需要资金投入，必然会需要相关的物质条件。因此，在计划内容中必须将资金、各种物质条件的需求数量及相关要求计算清楚，阐述清楚，以便于对其合理性及其供给情况进行评审。

八是需要何种配合？就是在责成实施负责人实施计划的时候，还要责成有关部门和人员的有效配合、有效支持。这一点很容易在计划时被忽视，其结果往往会造成计划实施过程中当事者的孤军奋战。如果领导者事先进行计划预测，考虑到实施过程中需要有关部门和人员配合，提前打好招呼、责任落实到位，就会避免不良后果的出现。

九是需要准备何种应付突发情况、意外变故的措施？一项计划可能在准备实施之前情况就突然发生了变化，或者在计划实施过程中情况意外发生了变故，这种现象已是常见。因此，为了应对计划实施过程中的突发情况和意外变故，需要在预测的基础上制定出应急预案。尽管预案也未必完全能够解决突然出现的问题，但至少使我们有了思想准备或初步的解决思路。

为了使学院制订的计划切实可行，一般在制订重大计划时需要遵循科学的程序，大致包括五个环节：预先调研和预测；拟订实施方案；对实施方案进行科学评估；在评估的基础上进行抉择；最后是制定配套行动方案。

还需要强调的是，制订学院重大计划，一定要遵循民主程序。凡是涉及学科专业建设、师资队伍建设、人才培养的重大计划，一定要听取学科负责人、专业负责人、教授的意见，并召开学术委员会会议、院党政联席会议等研究决定。凡是涉及广大教职工切身利益的各项改革计划、利益分配计划，都必须广泛征求民意，征求校级领导意见，召开学院教代会表决，表决不通过的不予执行。如果院长不能顾及这些重大原则和制度，硬要出台相关计划，就可能会损害教职工利益，就可能会犯错误。

（二）组织职能

所谓组织职能，就是院长要做好搭班子、建部门、理顺权责关系的工作。首先是设计组织架构，其次是理顺权责关系。学院整体发展规划、目标任务确定后，就要设计组织架构来落实规划和目标任务。在组织架构设计上，包括领导班子搭建和组建系或教研室及其他党政所属部门。

（1）搭班子。是指搭建学院党政领导班子。其要求就是符合上级关于干部配备的政策和制度要求，符合学院改革和发展的实际要求，成员之间做到志同道合、能力互补、分工协作和制度保证。所谓制度保证，就是要有规范班子成员权力和行为的基本制度和规则、规范，形成对班子所有成员的约束力。实践证明，有了这些基本制度，班子凝聚力就强，成员积极性就能够保持，工作开展就顺畅；相反缺乏这些基本制度约束，就可能出现院长“一言堂”或班子成员各自为政的不良局面。一旦形成这种局面，就会影响到学院班子民主、融洽的气氛，久而久之就会影响学院整体工作的成效。

（2）组建部门。在学院部门设置上，既可以分为党、政、工、团四类，也可分为直线部门、职能部门、后勤保障部门三类。学院下属部门的设置，需要根据学院职能、战略目标和日常任务来设计。比如目前有的高校，在学院下面设系，系下设专业教研室；有的高校，学院下面设立研究所和教学系；还有的高校，在学院下仅设置专业教研室。这涉及每所高校的层次定位、市场定位，涉及科研和教学等关系的处理策略。

（3）责任—权力分配。在学院班子搭建和部门设置的同时，需要设计责任和权力关系。具体包括：分配职责、部署任务；划分权限、确立指挥、监督、配合关系。基本要求包括：责权明晰；责权对等；集权分权平衡；纵向横向协作有力、顺畅；利益关系均衡合理。只有这样，才能够防止学院内部的权力冲突、工作扯皮和利益纷争。

（三）人事职能

不要以为只有人事部门才会去做人事工作，事实上在一个组织内部的任何部门，无论是职能部门、业务部门还是后勤服务部门，都需要做一定的人事工作。凡是涉及选人、用人、培训、考核、薪酬、福利、员工关系等事项的工作，都是在履行人事职能。人们越来越意识到，人力资源是一个组织最核心的资源，人力资本投资对于一个组织的核心竞争力具有至关重要的作用。

作为一个学院，衡量其竞争力的标准，不是看它拥有多少大楼、拥有多少设备、拥有多少资金数量，而是看它拥有多少大师、拥有多少由大师带领下的活跃的学术团队，拥有多少标志性学术成果、培养了多少社会栋梁之材。要做到这些，就要强化人力资源管理，加大人力资本投资，创设一种能够吸引人才、留住人才并使人才充分发挥作用的制度和文化环境。作为院长，应该始终围绕学科建设、人才培养而凝神聚力地思考人才和团队问题，思考通过建立何种有效机制和创设何种文化氛围来开发人才的效能问题。

（1）在选人方面，院长和学科负责人力争成为“千里眼”和“顺风耳”，通过各种有效信息渠道，了解处于国内外前沿地带的学术大师和学术团队，积极同他们建立学术联系与学术合作，并努力依此平台培养自己的人才或引进他们培养的优秀人才。也就是说，作为院长，在物色人才方面，眼睛既要向内，也要向外，具有开放的眼光。

（2）在用人方面，院长在充分考察的基础上，要大胆起用那些在学术上崭露头角，且具有学术战略眼光和良好合作意识的学术骨干担任学术带头人。在预研经费、办公空间、人才梯队建设、国内外学术交流等方面给予支持。

（3）在机制方面，院长要在充分调研的基础上，在学院建立起激励人才和团队申报高层次科研项目、发表高水平学术论著、申请标志性学术奖励以及教学、人才培养方面奖励的良性机制。这一机制要充分体现到职称评定、收入分配、岗位聘任等方面，让优秀者真正感受到尊重感、认可感和获得感。

（4）在条件方面，院长应始终将创设让人才发挥作用的优良环境作为自身的职责。尽管上述谈到大楼、资金、设施相对大师和团队而言并非主要因素，但要使大师和团队顺利、有序地开展科研学术活动，却又必须创设必要的软硬件设施。目前，不少学院缺乏办学、科研空间，或者设施陈旧，或者开展活动的资金不足，往往成为院长十分头痛的问题。这一方面有赖于争取所在学校的直接支持，另一方面有赖于学校给予学院更大自主权，使其能够通过适度的对外服务获取一定的资源以改善办学条件。

（四）激励职能

前面诸多阐述中谈到了有关激励的问题。作为院长，应该成为一个善于谋划激励体系的能手。激励本身，既是一门科学，又是一门艺术。这可以从以下两个方面来谈谈院长的激励问题：

1. 需要了解的几种激励理论

国内外主流的激励理论有很多，其中了解以下几种理论是有必要的：

（1）马斯洛需要层次理论。该理论认为人类通常有生理、安全、社交、尊重和自我实现的五个层次需要，当低层次需要依次得到满足后，就会逐步向高层次需要发展。依据这一理论，院长就可以分析诊断学院教职工在这五个层次上需要满足的状况，以及采取何种有针对性的措施来满足这些需要，从而调动其内在积极性。特别是对于那些想在科研学术以及人才培养方面干一番事业的教师，如何在满足其生理、安全、社交、尊重需要的基础上，为其全身心投入教学科研事业和自我实现铺垫平台和创造优良环境，是院长最重要的职责。

（2）赫茨伯格双因素理论。该理论认为，在组织中存在保健因素（工作环境、安全、政策、上下级关系、薪金）和激励因素（成就感、工作本身、责任、晋升、认可），两种因素效应不同。作为院长，需要考虑的是，如何在满足保健因素的基础上，更好地运用成就感、工作本身、责任、成长、认可等激励因素，来调动教职工内在的积极性。

（3）弗鲁姆期望理论。该理论认为，人们总是抱着一定期望来投入工作的，而这种期望就成为员工努力的内在动力。弗鲁姆用一个公式和一个关系式来说明期望理论的基本思想。

公式：M（激发力量）=V＊E（V为效价，E为实现概率）。该公式说明，要激发员工的强大工作动机，就要让员工感到工作目标具有高效价，值得去做，同时实现该目标又有较大的可能性。否则，效价高、实现概率低，或者实现概率高、效价低，都不会让人产生强大动机。

关系式：个人努力→完成绩效→获得奖励→实现目标。该关系式说明，只有当员工感到经过努力是可以完成任务绩效时，员工才会去付出努力；只有当员工感到完成任务绩效就可以获得组织奖励时，员工才会继续付出努力；只有当员工感到组织奖励同自己追求的最终目标相一致时，员工才会继续付出努力。否则，员工就会感到失望，就不会再继续付出努力。

作为院长，要让教职工感到努力工作是有价值的，组织上是有功必赏的，而且能够创造各种条件，使教职工感到努力工作实现目标的可能性很大。

（4）亚当斯的公平理论。创造一个公平竞争的学院环境，是院长需要履行的重要职能。教职员工对于院领导和学院制度系统的公平性、公正性、合理性是很敏感的。同样的资格、同样的投入、同样的贡献，如果在成果分配上标准不一，甚至存在“暗箱操作”，结果总是难以预料，那么人们就会丧失公平感，就会使人们产生消极心理和消极行为。因此，院长需要下大力气来设计学院的各种制度，力求做到客观衡量、公平公正、公开透明。当然，我们在强调公平的同时，也不能牺牲效率；在强调平衡的时候，也不能牺牲战略。作为院长，就是要在效率和公平、战略和平衡之间不断地进行动态的调整，做到既要保持与环境的适应性和对外的竞争性，又要保持内部的公平性和效率性。

（5）麦克利兰成就需要理论。该理论强调，作为科学家、工程师等专业工作者，往往追求成就感和自主性，因此作为管理者就是要为这些群体的人提供一

种满足其特性的工作条件和工作环境。如提供中等难度的工作任务，及时给予工作进展和工作结果的反馈，给予工作的自主性，管理者少监督、多支持。作为大学的教师，特别是专注于科研学术的教师，一般都具有很强的成就导向，成就需要理论对于院长的工作具有很强的指导意义。

2. 掌握激励的方法

院长首先应该了解教职工的需要、动机、兴趣、志向、个性和能力的差异性。需要、兴趣、志向不同，其动机、行为和追求的目标就不同，而个性、能力不同，其适合做的工作也不同。因此，只有了解了教职工的个性差异性，才能够找到最恰当的调动人的积极性的方法。那么具体的激励方法有哪些呢？大致可以分为以下几类：

（1）事业愿景激励。即通过创设事业平台、开发事业愿景来激励教师。事实上，作为教师群体，主要并不是乞求在这个岗位上“混饭吃”，而是希望借助学校、学院提供的事业平台，实现自身价值。所以，学院在吸引人才加盟时，人们更多考虑的还是学院的事业平台如何。如果学院的学科平台太弱，发展空间不足，即使能够提供较高的物质待遇，也难以吸引高层次人才加盟。

（2）薪酬与福利激励。是指利用工资、奖金、福利等对员工进行激励。薪酬激励是最基本的物质激励方式，它一方面可以满足员工的生存需要，另一方面又是满足其他多种需要的条件，还在一定程度上满足人的成就感，反映人的社会地位。所以，任何一个企业或公共部门，都十分重视用好薪酬激励这一手段。目前，高校普遍在推行岗位绩效工资制，同时注重奖金的灵活运用。

福利激励包括带薪休假、生活补贴、进修培训、提供娱乐设施等。在福利方面，最核心的是尽量做到福利均等化和个性化。因为每个人其价值观、需要、兴趣不同，所以要在福利均等化的基础上尽量实现福利的多样化，使得大家有选择的余地，那么大家的满足程度就不一样。如果总是每年发几次花生油、大米，没有挑选余地，那么福利所起到的激励作用就很有限。

（3）成就激励、荣誉激励和晋升激励。这三种激励方式通常具有较强的相关性。成就激励是科研人员、专业技术人员最核心的激励形式之一。成就激励包括取得成就前的成就欲望、成就动机以及取得成就后的自我实现的自豪感、荣誉感、满足感。成就激励会使得人们再接再厉，继续在事业上努力进取并获得更新的或更大的成就。荣誉激励是指在获得事业成就或做出为人称道的事迹后组织上或社会舆论上给予的公开表彰或嘉奖，会促使人们未来继续努力取得成就或作出奉献。晋升激励通常是当人们在工作中表现出较强素质、能力或取得显著业绩而得到职务晋升的激励形式。晋升既可以是专业技术职务上的，也可以是行政职务上的。作为高校教师，晋升激励是最基本的、最重要的激励方式，因为职称的高低同其在高校中的名誉、收入、机会、社会地位息息相关。

（4）工作本身激励。是指工作本身给人们所带来的兴趣、意义而产生的内在激励作用。如果工作本身正是人们特别感兴趣的，或者人们感受到工作本身很有意义，那么人们就能够长时间地待在工作岗位上。因此，西方学者在20世纪五六十年代即开始关注工作再设计，研究工作特征模型，正是要发挥工作本身的激励作用。作为教师，在教学、科研和社会服务等方面，同样会存在兴趣点问题，如果其所选择的课程、科研项目、学术选题、社会服务项目同其兴趣点一致，那么也会有利于教师在特定方向上的持续努力和成就取得。

（5）感情激励。人都是有感情的，知识分子也并非不讲感情的纯理性动物。他们需要关心、体贴、同情、友爱，需要成为群体的一员，需要良好的人际关系。或许是由于现代社会的商业气息浓厚、人口流动加剧、人与人之间竞争激烈以及传统道德体系向现代道德体系转型，人与人之间的感情关系出现一定的疏离现象。这种情况在高校中也同样存在，不少院长在管理过程中重业务、轻感情，天天就是学科、学术、论文、项目，却忽视对员工的关心、爱护，“见物不见人”。当然，我们必须承认，学院首先是一个学术机构、教学机构，学院文化中必须高扬学术大旗、人才培养大旗，而不能沦落为搞人际关系和政治活动的场所。然而，又不能不承认，凡是有人群的地方，就一定会存在人际关系、感情关系，就一定会存在利益博弈、权力博弈。因此，作为院长，在主抓教学、科研、学术的基础上，还需要考虑人际关系、情感投入和一定的政治策略问题。否则，院长就有可能成为管理学上所讲的，只是一个“有效的领导者”，而不是一个“成功的领导者”。

（6）信任激励。信任在管理工作中历来十分重要。信任通常包括对他人品行、能力、资源等方面的信任。院长不可能包揽一切事务，总是要向下属、部门、员工授权、授责，这就涉及一个信任的问题。信任的前提是了解，基础是自信，底线是可控，落脚点是充分调动人的积极性和才能发挥。院长对于部属的信任，对人才的信任，对普通员工的信任，往往能够起到很大的激励作用。正是由于信任，他的部属，他领导下的人才、普通员工才能放开手脚去闯、去干、去充分发挥自身才能。试想，如果你的下属感觉你对他不信任，那么下属就会处处谨

小慎微，不可能放开手脚干事业。久而久之，大家都会变成唯命是从、不敢越雷池一步的“胆小鬼”和“懒汉”，到那时，院长就可能快要累死了，而且你累死了，大家也不说你好。

（7）参与激励。参与管理是20世纪30年代美国哈佛大学梅奥教授主持霍桑实验并提出人群关系理论后兴起的。许多研究已经发现，实施参与管理对于调动员工积极性和改善企业绩效的正向作用。在我国，作为高校及其二级单位的学院，逐步建立、完善了教职工代表大会等民主参与管理的制度，从而使得员工对学校、学院的重大事项具有了参与权、知情权。作为高校，员工相对素质较高，民主参与意识强，实施参与管理有着良好的基础。作为院长，就需要深入研究参与管理的模式、机制，根据相关制度要求和学院实际情况运用好参与管理机制，以充分调动教职工，特别是教授参与管理的热情。

（8）竞争激励。竞争激励是指通过设置竞争性的奖励目标或开展各种竞赛活动来激发大家的进取心和斗志。如学院通过设计教师职务晋升条例、科研学术成果或教学成果奖励标准，或开展教学公开赛、团队学术赛等，来激发大家积极进取、努力拼搏。当然，运用竞争激励，需要考虑竞争的公平和效率关系问题，既要能够使得优秀者脱颖而出，又要防止完全不在一个起跑线的竞争。此外，既要运用好竞争机制以激发内部活力，又要运用好合作机制、帮扶机制以促进内部合作与共同发展。

（9）批评激励。批评激励是一种负激励。尽管我们通常强调对教职员工应以肯定、表扬、奖励等正激励为主，但批评教育甚至给予一定的处罚，有时也是很有必要的。院长不能只做“老好人”，要树立威信，必须恩威并用、刚柔相济。对于自己的部下或教职员工，当他们犯了错误，特别是因为不认真履行职责或故意违反学校学院纪律而出现工作失误的，必须给予严厉批评，甚至根据相关规定给予行政处分。因为如果不这样处理，就会让大家感觉到什么都没有底线，什么都可以乱来，结果就会使院长的威信、学院的原则丧失殆尽。

（10）文化激励。文化激励是一种高水平的激励，它是通过建立组织或群体共享价值观和群体规范而形成的文化导向、文化氛围，其结果是造就整个组织或群体成员志同道合的局面。从文化激励的机制来看，最核心的就是共享价值观对组织中每个人提供内在指导而发挥隐性的激励作用，只要人们接受了这种价值观，就能够使人们自觉地依据价值观的指导去思考、去行动，而不需要外在的推动或强制。另外，组织文化还可以通过“英雄人物”的示范作用，以及典礼仪式、神话传说、标语口号等对人发挥显性的激励作用。总之，作为院长，倡导、建立一种积极健康向上和促进战略实施的学院文化，是其最重要的管理工作之一，切不可以认为学院文化是可有可无、无足轻重的东西，或者认为其只是书记需要抓的工作。

（五）通协职能

所谓“通协职能”，是沟通、协调职能的简称。沟通在管理工作中的重要性不言而喻，可以说不会沟通就不会管理。沟通具有传达思想、交换情报、传递情感、协调行为、监督控制等诸多功能，没有顺畅、良好的沟通，组织就会陷入无序和混乱。协调职能的发挥，大多也是借助沟通职能而实现的。作为院长，应该充分发挥好通协职能，从而使自己成为一个信息中心和协调、指挥中心。

（1）作为院长，对上级要沟通协调好。大事上，不要擅自做主，要主动征求校领导意见，取得校领导支持，至少通过沟通协调，使校领导对于你的方案、做法谅解或不反对。一定要防止“诸侯心态”，以为自己管理的学院，就什么事都要自己说了算，反对校领导过问或干预。事实上，如果我们站在校领导位置上考虑问题，他们关心学院、了解学院情况，甚至对学院事务进行必要的指导、干预，都是校领导职责范围内的应有权力，如果校领导无法了解学院信息，也就失去了对学院的控制，这对于整个学校发展也未必是件好事。研究发现，善于与上级领导沟通的下级，往往获得更多资源、晋升机会和利益。何况作为院长，为了本学院的发展，也需要通过建立与校领导的良好沟通关系，创造学院发展的有利校内环境。

（2）作为院长，对下属要沟通协调好。有事尽量同下属商量，征求他们的理解和支持。一件事情，如果在没有达成共识的情况下强行执行，往往会产生许多副作用。与下属多沟通，还可以建立起与下属的感情纽带，形成志同道合的上下级关系。作为院长，尽管工作千头万绪，日理万机，但一定要把与下属、与员工沟通的时间留出来，工作过程中，或工作之余，都可以与员工交流、谈心。防止官僚主义滋生蔓延的最好办法，就是经常深入基层、深入员工，同大家不断地沟通交流。只有这样，院长在管理上才会发现问题，才会激发新的思路，才能促进学院不断创新发展。

（3）作为院长，对下属之间关系要协调好。力求营造一个和谐而不是相互扯皮、相互拆台、矛盾冲突的内部环境。一个学院往往包含多个下属单位、多个差异化群体，其利益诉求不同，下属单位之间、群体之间矛盾冲突在所难免，这

就需要院长和学院党政班子尽力在发展规划上、制度安排上以及日常工作中协调好、处理好这些矛盾和冲突。

（4）作为院长，对外部关系要沟通协调好。建立外部协作网络，对于学院发展具有重要意义。没有外部强大的协作网络，学院发展的空间就会受限。通过外部沟通协调，院长可以向外界展示学院的优势和实力，拓展学院的社会形象和品牌；通过外部沟通协调，可以广泛了解国内外学术前沿信息、了解行业发展动态、了解竞争对手情况、了解可能合作的单位、专家、团队和项目。事实上，一个好的学院，一定是一个不仅注重自身内部建设，而且也十分重视外部关系建设的学院。

（六）控制职能

一切管理活动和管理职能的发挥，最终是为了实现预期的组织目标，而为了确保预期目标的实现，就需要对组织的各项活动过程及其结果进行监控，没有控制的管理活动是不封闭的、不可靠的。所谓控制，通常是指对计划实施情况进行监督、检查，发现偏差，对发生偏差的成因进行分析，提出改进措施，使实施过程与计划目标相一致。

控制前首先需要制订控制的标准，比如考核教师，事先应该制订考核教师的标准，包括科研学术上的指标，教学质和量的指标，获得相应奖励的指标等。其次是收集教师实际表现的信息，然后将实际表现的信息同标准加以对照，如果达到了标准该教师就属于称职或优秀，如果距离标准还有差距，就属于不称职，那么就需要分析产生偏差的原因，并采取措施加以纠正。

作为学院，需要控制的范围很广。从学院的五年规划、年度计划，到学科建设、教学、科研、国际交流与合作等方面的专项计划，都存在控制的问题。控制的内容包括质量、数量、成本、时间等诸多要素，要根据实际情况选择适合的控制类型。常见的控制类型包括：程序控制、跟踪控制；前馈控制、反馈控制；事先控制、中间控制、事后控制；人员控制、物料控制、设备控制、财务控制；思想控制、行为控制、结果控制，等等。另外需要强调的是，控制是有成本的，因此在实际控制中，需要找到控制的重点，需要确立控制的可接受范围。

作为院长，日常工作中需要强化控制职能，无论学科建设、科研学术、教学工作，还是对外服务、国际交流与合作，都需要定期或不定期过问、考核，防止实施过程中走偏、走慢或质量、效益达不到要求。一个学院的运行效率、运行质量、发展快慢，不仅取决于计划、组织、人事、激励、协调职能发挥得如何，更取决于控制职能的发挥程度。任何一项计划，如果忽视监督考核，就可能会产生松懈、质量降低或到期完不成任务的风险。因此，一个有所作为的院长，一定是一位善于投入精力抓计划落实、抓执行力建设、抓考核的院长。当然需要强调的是，抓考核、抓控制并不是搞“一阵风”，而是要形成考核、控制的机制和制度体系。

总之，作为管理者角色的院长，就是要履行好计划、组织、人事、激励、通协和控制六项主要职能。此六项职能之间密切联系、互为依存、相互促进，共同保证了一个学院的顺利运行和效率、效益目标的实现。

二、作为领导者角色的院长

院长，顾名思义，一院之长。院长就是领导一个学院教职工向着既定目标努力的领导者。在向着这个目标努力的过程中，院长发挥着引导、带领、统御、影响的作用。无论是对于院长的问卷调查还是访谈调研，较多的院长、专家认为院长应该扮演领导者角色，引领学院发展。

刘菊香（2014）的研究指出，关于加拿大大学院长的调查表明，三分之二的大学有关院长职位的描述中使用了“领导”（Leadership）字眼，而关于美国大学院长的多项研究则直接讨论院长究竟是什么样的领导者。研究认为作为学院的首要领导者，决策是院长的法定职责，也是权力。

维希涅夫斯基（Richard Wisniewski，1997）的研究则表明，院长角色在很大程度上是对系主任、教师、学生和大学核心管理层及政府教育部门期望的回应。教育学院院长必须努力成为教师所期望的领导者，如果要成为真正的领导者或能够引领学院变革，院长必须学习如何扮演这一角色。

从领导和管理二者的关系来看，一般认为是领导主战略，管理主执行。那么，作为领导者角色的院长，应该履行哪些关键职能呢？在此，借助笔者提出的“领导者的八项职能”模型（见图2－1）进行分析。

（一）构建愿景目标

一个组织、一个群体需要一个愿景目标，正是这个愿景目标激励组织或群体成员团结协作、排除困难并最终实现这个目标。领导者正是通过制定符合组织或群体共同价值观的愿景目标来领导、激励大家的。作为院长，其首要任务，就是要制定学院的愿景目标，并使这一愿景目标在全院干部和教师中形成共识。有了这个具有共识性的愿景目标，学院群体就有了方向，就有了动力。在不遗余力地

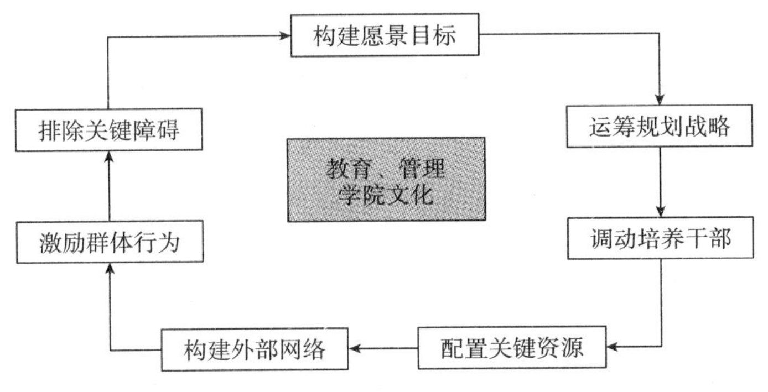

图 2－1　院长作为领导者角色的八项职能

推动愿景目标实施和逐步实现的过程中，院长实际上成为了愿景目标的化身，成为了激励、推动大家奋斗的“英雄”和象征。这就如同古时候军队打仗，带兵打仗的将军一定会把自己的姓写在旗子上，这样整个队伍就有了核心和灵魂。相反，如果不敢亮出自己的旗号，那么队伍就没有凝聚力、战斗力。因此，院长任何时候，都要把制订学院发展规划和愿景目标作为核心职能。

需要强调的是，构建愿景目标，并非院长想当然地去构建，而是需要做大量基础调研工作。一方面要调研学院干部和教职工、学生的价值诉求，征求校领导的意见，另一方面还要广泛开展对兄弟院校、国内外形势的调研，在此基础上，结合学院的基础条件和各方面现状，再进行深入、系统的思考。在调研和形成愿景目标的过程中，一定要坚持民主化与科学化的程序，坚持走群众路线，集思广益，坚持科学论证，重视专家意见。有了坚实的基础，愿景目标才更能凝聚大家，才更容易去实现。

在这里，部分院长容易出现的问题，就是主观主义和急躁心态。学院愿景目标没有经过充分调研、论证，或者没有经过广泛的民主讨论，就仓促出台，结果员工之间意见分歧很大。如此，既不利于员工凝聚力、积极性发挥，也不利于最终目标的实现。另外容易出现的问题，就是院长缺乏主见，面对员工之间的意见分歧，无法说服大家而达成统一。当今社会条件下，员工诉求往往多元化，有的更加看重学院和自身学术上的地位，有的更加注重经济上的实惠，有的更加看重自由和生活上的安逸，等等。所以，要形成统一的学院愿景目标并非一蹴而就，而是需要做大量艰苦细致的思想工作和利益协调工作。

（二）规划发展战略

愿景目标确立后，就要为实现愿景目标规划好战略。所谓战略，就是为实现愿景目标而确立的基本方针、关键路径、重大举措等。院长要谋划好发展战略，一方面需要自身高瞻远瞩，能够深刻预见实现愿景目标过程中可能遇到的关键问题，这一过程可能经历的主要阶段及其主要矛盾和特征，解决这些矛盾所需要具备的关键条件和主要措施；另一方面还需要能够集思广益，在自己周围形成一批有思想、有谋略、有创造性的专家团队，依靠他们，使得战略的内容更加全面、完善、可靠。为了形成一个科学、创新又切合实际、能够落地的战略规划，做好基础调研和预测工作是必需的。为此，许多高校都建立了战略规划处，其职能就是服务于学校战略规划的制定和战略实施的监督、评价工作。战略规划处，既是一个日常的战略规划调研与战略规划起草的工作机构，又是能够同校内外各方面专家有效沟通、联络和整合的机构。也就是说，战略规划处一定是一个开放的、与时俱进、善于整合智慧的机构，而不是一个只看校领导脸色行事的文字“衙门”。作为学院，鉴于各方面条件限制，一般不可能单独成立战略规划部门，但充分发挥院领导班子及教师中学术骨干的作用，做好充分的调研预测工作，也是十分必要的。

（三）培养调动干部

毛泽东同志曾经说过，政治路线确定以后，干部就是决定性因素。所谓“一个好汉三个帮”，院长要带领学院职工去实现愿景目标、实施战略规划，就必须有得力的干部去执行、“辅佐”、推进。刘邦之所以能够取得汉朝江山，最主要的就是其懂得用人之道，利用张良、韩信、萧何等重臣的辅佐、支持，反观项羽，有一范增而不用，结果失掉了江山。尽管用历史故事说明院长用人之道并非完全妥当，但却值得借鉴。用人贵在知人善任，用人不疑，疑人不用。用对人，就有执行力；人用得不对，好事也会办砸了。所以，作为院长，识别人才、培养人才，运用各种有效的人才机制选拔人才、历练人才，是一项长期而重要的工作。作为干部，院长既要严格要求他们，促使他们尽心尽力、创造性地为学院工作，同时也要关心他们的成长、发展和切身利益。只利用，不培养、不关心，迟早会出现干部离心离德的局面，从而吞噬院长的威信和领导基础。但这里需要强调的是，院长切不可为了自身利益，拉帮结派，甚至拉拢一派，打击一派，这样迟早会出现问题。因为你在明处，别人在暗处，只是慑于你暂时的权力不敢公开与你叫板，一旦人家积蓄了足够的能量，时机成熟，便会把你置于危险的境地。

所以在用人方面，一定要出于公心，光明磊落，公平公正，要健全干部选拔任用制度，使我们用的干部能够获得大多数员工认可，能够经得起考验。

（四）配置关键资源

俗话说，“巧妇难为无米之炊”。一个学院要想推进战略实施，必须以资源作为基础。作为院长，设计好愿景和战略诚然是重要的，但如果不能为战略配置关键资源，不能通过各种有效途径、措施整合资源，那么再好的愿景和战略也都只是虚幻。一个学院通常会包括两个甚至多个学科，也会有博士、硕士、学士等不同层次专业类别，其中必然会有重点和非重点。同时，学院在不同时期，其面临的突出矛盾和重点也不同。因此，学院在资源分配、资源投入方面肯定不可能采取“撒胡椒面”方式，而是应该保证重点，统筹兼顾。院长需要深入思考，为了保证战略实施和重点领域的突破，需要制定何种政策和机制来盘活内部资源，以满足战略和重点领域对于资源的需要和有效率的利用。当然，资源分配涉及学院方方面面利益，存在矛盾在所难免，但如果不顾及战略、不顾及重点，把有限的资源随意分配了，那么学院的重点就不可能突破，学院的战略就不可能实现。可以说，资源配置能力，是考验一位院长是否称职、领导是否有效的关键指标之一。在这里特别需要强调的是，资源分配绝不是院长一个人的事情，院长所需要做的不是直接去分配资源，而是推进一项能够保证战略实施和重点领域投入的政策、机制的制定与落实。分配资源必须要有一个科学的标准和公开、公平、民主的程序，否则，如果院长只是根据自己的喜好、愿望，凭借自身拥有的权力去分配资源，即使客观上合理，那么也可能会出现不好的后果。

（五）构建外协网络

组织资源是有限的，要保证战略实施，必须借助、利用、整合外部资源。世界上没有任何一家组织仅靠自身力量发展起来；相反都是借助、整合外部资源的结果。人在社会上不能没有朋友，组织要发展不能没有合作伙伴、战略同盟。这种协作网络越广泛，组织发展的空间就越大。需要强调的是，外部协作网络，是一个长期培育的过程。要注意在时机成熟时建立起相应的机制并不断完善。既要拓展新关系，更要维护老关系。

作为高校的学院，资源通常情况下都比较紧张，院长要在最大限度发挥内部资源效益的基础上，还要借助外部协作网络有效整合、利用外部资源。从这一角度看，院长或院长们应该成为“社会活动家”或“外交能人”。比如说，教师的科研经费大多都来自基金项目以及其他纵向、横向课题，这就需要学科负责人、学术骨干尽快提升基金申请和获取其他课题的科研能力，以及相应的沟通交往能力，而院长应该在这些方面发挥支持、促进作用。为此有的院长专门邀请权威专家来院作关于基金项目申报的讲座，邀请行业领导、专家来院交流行业发展、改革话题或技术前沿问题，组建科研攻关团队并开展团队学术研讨活动等，都可以帮助大家提升科研项目的获取能力。为了整合学科发展资源，许多学院注重开展对外培训、专业硕士教育等来增加学院收入。像清华经济管理学院、北京大学光华管理学院、中国人民大学商学院、上海交通大学安泰管理学院、南京大学商学院等名校商学院，通过 EMBA 和 MBA 项目整合了不少的资源，为学科建设、专业发展奠定了很好的基础。总之，通过大力整合社会资源，许多学院在高层次人才建设（院士、长江学者特聘教授、杰出青年、优秀青年等）、重点实验室建设（国家级、省部级）、科研项目（国家级、省部级等）、学术成果（SCI/SSCI 检索论文、国内外 A 刊论文、著作、专利等）、国际交流与合作、人才培养等方面均获得了突飞猛进的发展。可以说，外部协作网络构建及外部资源整合能力，是考验一位院长有效性的另一个关键指标。

（六）激励群体行为

学院战略的实施是一项宏大的工程，需要全体教职员工相互协作、共同努力。只有全体教职员工的思想统一起来了、积极性调动起来了，院长的领导才算到位，才会有实际的领导成效。那么怎样才能做到这一步？

一是需要院长向全体教职员工做沟通说服、宣传发动工作。一个不愿意同教职员工沟通思想、不注重做宣传动员工作的院长，不大可能成为受教职员工欢迎的院长。教职员工尽管不喜欢学院总是开会而占用宝贵的时间，但学院每学期开一、两次教职工大会，一个月开一次院属系或教研室干部会议，还是有必要的。如通过开会，宣传一下学院的愿景目标、发展规划、年度计划；通过开会，通报一下学院工作进展、取得成果以及下一步要开展的工作；通过开会，介绍一下学院面临的外部环境变化、兄弟高校相关学院发展经验；等等。

需要强调的是，院长不能仅仅限于开会时同教职员工沟通，而且更要注重日常工作和生活中的个别沟通交流，这是加深同教职员工感情的主渠道，切不可忽视。这种个别沟通，既要覆盖不同群体、不同层次，又要选择重点。比如核心、骨干层要经常沟通，刚来不久的年轻教师需要沟通和引导，一些可能对学院领导、学院政策持有不同意见的教师需要沟通，一些中老年教师需要关心、尊重。如果院长仅忙于业务和所谓“正事”而忽视沟通，久而久之就会变得同教职员

工感情疏远产生隔阂，甚至被教职员工所唾弃，学院就会成为一盘散沙。

二是需要院长和学院制定相应的政策。无论是推进战略，还是保证学院各项日常工作运行，没有资源投入，没有人的积极性便无从谈起。作为院长和院党政班子，就是要根据战略导向、战略布局、战略进程以及日常工作的轻重缓急，制订相应的政策，以保证基础资源、关键资源的跟进。其中，如何通过制订相应政策调动人的积极性，特别是一批关键人才的积极性，是最需要院长投入精力研究、思考并采取实际行动的。只要求大家做奉献，而没有显而易见的政策导向，一段时间内或许能够运行，但不能保证人的持续动力、持续投入。毛泽东在战争年代曾说过，“政策是执行路线的保证”，这对于学院都是一样的道理。学科建设、人才引进与梯队建设、教学工作、科研学术、对外服务、日常管理和服务等，均需要一定的政策支持；政策到位，工作推进得就顺畅，否则政策不到位，工作就会遇到各种阻碍。比如某校经济管理学院院长，为了扭转学院长期以来SCI/SSCI 高水平论文和基金项目薄弱的局面，制定了促进 SCI/SSCI 论文发表和国家基金项目申报的激励政策，五年内使全院 SCI/SSCI 论文发表数量从 0 篇/年增加至 50 篇/年，国家基金项目也获得显著突破。再如某北京市高校，借助北京市政策和学校内部政策，三年内引进包括杰出青年、长江学者特聘教授等在内的三位高端人才充实经管学科，政策成效十分显著。

当然这里强调的是，院长在考虑学院政策时，最好能够形成一个政策体系，否则“突然冒出来”的政策或过于畸轻畸重的政策往往会出现后遗症。比如，如果学院政策过于偏重科研学术，往往对教学工作产生不利影响；过于偏重国际SCI/SSCI 检索论文，则往往不利于国内权威学术期刊论文的发表；过于偏重学术骨干，对于大多数的教师可能产生消极影响。因此，建立一个既能保证重点又要相对均衡的、合理的政策体系，是需要院长和院党政领导班子在广泛调研、征求民意基础上深入思考的系统性问题。

三是培养、树立群众身边的“英雄”。要调动普通教职员工的积极性，除了沟通宣传、愿景激励以及政策激励，通过树立“英雄人物”、榜样人物去带动大家也是一条重要途径。无论教师在科研学术上、教学上、管理服务上、对外交流与合作上、实验室建设和实习基地建设上做出显著成就，为人称道，学院都要采取适当形式予以表扬、奖励。比如通过召开年会予以表彰，通过橱窗、院内通信、微信群等载体予以表扬，都可以提升“英雄人物”、榜样人物在大家心目中的位置，从而起到示范、激励作用。

四是必要的督促和考核。人是具有两面性的，既有积极向善的一面，也有消极向恶的一面。为了保证人们发扬积极的一面，减少或避免消极的一面，就需要在表扬、奖励的同时，采取必要的监督、考核、惩戒措施。对于教职员工中个别不能积极工作、经常违反学院管理制度和对学院造成不利影响的，应该及时给予约谈、批评教育直至根据相关规定予以行政惩罚。院长和学院党政领导班子，对学院内部的消极现象，不可纵容姑息，而是应该旗帜鲜明。当然，需要强调的是，对于教师群体，要慎用惩戒措施，能够通过沟通解决的尽量用沟通方式解决。重要的是搞清楚员工为什么闹情绪、为什么工作不能到位、为什么出现工作失误等，如果确是学院政策、制度不合理、不完善，或者是院领导工作方法不对造成的，那就应该及时补救；如果只是教师自身原因，那么就要分析是客观原因还是主观原因，是正当理由还是非正当理由。在此基础上，分别采取各种对应措施加以解决。

（七）排除关键障碍

事业不可能都一帆风顺，改革更不可能一帆风顺，在推进战略和实现愿景目标的道路上出现困难、障碍、挫折都在所难免。关键是有没有克服困难和障碍的决心和意志，有没有解决困难和障碍的思路和措施。能否排除学院所遇到的重大障碍，是衡量一个领导者是否有效的关键指标之一。那么作为学院，通常在战略实施过程中会遇到哪些重要障碍呢？

一是内部挑战，这包括：①内部资源不支持，如欲扩大招生却没有指标，欲出台政策却无经费来源，欲申报人才项目却遴选不出人才，欲改善教授办公场所却无空间，等等；②校领导和校职能部门不支持，如学院欲改革岗位聘任和薪酬制度，校领导和职能部门害怕带来不稳定不予支持，学院准备出台学科建设或其他规划，希望校领导支持，而校领导却只关注重点院系和优势学科，等等；③由于内部矛盾尖锐，或在愿景目标、战略规划上缺乏共识，形不成推进事业发展的凝聚力。

二是外部挑战，这包括：①国家政策调整，使得原来的学科发展、人才培养、社会服务等评价标准和发展导向发生了重大变化；②学院学科与人才培养的服务行业、服务领域发生重大变化；③国内外高校在学科建设、科研学术、人才引进、招生等方面激烈竞争，等等。

那么学院面临一系列挑战，应该如何破解呢？

第一，院长及院党政领导班子，必须审时度势，对出现的问题作出深刻的分

析和正确的判断。是什么性质的问题？该问题将产生何种影响？问题为什么产生？其症结何在？一般而言，院长对问题的判断力，比什么都重要。

第二，集思广益，研究问题解决的方略。召集一些有思想、有经验、有创造性的人研究解决问题的思路、策略，必要时也可寻求外部人士的帮助。

第三，要有解决问题的坚强意志，赴汤蹈火在所不惜。院长的带头、示范作用极其重要，院长关键时刻必须扮演英雄角色。如果院长关键时期软弱，群众不可能有战斗力。

第四，发动群众，群策群力。作为院长，遇到重大障碍时，不要企图掩盖问题，而是应该实事求是地向教职员工摆出来，并鼓励大家积极建言献策，群策群力。

（八）培育学院文化

领导过程实际上是一个变革现实的过程，是一个在领导者确立目标和战略，并引导群体不断变革现实，由现实状态逐渐趋向目标状态的过程。这个巨大的变革工程，往往首先是从变革思想观念开始的，因为没有思想观念的变革，整个变革不可能彻底、不可能到位。正是在不断变革思想观念、不断实践新的思想观念的过程中，一种新的文化便逐步形成了。一旦文化形成，整个群体就会形成正向一致的思维定式，教职员工就会变为志同道合的合作伙伴。

作为一个学院，不仅要有愿景目标、战略设计、组织架构、制度体系，还要有与之相适应的组织文化、学院文化作为支撑。学院文化的核心和基石是学院的核心价值观，而核心价值观的形成，是一个由院长及院党政班子倡导并逐步成为广大教职员工共识的过程，不可能一蹴而就。在学院引入重大变革或新的核心价值观形成过程中，往往会遭遇过去陈旧价值观和行为规范的阻碍、制约，因此，作为院长在深入、全面分析学院文化现状的基础上，系统设计一个文化变革方案十分重要。这个方案在内容上包括：如何向教职员工注入内外部威胁信息，使大家产生危机意识？如何设计新的组织价值观和行为规范并使教职员工接受？如何创造短期成功让教职员工产生遵循新的组织价值观和行为规范的信心？如何利用“上升的公信力”继续扩大“战果”？如何消除或遏制旧势力抬头的危险？如何将新的价值观和行为规范在学院战略规划、日常教学科研工作中落地扎根？如何对遵守新价值观和行为规范教职员工提供奖励及对破坏新价值观和行为规范教职员工的适度惩戒？等等。总之，作为院长，不要认为只有抓学科、抓教学这些实实在在的事情才是需要投入精力的，事实上，抓好学院的文化管理、文化变革，才能触动教师的灵魂，才具有更根本性的作用。

总之，作为领导者角色的院长，就是要履行好上述八项关键职能。八项职能，互为依靠，相互促进，共同成就学院的最终愿景目标。

三、作为执行者角色的院长

学院属于高校内部的二级单位，院长则属于高校的中层干部。院长必须接受学校党委和校长的领导，必须执行学校所赋予的职责和任务安排，服从校党委和校长的指示、命令。尽管从发展趋势上看，高校会越来越下放管理权限，学院的自主权会越来越大，但组织的层级原则还是必须坚持的。

首先，作为院长，必须清楚自身作为中层管理者和执行者的角色定位，力求在职责上、权限上同校领导划清界限而不能超越。但在现实中，有少量院长，把自己所管理的学院当成“私家田地”和“诸侯国”，不愿意服从校领导的指示、命令，甚至蔑视校领导的能力，总是另搞一套，结果到头来由于偏离正轨和得不到校领导的支持而导致学院发展上的挫折和自身发展上的失败。作为院长，有义务执行学校的决定，有义务服从校领导的指挥和监督，有义务向校领导汇报工作。这样做，既是一项基本的组织规则，也是发展好所在学院所需要的。事实上，没有学校、校领导以及各职能部门支持，没有一个上下、左右协作支持的良好校内环境，学院各项改革和事业发展都会遇到阻碍。

其次，作为院长，必须清楚自身所在学院的各项战略、各项事业，都属于学校整体发展战略和整体事业的一部分。这既需要院长在谋划学院事业发展时要有大局意识、整体意识，还要根据学院自身情况和学科专业特色、通过努力工作、创造性的工作，为学校发展做出特殊贡献。也就是说，院长应该是在努力顺应学校发展战略、发展全局的基础上，去考虑、谋划学院的改革与发展。

最后，作为院长，当遇到学院利益与学校利益发生矛盾，或校领导意见与自身意见发生矛盾时，力求做好沟通、协调工作，而不可强行为之。这可能有多种情况：一是学校从全局利益出发，出台的战略规划和资源配置方案可能会牺牲学院的部分利益；二是学校在制定战略和出台政策时不合理地忽视了学院的利益；三是在对于学院改革与发展的观点上，校领导同自身、同学院不一致。对于第一种情况，从学校全局出发只要是合理的，作为中层管理者和执行者的院长，只能顾全大局。对于第二种情况，就需要院长同学校领导和相关职能部门做好充分的沟通、协调工作，甚至据理力争，从而保证学院的利益不受损害。对于第三种情

况，作为院长应该更加充分地做好相关调研工作，耐心、细致地同校领导沟通，必要时可以换位思考，看看自己如果站在校领导位置上会怎么思考，如果校领导的意见是对的，就要支持校领导意见，如果自己意见是对的，那就要采取一定的说劝策略，最终使校领导支持自己的观点。如果一时说服不了校领导改变意见，最好也不要强行为之，而是暂缓行之，等时机成熟了再去做校领导工作。当然，如果自己的整体成型的学院治理思路、发展思路同校领导的思路格格不入，无法协调，而自己完全无力改变，那么提出辞职就是一个合理选项。

第三章　不同角色下的院长职能分析（二）

本章阐述作为学者角色、教育者角色、师生服务者角色以及其他角色的院长职能。

一、作为学者角色的院长

从中国高校的传统以及大多数高校二级学院的实际情况来看，院长通常需要扮演好学者的角色，院长最好是一位具有较高学术造诣的学科带头人。通常情况下，如果院长是一位学术“大腕”，其本身在特定学科的学术水平高、学术声誉高，这不仅对于其在学院树立威信、吸引外部优秀人才加盟具有重要意义，而且对于其把握学科发展方向、引领学院学科发展也会起到重要作用。

在全国高校中的院长，大多属于其所在高校中某学科的学科带头人或至少属于学术骨干。事实上，如果一位院长在学术上没有一定成果，也不会取得学院教师的认可。作为“双肩挑”的院长，如何处理好教师与管理者双重角色的矛盾冲突，是一个比较突出的问题。不少院长反映，当了院长以后，大部分精力用于处理学院学科建设、教学改革、对外交流以及其他各项行政事务上，而自己的学术研究和教学研究却不得不占用业余时间去进行，甚至不得不弱化或荒废自己的学术研究。根据高校目前的规定，院长实行聘任制，一般连任两届后就要换岗或解除聘任。如果是解除聘任，那么还是回归教师、学者本位。从这个角度看，如果一位教师在院长职位上时间太长，对其学术上的发展可能会造成一定的影响。当然，在院长职位上，也可能扩展自己的学术人脉关系和增加接触学科前沿的机会，使其对于学术发展的宏观把握会有所提升，这是有利的一个方面。那么，作为学者角色的院长，应该如何去做好工作呢？

第一，健全领导班子，合理分工，并配好行政工作人员。院长毕竟属于学者

出身，本身也属于教师，因此院长在管理上主要是抓学科建设、教学改革等核心业务，侧重于规划管理、宏观管理和制度、机制设计，具体的行政类事务则通过院领导班子分工和配好行政工作人员去完成。因此，院长必须学会授权，只有合理授权、分工负责，才能保证学院的各项工作有条不紊地顺利开展，自己也才有充沛的精力去研究学科建设、人才培养等战略性问题，以及开展自身的学术研究。

第二，建设好自己的学术团队。院长为了使自己的学术水平继续获得提升，就需要建立自己的学术团队，依靠团队的力量来激发、维持其学术研究活力和创造性。在团队中，要形成金字塔式的梯队，并形成适度开放和动态调整的格局。学术团队、学术梯队的存在和发展，不仅可以使院长继续发挥学科带头人的作用，而且可以依靠院长的影响力促进整个团队的学术发展。就笔者所在学院的两任院长，他们本身行政工作非常繁忙，但由于建立了自己的学术团队（由少量年轻教师和博士生组成），他们在学术领域仍然充满活力并不断产出高水平成果。在这方面做得好的院长，可谓不在少数。

正如任初明（2009）所指出的："在个人层面，院长必须学会平衡职业生活和个人生活，这对与子女共同居住的院长来说尤其重要。大多数院长已取得一定的学术声誉，然而院长职位要求他必须谨慎地评价其优先事项，他必须认识到要成为有效的行政人员就必须牺牲科研和写作时间。如果他还想保持积极的学术活动，他必须有研究项目并组建一支研究团队来分担研究工作。"

第三，学会合理分配时间和精力。尽管院长的管理工作千头万绪，日理万机，但如果进行合理的时间和精力分配，学会并行处理事务的技巧，也会在一定程度上减少行政工作对自身学术研究的影响。事实上，不少院长在担任行政职务的同时，学术上也得到了很大发展，这不仅在于这些院长们付出的更多，也在于他们善于合理分配时间和精力，聪明地去工作。

第四，必要时院长应急流勇退。一是院长在一届任期期满或连任两届聘期期满，可根据自己的职业规划和当时的情况，不再续聘；二是院长当感觉自己从事院长工作十分吃力或不适应时，也宜选择急流勇退。任何人都有自己擅长与不擅长的领域，优秀的学者、教师、科研工作者，却未必就是一位优秀的领导者、管理者，坚持做自己擅长的领域，更可能取得职业上的成功。事实上，在许多高校，曾出现过一批学术潜力很大的年轻学者，由于被学校动员担任职能处室干部而逐渐荒废学术的现象。本来这些学者成为杰出青年、院士的可能性很大，结果由于担任并不擅长的行政管理工作而使自己一生黯然无光。

二、作为教育者角色的院长

诚然，院长是一个学院的领导者、管理者，但他又不是企业、政府机构或其他社会组织的领导者、管理者，而是处于高校这一环境下的、面对教师和学生这一群体的领导者、管理者。因此，院长理应是一位懂得教育规律的教师和管理者，理应通过长期努力成为一位教育家。

（一）作为“教育家”角色的院长

扮演教育家角色，对于院长来说是一个很高的要求，也是需要院长长期努力才能达到的境界。提起陶行知、蔡元培两位教育家，人们总是十分钦佩。陶行知先生曾提出的“生活即教育”“社会即学校”“教学做合一”的教育思想，至今为许多教育思想家所继承和发扬。蔡元培先生在辛亥革命时期曾提出著名的“五育并举”的教育思想，后来他在北京大学任校长时期又提出“思想自由、兼容并包”的教育思想，影响十分深远。实际上，作为大教育家，他们除了知识渊博、视野开阔、深谙教育规律，还具有很强的家国情怀、高度的社会责任感、民族责任感。由此看来，院长需要认真学习、研究当代教育理论、探究高等教育规律，以为国家、民族培养栋梁之材的历史担当，去履行自身的职责。

改革开放以来，我国高等教育事业取得了令世界瞩目的巨大成就，目前已经拥有全世界最大规模的高等教育。据 2017 年统计，全国共有在校大学生 2695. 8 万人，应届毕业生 795 万人，普通本专科招生 748. 6 万人，全国共有大学教育程度的人口为 1. 9593 亿人。高等教育的毛入学率 2016 年已经超过 40%，预计 2020 年将达到 50%，高等教育进入普及化阶段指日可待。

然而我们也必须清醒地看到，在我国接受高等教育人口的数量和质量之间还是存在一定偏差的。这些年来，我们往往更加重视高等教育的数量和效率，而忽视质量和效益。在不少全国重点高校，出现了重科研和学术成果、忽视学生培养的倾向，还有许多高校出现了重招生规模、忽视培养质量的倾向。对此，许多有识之士对中国目前的高等教育提出批评和建议。曾任浙江大学副校长、中山大学校长的黄达人教授（2015）呼吁要“回归大学的根本”。他认为这种“回归”体现在三个方面：一是回归大学最本质的职能，即人才培养；二是回归大学重视教学的传统；三是回归大学管理者对大学核心价值的坚守。[①] 清华大学经济管理学

① 黄达人等．大学的根本［M］．北京：商务印书馆，2015.

院院长钱颖一教授在对比中美大学后指出："我们对美国著名大学在认识上有一个重大误区，就是只关注其学术研究水平，却忽略了他们的本科教育，而后者才是这些大学特别厉害的地方。"北京大学常务副校长柯杨认为："对于'研究型大学'的现有定义和各类评估体系的导向虽然促进了科技进步，却导致不少教育者逐渐忽略了教育的根本。"显然，要解决这些问题，诚然有很多宏观层面的问题需要尽快解决，比如中央和教育部层面的指导思想和评估导向，教育管理体制改革等。如果这些问题在中央和教育部层面没有在指导思想和评估导向上的根本转变，没有教育管理体制上的改革，这些问题很难从根本上得到解决。

然而作为院长，他眼前能够做到的是作为一位教育者应该扮演的角色和履行的职能，就是教学与科研、人才培养与学术修为"两手抓""两手都要硬"，而且要将教学和人才培养放在更加核心的位置。在高校，科研和学术创新当然十分重要，特别是在一流大学、重点大学，不仅要有知识传播，更要强化知识创新。然而另一方面，高校又确实不同于科研机构，高校始终应以人才培养作为自己的核心职能，高校知识创新既要服务于社会，更要服务于人才培养。因此，作为院长应在以下两项工作中体现教育者的角色与职能定位：

第一，在制订学院规划时，将人才培养和教学改革作为核心内容，从而形成一个包含教学、科研、学科建设、师资队伍建设、社会服务、国际学术交流与合作、学院制度、文化建设、软硬件条件建设等方面内容的均衡的规划体系。也就是说，在学院发展规划中，要充分体现和保证人才培养的核心地位。

第二，院长牵头抓教学改革。正像黄达人校长所说的，"只有院长行动起来，教学改革才能真正推动下去"。在教学改革中，院长要身体力行，带头并推动学院干部和教师去学习先进的教育理论、调研兄弟院校和国外名校的典型经验，然后再根据学校、学院的实际情况开展教学改革。

在教学改革中，首先应明确人才培养定位，因为不同高校、不同学科都有自己的不同定位。重点高校和一般高校在人才培养定位上不应该相同，重点高校提出培养一流人才、领袖人才可能是适宜的，而一些以培养应用型、技能型人才为目标定位的高校，就应该扎扎实实培养应用型、技能型人才。

人才培养定位确定了，就要实施课程体系改革和建设，因为课程体系是保证人才培养目标定位得以实现的基本依托。首先，在课程体系方面，目前存在的突出问题是课程多、规定死，使学生没有自由选择、自由学习和深入研究的空间，在一定程度上限制了学生个性化和创新素质的培养。其次是课程内容和教学方法陈旧、缺乏创新的问题。课程内容陈旧主要在于教师学术研究欠缺、知识储备不足和知识整合不够，备课不够充分、深入。教学方法陈旧主要在于教师对于教学规律不够了解以及对教学方法改革开展力度不够。作为教师，科研学术好，未必就能讲好课，讲课有讲课的规律和艺术，需要自己不断地学习和体悟。最后是通识教育与专业教育的关系问题未能处理好。对于一流高校、研究型高校可能更加强调通识教育，强调基础宽厚，为人才向更高阶段发展铺垫好基础，而对于以应用型、技能型人才培养为目标的高校，则更加强调专业技能教育和训练，以提升其时间应用能力。

其实关于课程体系设置方面，美国高校也面临类似的问题。比如在美国本科教育目标中，通常都确立三个目标：具备职业工作技能或能力；健全性格与品质；广泛兴趣、思考及自知能力等。为实现三大目标，在课程体系上分别设置专业课（一般占 40% ~50%）、选修课（一般占 25%）、通识课（平均占 30%）。看起来课程体系很合理，但三类课程设置依据并非很充分，且要实现起来难度很大。①

同样在教学方法方面，美国高校也存在教师在课堂上讲授过多而忽视学生参与等问题。因此，哈佛大学原校长博克教授就认为应该推进教学方法改革，比如在课堂上教师除了讲课，还应该让学生自己解决一些阅读材料中遇到的问题，成立学习小组，让学生通过小组讨论、分享而解决学习中的问题。当然在这一过程中，教师需要向学生解释自主讨论的目标和重要性等。

第三，院长既要抓科研与学术成果产出，还要抓科研与学术成果在教学和人才培养中的应用。抓科研与学术成果产出，主要是在教师和研究生层次上的工作。高校是一个知识创新的平台，充分发挥教师和研究生在知识创新中的作用，激励他们在科研和学术研究中创新、创造，产出标志性科研与学术成果，是院长的重要责任。事实上，没有一支强大的科研、学术团队，就没有一支强大的优秀的教师团队。教师的科研、学术水平不高，就难以培养出高水平的学生。另外，我们也要认识到，单纯的科研与学术成果，并不能保证学生的培养质量。因此，这里有以下四个层面的工作：

一是激励教师从事科研与学术工作的主动性和积极性。教师的科研、学术水

① ［美］德里克·博克．大学的未来——美国高等教育启示录［M］．曲强，译．北京：中国人民大学出版社，2017.

平是培养好学生的基础，因此，对于教师的科研与学术活动，需要规定基本的考核标准，同时需要设计一定的激励机制。但是为了教师在某一领域出持续性的大成果，并形成在这一领域中的独特优势，在激励机制设计上就不能急功近利，而应该有更长远的目标。

二是激励教师带学生搞科研与学术研究。学生的科研、学术素养是学生培养中的重要内容，学生正是精力最充沛、思想最活跃的时期，教师如果能够带领学生参与科研项目或学术研究，不仅可以更好地培养其科研、学术素养，而且也扩大了学院科研、学术队伍的规模，还有利于教学相长。不仅硕士生、博士生可以参与科研与学术研究，部分有潜力的本科生也可以适当参与教师的科研项目和学术研究。

三是教师的科研、学术成果用于教学。作为教学内容，尤其是本科生的教学内容，既要有基本的概念和原理，又要有对于学科前沿的了解，还可以有学校、学院和任课教师自身研究的独特成果的分享。当然，在教师向学生介绍自己成果的时候，最好将研究的选题过程、研究方法以及成果的学术价值和应用价值等均向学生说明，以启发、引导学生的学术兴趣。

四是采用研究型、探究性教学模式。教学中，要让学生带着学术问题去学习，在教师指导下，按照科学研究的范式去探究、去实验、去发现问题和解决问题。无疑，这种研究型、探究性教学模式，会极大地促进学生对课程的兴趣，也会培养起学生的科研创新能力。

总之，作为院长，应该力求做一位教育家，在领导、管理学院过程中，理应将教育规律、人才培养规律、知识分子成长规律贯彻其中。只有这样，我们的学院发展、学院治理才不会走偏，才会更好地履行高校、学院对于社会的使命，培养合格的、优秀的人才。

（二）作为普通教师角色的院长

关于院长角色，笔者曾访谈了中国地质大学原校长赵鹏大院士。赵鹏大赞同院长作为领导者、管理者、“教育家”和学者等角色的定位，但他强调院长有时还需要扮演一位普通教师的角色，“院长应该把自己视为普通教师中的一员”。

首先，院长应该在姿态上“把自己视为是普通教师中的一员”。院长大多就来自普通教师，尽管由于学院工作需要和自身较好的学术、管理素质而担任院长角色，但其本身也仍然是一位教师。如果因为当上了院长，而高高在上、脱离群众，就会变成官僚，久而久之就会被教职工所唾弃。作为教职工，更愿意接受一位在姿态上视自己为普通教师而不是一位官僚的院长。

其次，院长应该同普通教师一样，承担少量的教学任务，参与一些教学活动。诚然，院长面临繁重的学科建设和各类行政上的任务，可谓“日理万机”，不可能承担太多教学任务，然而如果院长长期脱离教学一线也未必可取。院长适当承担教学任务、参与教研室的活动，更容易了解基层情况和存在的问题、更容易听取基层教职工的各种诉求和合理化建议，这对于发现学院管理中的问题和改进工作是具有益处的。

三、作为其他角色的院长

院长在实际中扮演的角色可能有很多，也不尽相同，在这里主要分析师生服务者角色、社会活动者角色和外交活动者角色履行的问题。

（一）作为师生服务者角色的院长

作为院长，其面临的角色期待是多重的，因而其扮演的角色也会是多重的，有时是领导者，有时是执行者和管理者，有时是学科带头人和教授，等等。其实，院长还在扮演一位“师生服务者”角色。日常工作中，教师、学生都会有大量的物质上或精神上的需求，这些需求会以各种途径、方式向院长反映。院长对这些需求就要做出分门别类的处置，力求提供让师生满意的服务。事实上，高校对于院长的考核，通常会有一个民意测验的环节，如果院长“师生服务者”角色没有扮演好，即使在学科建设中做出了一定成绩，其在民意测验中的评价往往也会受到影响。

首先，作为院长应该在观念上将自己定位于“师生服务者”角色。中国地质大学原校长赵鹏大院士认为，作为院长必须有为师生提供服务的态度，同教职工有感情，而不能摆官架子。北京邮电大学经济管理学院院长王欢教授也指出，有的院长太把自己当回事，太把自己当做“一呼百应”的领导者，似乎定位于“师生服务者”是降低了自己的身份。这种观念实际存在两个问题：一是对“师生服务者”角色理解得过于狭隘，认为院长定位于“师生服务者”就是每天做一些像家庭保姆那样琐碎的小事；二是将领导者、管理者与服务者对立起来。如果我们从“领导就是服务”的广义观念来看，院长所做的大多领导工作、管理工作也都是服务工作，这些工作都是为了引导、帮助师生更好地进行学科建设、人才培养和科学研究。D大学某理科学院尚元君院长认为，管理者和师生服务者是院长的主要角色，“管理者和师生服务者是一体两面的关系”。中国地质大学

（北京）副校长王训练、中国矿业大学（北京）管理学院院长丁日佳也都持有类似的观点。为师生服务的形式是多种多样的，体现在领导、管理、社会活动、外交以及日常工作中为师生排忧解难等各个方面。

当然，作为院长，其工作及其角色必须有所侧重，不可能面面俱到，也不可能像保姆那样的工作方式。如果院长过于拘泥于满足或迎合师生日常工作、生活中的琐碎事务，恐怕就难以推动学院真正向前发展。事实上，只有那些善于抓住主要矛盾，能够在制约学院学科建设关键问题上下足力量，实施创新突破的院长，才是对学院发展、对师生发展更加有利的院长。这些院长，尽管工作中并没有刻意去迎合师生的某些日常需求，但他们为学院、为师生所做的巨大贡献却深深留在人们的记忆里。

其次，作为院长也应该意识到，为全院师生创造优良的工作、生活环境，以促进他们的事业发展、价值实现，是院长履行“师生服务者”角色的基本职责。学院师生，要想在人才培养、科学研究和社会服务等方面做出成就，就需要相应的平台、条件、环境，需要为他们提供必要的服务，如果学院的平台、条件、环境以及服务提供存在较大差距，那么他们也就很难发挥自身潜能和实现自身价值，学院的目标也就难以实现。因此，院长及其带领的院领导团队就是要在平台、环境、条件和服务营造方面做出切实可行的规划、计划，并通过自身努力和调动各方面积极性来实现这些规划、计划。事实上，不少院长在这些方面可谓是呕心沥血，牺牲大量时间、精力和个人利益去做“人梯”和服务的工作。当师生在事业上取得成功时，他们就会感到由衷的欣慰，因为作为院长的价值，就在于师生事业上能否成功，就在于学院整体能否取得预期的进步。天津大学经济与管理学部原主任张维教授指出，院长通常并不是师生服务的直接提供者，而是通过建立一个平台、建立一种制度来保证对于师生的有效服务。

最后，学院情况不同、院长风格不同以及院长对自身角色的理解不同，使得部分院长更倾向于扮演“师生服务者”角色。比如在一个具有众多院士、杰出青年、长江学者、特聘教授等重量级人才的学院，其院长未必就是同等级别学术水平的知名学者，或许在此种情况下院长扮演好为这些知名学者提供优良环境、条件和服务的“师生服务者”角色更加适合。也有部分院长，其风格就属于那种任劳任怨、热心服务的院长。还有些院长，他们从内心深处就认为院长角色就是“师生服务者”，在实践中就会表现出更多为师生服务和更多为师生谋求利益的行为。这些甘为“人梯”、甘愿为师生服务奉献的院长，同样会受到人们的尊敬。

（二）作为社会活动者角色的院长

南京大学商学院原院长、著名人力资源管理专家赵曙明教授认为，院长“要扮演好‘学者’‘管理者’‘社会活动者’三个角色”。[①] 如果查阅一下全国知名高校学院院长的简历就会发现，院长们大多都兼任一些社会机构（学科或行业学会等），特别是全国级或省（市）部级学术机构的会长、副会长、秘书长、理事等职务；还有不少院长受聘担任政府部门顾问、企业顾问、公司独立董事等职务。院长参加这些社会机构并担任相应职务，一方面可以获得向同行学习交流的机会，获得学科前沿性知识和行业动态信息，另一方面也能够扩大自身及学院在学术圈或行业圈的影响，还能够优先获得合作办学、合作科研以及参与社会服务的机会。

首先，作为社会活动者，院长的一个重要职能就是促进学院外部协作网络的建立，从而为整合外部资源奠定基础。建立并运作外部协作网络主要包括三个环节：一是规划外部协作网络；二是建设外部协作网络；三是运作外部协作网络。通过建立和运作外部协作网络，就可以获得具有价值性、稀缺性和共享性的网络资源。作为网络资源，主要来源于网络中合作伙伴的学习效应、溢出效应、协作效应和互补效应。

北京林业大学经济管理学院院长陈建成教授曾指出，院长的重要职能就是要整合资源，尤其要整合外部资源。他认为，应该抛弃传统经济学“资源有限性”的理论观念，如果院长善于整合社会资源，那么资源就是无限的，关键是要树立“不求所有，但求所用”的观念。特别是随着高校内部权力的逐渐下移，学院办学的自主权越来越大，学院面对社会有效整合资源将会越来越重要，院长作为社会活动者和资源整合者的角色定位必然会进一步强化。这也就要求，院长必须不断提升自身运作外部网络的能力，这种能力包括网络规划能力、网络配置能力、网络运作能力和网络占位能力。通过提升网络能力，就可以使自身和学院获得更多外部协作网络中的资源，从而提升自身和学院的竞争力。

其次，作为社会活动者，院长需要承担更多的社会责任和义务，需要组织、协调更多的公益性或互利共赢的活动，从而赢得学术界、行业界的认可和尊重。没有一定的担当和付出，只考虑单方面利益获取，既难以提升自身的影响力和威

---

① 赵曙明，邱恒明．我的人生感悟与管理观［M］．北京：机械工业出版社，2012.

信，也难以获取网络中有价值的资源。比如像大连理工大学管理与经济学院，主动承担全国 MBA 教指委下属的案例共享中心建设，虽然付出了很多人力、物力、财力，但却赢得了全国 MBA 院校的尊重，其收获也是可观的。同样，清华大学经济管理学院作为全国 MBA 教指委秘书处所在学院，中国人民大学公共管理学院作为全国 MPA 教指委所在学院，都投入了许多资源、付出了很多辛苦，但也由此提升了学院及相关学科的社会形象。

（三）作为“外交家”角色的院长

北京师范大学经济管理学院院长赖德胜认为，履行好外交家角色对于当今的院长，尤其是一流大学的院长十分重要。实际上，全国一流大学的院长们，大多十分重视国际学术交流，其领导下的学院在国际学术交流与国际教育、科研合作方面往往力度大、氛围浓厚，其师生国际化程度高，他们在人才培养和科学研究方面往往走在全国前列。

北京大学、清华大学、中国人民大学、浙江大学、复旦大学、上海交通大学、南京大学等高校，在一年中往往举办上百场由学院组织的国际学术交流会或国外专家讲座，其师生参加的国际学术交流会也是非常之多。这些高校的学院往往同国外知名大学有着非常多的学生联合培养或学生交流项目，如博士层次的联合培养，硕士层次的双学位项目以及本科层次的交流项目（含学位项目和短期交流项目）。在教师层面，由国家基金以及其他途径资助的国外名校访学项目越来越多，这对于年轻教师的学术水平及国际化水平提升作用非常大。

在当今全球化和中国快速崛起的情况下，院长必须树立全球意识、一流意识。学院的发展目标、发展规划、发展思路必须置于全球化视野之上。在这种情况下，院长的外交意识和外交水平会显得越来越重要。为此，一些高校在公开招聘院长时，往往将候选人的国际化背景和国际交流才能作为必备条件之一。一些“海归”院长最大的优势，就是具有国际化视野，了解国际上先进的办学理念，了解国际上的学科前沿态势，这对于引领学院学科实现跨越式发展会起到重要作用。当然，作为院长，是否必须是“海归”，这不是绝对的，但可以肯定的是，目前在全国一流高校的院长中，具有国际化背景的占据绝大多数。即使其没有在国外获得博士、硕士学位，起码在国外名校做过访问学者，或者经常参加国外机构举办的国际学术会议或与国外高校、机构有学术合作项目。

第四章　院长的特质与风格

前面讨论了院长应该扮演什么角色和履行什么职能的问题，然而院长具备何种素质、能力以及作风才能扮演好自身角色？本章就要具体讨论这一问题。

一、“特质论”与“行为论”

在讨论院长的特质与风格之前，先来回顾一下西方领导理论中的“特质论”和“行为论”。

20 世纪 40 年代以前，“特质论”在西方领导理论中是占主导地位的理论。“特质论”有个基本假设：凡是有效的领导者，一定具有某种区别于常人的特质，只要测定了这些特质，就可以预测谁是有效的领导者。不少学者通过调研提出了自己关于领导者特质的主张，然而问题是，各位学者给出的领导者特质都不尽相同，甚至差异很大。那么领导者的共同特质究竟是什么？学者们无法得出一致的结论。与此同时，“特质论”还忽视了下属的特点以及环境的影响。事实上，同样特质的一位领导者，当其面临不同下属和处在不同环境下，其领导成效可能差异很大。从归因理论来分析，人们对成功和失败的归因常常带有倾向性。对于领导过程而言，无论成功还是失败，人们更倾向于从领导者角度而不是环境、机遇、下属等方面找原因。其结果就是，如果领导者成功了，便认为是领导者有能力、有魄力、肯努力，而对其面临的有利环境、好的机遇以及下属的积极配合视而不见；如果领导者失败了，便认为其无能，或是决策失误，或是懒惰等，却对其面临的不利环境、下属能力不足或下属不够配合等视而不见。

“特质论”在今天仍然有学者在进行研究，包括有关领导者的岗位胜任力模型的研究，获得了大量的实际成果。不过，同过去“特质论”有所不同的是，它并没有把某些“特质”看做放之四海而皆准的东西，而只看做在特定情境下领导者

的共同特质。事实上，一些杰出的领导者往往给人留下很深刻的印象，他们的确具有某些与众不同的特质；在大致相似的环境、条件下，总是有些领导者做得更好。

到20世纪40年代，领导理论开始转向“行为论”或“作风论”。“行为论”并不关注领导者内在的特质或素质，而主要探讨领导者的行为方式或行为风格的有效性。它也有一个基本假设，即认为领导者的成效主要取决于其行为方式或行为风格的适应性，领导者的作风是可以通过训练而培养的。在“行为论”中，比较知名的有美国俄亥俄州立大学的“领导四分图”理论、美国密歇根州立大学的领导行为理论、美国学者布莱克和莫顿提出的“管理方格”理论（见图4－1）、斯堪的纳维亚学派的“三维度”领导理论、李克特等提出并经过勒温实验研究的“三极端”理论等，其中“管理方格”理论最具代表性。“管理方格”理论认为，可以根据生产导向和员工导向两个维度，将领导风格细分为81种，其中最典型的有五种：任务型（9.1）、乡村俱乐部型（1.9）、贫乏型（1.1）、中庸型（5.5）和团队型（9.9）。他们认为，通常情况下，团队型是最好的领导风格，因此他们曾组织美国一些企业经理，根据其管理方格理论进行培训。此外需要解释一下斯堪的纳维亚学派的“三维度”领导理论，最核心的是在以往任务导向和员工导向（或人际导向、情感导向）两个维度的基础上，加上了第三个维度，即发展导向。这是有重要启发意义的。

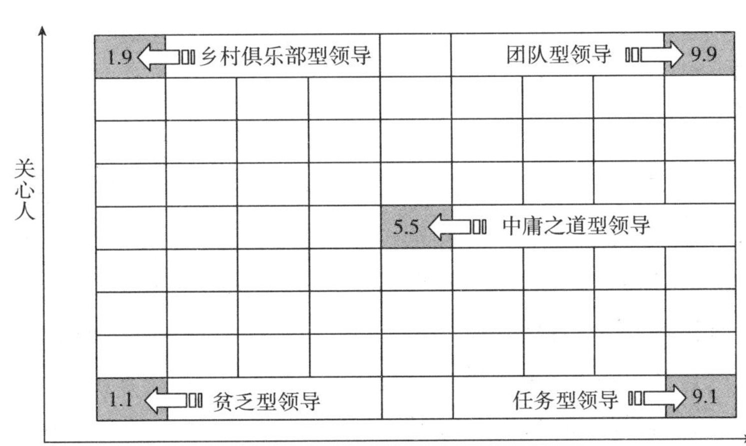

图4－1　布莱克和莫顿的管理方格理论模型

资料来源：斯蒂芬·P. 罗宾斯等. 管理学［M］. 孙健敏等，译. 北京：中国人民大学出版社，2003：494.

二、院长的特质

（一）院长特质之辨

如果要问：是不是只有少数具备院长特质的人才能当好院长？那么这些特质又有哪些呢？或者反过来问：院长是不是谁都可以当？对于这几个问题，答案恐怕没那么简单。

当一位院长已经取得了公认的成功，或正在成功地实施领导，那么人们就可能认为此人具有院长的特质；反过来，如果一位院长过去没有取得成功，或正在实施的领导过程不被大家看好，那么就可能认定此人不具有院长的特质。这种情况是我们经常发生的一种归因上的偏差。管理不成功未必是院长个人特质方面的问题，或许是由于环境、条件等原因所致。此外，在现实中，确有不少教师，平时并没有觉得他们有多少突出的管理才能，而当他们被聘任为院长以后，却很快显示出了很强的管理才能。从这个角度看，胜任院长角色的并非只有极少数具有特质的“天才”，而是有不少优秀教师具有胜任院长角色的潜质。对于一些已经在院长职位上的教师而言，当然他们会尽力挖掘自身潜力，从而把工作做好；相反，对于那些尽管很优秀，却并不在院长岗位上的教师来说，当然可以不谋院长之政，也就很难显示出院长的才能。所谓“在其位谋其政”“不在其位不谋其政”。

那么是否任何人都能够当好院长？回答当然是否定的。高校对于院长的遴选之所以十分谨慎，就在于院长这个职位并非任何人都可以干好的。也就是说，对于院长的特质（品行、志向、才能、知识、经验、心理素质等）还是需要进行认真测查、筛选和鉴别的。至少，通过对特质进行测查、筛选和鉴别后产生的院长人选，其未来成功的可能性会大大增加。在高校现实的院长产生过程中，通常校方会公布院长人选的资格、条件，比如具有博士学位、教授职称，或科研学术成果突出、带过博士或硕士研究生、有过院长或副院长或其他管理岗位经验等。但在实际推选、任命或校内外公开招聘中，除了以上公开的资格、条件，还要考察其在管理素质、管理才能及综合素质方面的情况。否则，有可能胜出的是专业技术能力很强，而管理能力、综合素质却很平庸、很糟糕的人。

（二）院长的胜任特质

1. 关于院长胜任特质的一般观点

关于院长的胜任特质或素质，学者们提出了自己的观点。崔韵琛（1988）提

出院长应具备良好的政治素养、较高的业务水平，较强的组织管理能力和高尚的道德风尚。刘尧（2003）认为，大学教育学院院长应该具备“预测教育未来的能力、应变能力、获取信息的能力、协调教育学院与大学及各部门关系的能力、办学资源筹措能力、清醒的教育使命感、责任感、公正诚实处事、评价的态度、关心全体工作人员的思想作风和幽默感”。裴春秀（2006）则认为系主任要更好地履行其职责，需要具备管理能力、开拓能力、专业能力、学习能力和个性魅力。眭依凡（1990）认为系主任作为系科的主要行政负责人，对系科资源的合理使用，创造性地发挥组织的结构性功能，促成组织目标的实现等都起着至关重要的影响和作用，同时由于系科既有学术性又有行政性的特点，这就决定了系主任应具有专业和领导两大素质结构。

由于各高校、各学院情况相差很大，院长的特质也应该有所不同，但高校及其院长角色的共性，必然要求院长具有一些共同的特质。综合学者关于院长特质的研究，可以将院长的一般胜任特质概括为以下 17 项：

（1）强烈的事业心。没有强烈的事业心，内在动力不足，是不可能把一个学院带入新的境界和高度的。这种强烈的事业心，会促使其通过制定学院愿景和目标规划、通过强化学科建设和人才队伍建设、科研学术能力建设、教学改革、软硬件条件建设、对外交流与合作等方面工作去实现学院的发展。

（2）合作精神。学院方方面面的工作，如果仅靠院长一个人，累死他（她）恐怕也做不好；相反是需要全院上下左右紧密合作才能做好。这首先就需要院长具有宽广的胸怀和包容的精神，能够充分、有效地把院领导班子成员、系或教研室干部、广大教职工都团结起来、力量调动起来，才能形成具有凝聚力和战斗力的学院群体。

（3）理念能力。要有效实施学院治理，推进学院事业发展，院长必须要形成一套科学、合理、先进、适用的理念体系。这种理念体系的形成，有赖于自身的学识以及对于学院使命、性质、职能、高校发展趋势、学科竞争的关键问题、学院学科优劣势、知识分子特性等方面的哲学思考和深刻理解。这种理念一旦形成，并通过院长的推进形成学院班子成员的共识，就会成为指导学院一切行动的指南，从而推进学院的有效治理和学院各项事业的发展。

（4）战略谋划能力。学院的战略规划关系到学院发展的未来和成败，院长作为学院的领导者，需要有较强的战略设计、战略规划能力。做好战略规划，首先需要院长对学院所面临的宏观、中观、微观环境都要有深刻的认识和把握，需要院长对未来发展趋势和可能面临的问题有深刻的预见能力；其次需要院长在对未来深刻预见的基础上规划好组织未来的愿景目标、战略路径及关键措施。有了战略眼光和战略设计，就可以做到运筹帷幄、决胜千里、决胜未来。相反，如果一位院长没有战略眼光和战略设计能力，就可能急功近利，就可能失去未来和全局。

（5）决策能力。诺贝尔经济学奖获得者西蒙认为，管理就是决策，决策贯彻管理的全过程。作为院长，经常会遇到学科建设、人才培养、科研学术、基本建设等各方面的决策问题，其决策能力，对于学院能否抓住机遇推进改革与建设、能否有效处理面临的重大矛盾和问题都是非常重要的。这就要求，院长在面临重大决策问题时，必须能够及时、有效地收集和加工信息，必须对问题的性质、问题的脉络、问题解决所需要的资源、问题解决的路径、方法等进行正确的分析和判断，必须对决策方案做出及时、正确的抉择。凡是在大的决策方面，不能清醒地分析、判断问题，不能及时、有效决策的院长，必然会贻误战机、丧失机遇，对学院发展造成不利影响。当然，在决策方面，院长应贯彻科学决策和民主决策原则，凡是重大的决策，必须经过科学、充分的调研，必须经过相应的民主程序，必须征求上级领导和部门的意见。

（6）选人用人能力。对于一位院长来说，可能最头痛的是缺少“想干事、能干事、能干成事”的人才。从现实情况看，主要有两个方面：一是学院有这样的人才，但发现不了，或者对他们不信任；二是学院目前确实没有这样的人才。从解决的路径看，需要根据实际情况做好以下工作：一是树立科学的人才观，建立有效的人才竞争选用机制；二是立足本学院，通过科学与民主的程序选拔人才；三是公开对外招聘人才，包括实质性引进和柔性引进重量级人才；四是做好人才规划，注重培养、储备未来的人才。院长只有做活、做好人才这盘棋，才能为学院学科建设、人才培养等各项工作奠定基础。

（7）组织动员能力。无论学院的日常教学、科研等活动的开展，还是重大的学科建设、专业建设、教学改革、科学研究、对外交流与合作、人事分配制度改革等，都需要学院领导班子的适度动员和组织。动员、组织工作有力，学院各方面力量才能得到充分调动，各项活动和任务才能有效实施。院长有时就像一位将军，当战争或战役即将来临的时候，就需要其迅速地、不失时机地对下属和士兵做好动员、激励工作，做好临阵组织、指挥、协调工作，使各部门和人员各就各位，以饱满的热情和斗志投入战斗中去。相反，如果院长的动员、组织能力欠缺，在关键时刻的动员、组织工作不能到位，那么失去的不仅是自身的威信，更

会给学院发展造成损失。

（8）沟通协调能力。沟通协调能力对于院长开展工作十分重要。沟通协调既包括学院内部的，也包括同校领导和校职能部门间的，还包括同外部兄弟院校、企业、科研机构等之间的。院长强有力的沟通协调能力，对于学院各项工作顺利开展至关重要。凡是善于同学院内部教师沟通的、善于同校领导和职能部门沟通的、善于同外部各界有效沟通的院长，在其领导下，学院发展环境往往比较优越，学院发展速度往往比较快。

（9）激励能力。如何调动下属和员工的积极性、创造性是院长和班子成员需要经常面临的问题。纵然学院可能有很多人才资源，但如果院长无法调动其积极性、创造性，那么不仅会造成人才资源的浪费，更会影响到学院的发展。作为院长，必须懂得人性规律，特别是教师这一群体的行为规律，教师的价值观、需求层次及其个性差异性特点，是考虑激励问题的基础。在此基础上，就需要建立科学、有效、公平、合理的激励机制，并倡导、建设以高质量人才培养、高质量学术研究、高质量学科建设等为导向的强大学院文化。

（10）资源整合能力。学院推进任何战略，完成任何任务，都需要资源支撑。鉴于学院本身资源的有限性，作为院长就必须具有较强的资源整合、资源利用能力。这种资源整合，既包括学院内部资源的整合，也包括努力争取学校对学院的资源投入，还包括对外部资源的有效整合和利用。特别是对于学院发展极其重要的人才资源、学科平台资源、外部科研项目资源、外部学术交流平台资源、产学研基地资源、外部媒体资源等，都需要院长去整合或推动去整合。

（11）改革创新能力。虽然在现实中会存在个别“混日子”的院长，但绝大多数院长出于使命感、责任感和各方面要求、期待以及竞争压力，是会积极推进学院改革与创新的。特别是在全球化、信息化和高校之间竞争加剧的新形势下，改革创新的意识和能力，是院长需要具备的重要特质。学科建设、人才培养、科研学术和社会服务等各方面存在大量需要改革创新的内容、机制、方法，如果院长缺乏改革创新的意识和带领大家创新的能力，学院发展必将越来越被动、越来越落伍、越来越没有前途。

（12）评估、监控能力。作为院长，不能满足于对工作任务作了程序性的安排，或者仅仅喊了几句口号，更重要的是落实的质量、落实的效果。这就需要院长和班子成员，对于学院各项工作的过程及其结果要有较强的评估、监控能力。虽然强调院长要抓学院大事，做好责任分工，不要事必躬亲，但是这并不等于对于学院的各项工作不闻不问。第一，院长对于学院重大改革、重点建设、重要活动必须亲自部署、亲自过问、有效评估和监控，防止出现重大偏离和失误；第二，院长对于各位班子成员分管的工作要适时关注、过问、评估和帮助，既要信任班子成员，又要进行必要的考核、督促和指导；第三，院长对于学院基层单位和教职工的工作状态及其效果也需要采取一定方式进行了解，从而发现问题并采取改进措施；第四，院长更为重要的工作是要建立起一套科学、合理的评估、监控机制和监控制度体系，并保证这一套机制和制度稳定地发挥作用。

（13）政治意识与政治技巧。所谓政治意识和政治技巧这是从两个层次上说的。院长作为学院“一把手”，首先需要有政治意识：一是保证办学不偏离社会主义办学方向，保证培养的人才为国家、民族和社会主义建设服务；二是在办学过程中能够同党中央保持一致，自觉执行党的路线、方针和政策；三是积极支持书记、副书记抓党建与思想政治工作，自觉维护党组织在学院的政治核心作用。如果院长只管业务，而没有政治意识，就可能犯政治错误。其次，院长要具有一定的处理组织政治问题的手段或技巧。院长把主要精力放在抓学科建设和人才培养等事业发展上是正确的，如果离开事业发展而把精力分散于人际关系处理和政治博弈上，不仅会影响到学院发展，对自身发展也会产生意想不到的损害。然而，凡是有人群的地方，就存在人际关系、利益纷争、权力博弈、组织政治，这就要求院长在抓事业的同时，也要有效地处理此类问题。如果院长不能有效引领学院的健康文化发展，并缺乏有效识别、处理组织政治问题的能力，就有可能形成具有分离倾向的小集团，形成偏离学术导向、健康导向的组织文化，从而严重干扰学院的事业发展。

（14）社会交往能力。随着高校权力逐渐下放以及学院办学自主性的增强，院长的交往对象就不能只是局限于校内；相反，必须主动走出去同国内外学术界以及相关政府部门、企业和社会团体打交道。当笔者采访院长或者网上浏览院长们的简历时都会发现，院长们大多兼任数个学术组织的职务，如协会会长、秘书长、常务理事，还有不少院长担任政府部门顾问、公司独立董事、技术顾问等社会职务。作为院长，同国内外学术机构建立联系，尤其是同国内外学术权威形成密切关系，这对于学院师生及时了解、掌握本学科学术发展前沿，并使自身学术水平得以提升都具有重要意义；相反，如果院长不能进入本学科权威所在的“圈子”，也就很难引领本学院学科发展。同样，作为院长有时同政府和企业打交道，也能够为学院带来一定的资源，包括相关科研课题、教育培训项目、教学实践基

地等资源。当然，院长毕竟主要任务是引领学院教师进行高水平学术研究和人才培养，因此开展社会交往活动应该把握好度。

（15）承压能力与身心健康。学院的院领导班子成员、系主任、教研室主任等都会承担一定的管理上的压力，然而院长是其中承担压力最大的。学院的事情很多，尤其是学科建设与评估、专业建设与评估、教学改革、拓展外部发展空间、人才竞争等，都使得院长承受很大的压力。在遇到困难或突发情况时，别人可以一走了之，而自己却必须坚守、必须去承受压力。提升院长承压能力的保障条件之一，就是身心健康。

虽然有部分院长在身心健康状况不佳的情况下取得了骄人的学院发展业绩，但是我们并不提倡为了学院事业发展而过多牺牲自身健康。我们常说，“身体是革命的本钱”，今天的院长，面临内部改革发展的巨大压力、外部竞争的巨大压力，如果没有健康的身心，是很难支撑其进行改革和发展事业的。因此，必须贯彻以人为本、可持续发展的现代理念，自觉养成参加体育锻炼、休闲娱乐活动的习惯，使自己能够在保证身心健康的情况下，求得学院和自身事业的发展。

（16）学术研究能力。前面已经谈到，院长通常情况下应该属于学院的学术带头人，起码也应该是一位学术骨干。如果院长学术能力差距较大，那么在教师这一学术群体中就可能缺乏威信，或者在规划、领导学院学科建设、人才培养、科学研究方面工作中出现误导或跟不上形势发展的尴尬局面。从这一角度看，院长的人选应该具有较强的科研与学术能力，并且在其担任院长职位后仍然不能忽视其学术能力的提高。

（17）人格魅力。院长要做好学院的工作，仅仅有能力、有业绩还不够，还需要有高尚的品德作为支撑。这就要求，作为院长，应该对教职员工、对学生、对上级、对社会讲诚信，公平、公正，心地善良，心胸开阔，具有强烈的责任感与担当精神。院长必须对于学院的前途、命运负起应有的责任，必须对于教师的成长、职业发展负起应有的责任，必须对学生的成长、成才负起应有的责任，必须对国家、社会和所在学校负起应有的责任。这种责任感和担当精神，通常就意味着具有相当的自我牺牲和奉献精神。别人下班回家了，自己却必须坐在办公室思考、计划明天的工作；别人都在为自己搞科研、出学术成果而奔忙，自己却在为学院发展、公共利益殚精竭虑。

2. 关于院长特质的问卷调查

上述列出了基于文献所归纳的关于院长的一般性特质，那么对于这些特质院长们的认可度如何？各种特质之间的相对重要性又如何呢？对此笔者以电子邮件方式对全国50位高校二级学院院长进行了问卷调查。问卷中请院长们按照重要程度排出前10位的特质。其排序情况统计如表4-1所示。

表4-1　院长特质排序调查的原始数据统计　　（单位：次）

因子	排第i位次数											
	1	2	3	4	5	6	7	8	9	10	11	总计
A	31	2	2	3	1	3	0	1	2	1	4	50
B	0	8	4	3	2	1	1	2	4	3	22	50
C	3	6	5	1	2	1	3	2	1	2	24	50
D	10	9	13	4	2	3	0	1	1	0	7	50
E	0	4	4	7	5	8	5	3	2	2	10	50
F	1	5	5	7	8	6	3	5	1	1	8	50
G	1	0	1	1	3	3	4	2	4	2	29	50
H	0	4	2	5	4	4	8	7	4	4	8	50
I	0	0	0	1	2	1	0	3	5	5	33	50
J	0	0	7	4	4	6	4	5	0	1	19	50
K	1	1	3	3	4	4	8	4	3	2	17	50
L	0	0	0	0	0	0	1	1	0	0	48	50
M	0	2	0	0	0	0	1	2	1	1	43	50
N	0	0	0	0	0	3	5	5	6	9	22	50
O	0	0	1	0	2	4	1	0	3	9	30	50
P	1	5	2	9	3	3	3	1	9	3	11	50
Q	2	4	1	2	8	0	3	6	4	6	14	50
总计	50	50	50	50	50	50	50	50	50	50	349	—

注：未能排在前10位的均视为排在第11位。

参考第一章中使用的问卷调查统计分析方法，首先计算出每个特质因子出现在某个位置的频率，统计结果如表4-2所示。

表4-2　院长特质因子出现在某位置的频率统计

因子	排第i位的频率											
	1	2	3	4	5	6	7	8	9	10	11	总计
A	0.62	0.04	0.04	0.06	0.02	0.06	0.00	0.02	0.04	0.02	0.08	1
B	0.00	0.16	0.08	0.06	0.04	0.02	0.02	0.04	0.08	0.06	0.44	1

续表

因子	排第 i 位的频率											
	1	2	3	4	5	6	7	8	9	10	11	总计
C	0. 06	0. 12	0. 10	0. 02	0. 04	0. 02	0. 06	0. 04	0. 02	0. 04	0. 48	1
D	0. 20	0. 18	0. 26	0. 08	0. 04	0. 06	0. 00	0. 02	0. 02	0. 00	0. 14	1
E	0. 00	0. 08	0. 08	0. 14	0. 10	0. 16	0. 10	0. 06	0. 04	0. 04	0. 20	1
F	0. 02	0. 10	0. 10	0. 14	0. 16	0. 12	0. 06	0. 10	0. 02	0. 02	0. 16	1
G	0. 02	0. 00	0. 02	0. 02	0. 06	0. 06	0. 08	0. 04	0. 08	0. 04	0. 58	1
H	0. 00	0. 08	0. 04	0. 10	0. 08	0. 08	0. 16	0. 14	0. 08	0. 08	0. 16	1
I	0. 00	0. 00	0. 00	0. 02	0. 04	0. 02	0. 00	0. 06	0. 10	0. 10	0. 66	1
J	0. 00	0. 00	0. 14	0. 08	0. 08	0. 12	0. 08	0. 10	0. 00	0. 02	0. 38	1
K	0. 02	0. 02	0. 06	0. 06	0. 08	0. 08	0. 16	0. 08	0. 06	0. 04	0. 34	1
L	0. 00	0. 00	0. 00	0. 00	0. 00	0. 00	0. 02	0. 02	0. 00	0. 00	0. 96	1
M	0. 00	0. 04	0. 00	0. 00	0. 00	0. 00	0. 02	0. 04	0. 02	0. 02	0. 86	1
N	0. 00	0. 00	0. 00	0. 00	0. 00	0. 06	0. 10	0. 10	0. 12	0. 18	0. 44	1
O	0. 00	0. 00	0. 02	0. 00	0. 04	0. 08	0. 02	0. 00	0. 06	0. 18	0. 60	1
P	0. 02	0. 10	0. 04	0. 18	0. 06	0. 06	0. 06	0. 02	0. 18	0. 06	0. 22	1
Q	0. 04	0. 08	0. 02	0. 04	0. 16	0. 00	0. 06	0. 12	0. 08	0. 12	0. 28	1
总计	1	1	1	1	1	1	1	1	1	1	—	

接下来再分别计算院长特质各因子的绝对数排序值和权重值，结果如表 4 －3 和图 4 －2 所示。

表 4 －3 院长特质各因子的排序值及权重值

因子	A	B	C	D	E	F	G	H	I
排序值	14. 88	10. 26	10. 4	13. 9	11. 44	12. 84	8. 6	10. 92	7. 96
权重值	0. 085	0. 059	0. 060	0. 080	0. 066	0. 074	0. 049	0. 063	0. 046
位序	1	7	6	2	4	3	9	5	11
因子	J	K	L	M	N	O	P	Q	—
排序值	10. 4	10. 2	7. 14	7. 62	8. 42	6. 98	11. 06	10. 4	—
权重值	0. 060	0. 058	0. 041	0. 044	0. 048	0. 040	0. 063	0. 060	—
位序	6	8	13	12	10	14	5	6	—

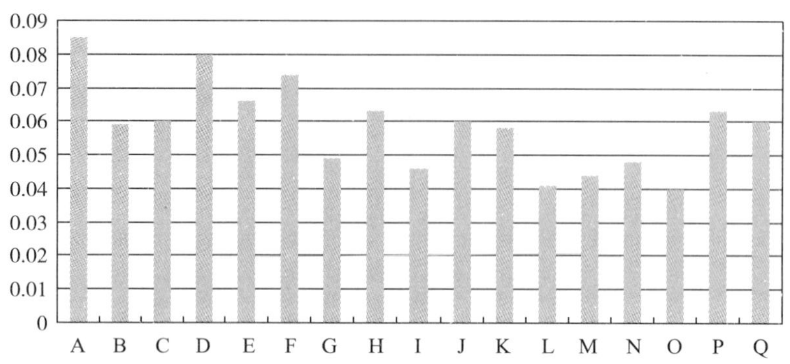

图4-2 院长特质各因子权重值

由表4-3和图4-2可知，事业心（A）、战略谋划能力（D）、选人用人能力（F）是院长最重要的三项特质。其次是决策能力（E）、沟通协调能力（H）、学术研究能力（P）、资源整合能力（J）、理念能力（C）、人格魅力（Q）、合作精神（B）和改革创新能力（K）。排在最后的是组织动员能力（G）、社会交往能力（N）、激励能力（I）、政治意识与政治技巧（M）、评估监控能力（L）、承压能力与身心健康（O）。由此可以构建院长胜任特质的结构模型（见图4-3）。

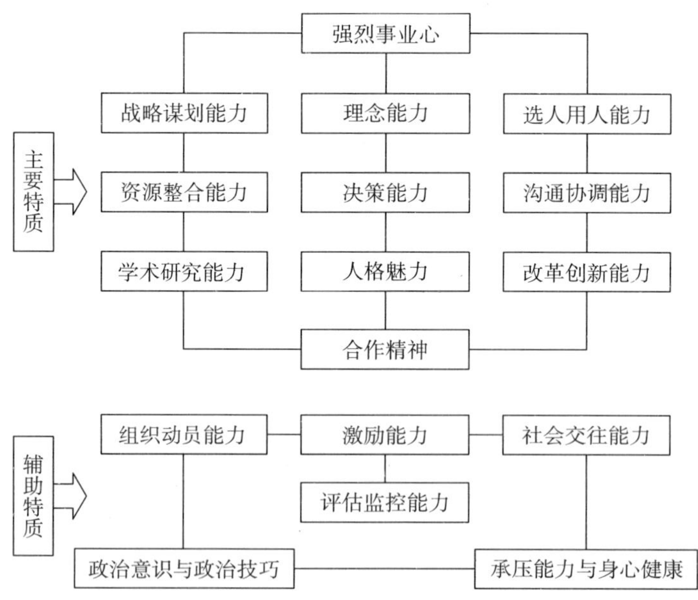

图4-3 院长的主要特质和辅助特质结构模型

图4－3只是概括了院长的一般胜任特质组合，而每位院长在学院管理实践中都会依托自身优势和特殊的管理环境形成一套具有个性化的特质组合模式。从实际角度看，每一位院长都不是“完人”，而是各有所长、各有所短。为了最大限度地取得好的结果，就需要从以下三个方面处理好这一问题：

第一，尽管在选聘院长时，力求选择能力更强、素质更优秀的教授担任，但又不能求全责备，而是要结合学院的发展阶段、面临的阶段性问题，有针对性地选择能力、素质更适合的院长。

第二，要将视野扩大到院领导班子的组合能力和素质，力求在院领导班子组建时，充分考虑在能力、素质等方面的互补性。在领导班子成员能力、素质互补的情况下，更有利于每个成员潜力的充分发挥，从而达到“1＋1＋1＞3”的效能。

第三，扬长避短，扬长补短。如果一位院长，确实存在某些重要能力、素质缺失或弱项，那么在院领导班子分工时尽量由其他更擅长的院领导去履行相应职责；与此同时，上级领导、同事应尽量帮助院长提升那些弱项的能力和素质，或者院长通过自身努力提升这种能力和素质。

3. 院长成功特质的访谈调研

针对院长的成功特质，作者对20余位现任或曾任院长、知名院士、曾任院长的校领导进行了访谈，访谈采用开放式问答的方式进行。表4－4是根据访谈整理的关于院长特质的观点；表4－5则是根据访谈后对访谈记录深度分析后对于院长成功特质的归纳。

表4－4　院长成功特质及行为特征访谈记录整理

序号	姓名	成功特质及行为特征	备注
1	安海忠	1）事业心：构想愿景，对标先进，追求卓越；2）有格局：谋大局，重长远，不谋私利；3）重视人才建设，选人用人能力强；4）领导力：引导、组织、动员、激励能力；5）定力：先谋后动，坚持，遇事沉着、冷静	基于访谈及实际了解概括
2	郑晓齐	1）坚持原则，处事公道，不谋私利，乐于奉献；2）宽容包纳：对待老师和学生要宽容包纳；3）恩威并用；4）有定力：正确的东西必须坚持	访谈原话摘录
3	王云峰	1）价值观和态度：凡是做不好的工作，必是没认为它有意义或有价值，因而没有用心做或诚心做、不专注、不坚定做的工作；2）德性或责任感：崇高的社会责任感，不谋求私利；3）定力：自信、坚持、敢作敢当	基于访谈进行的概括

续表

序号	姓名	成功特质及行为特征	备注
4	王永贵	1）创新意识；2）担当精神；3）在学界具有较强学术影响力；4）懂得人才培养规律和学科建设规律；5）具有较强的沟通协调能力；6）资源整合与团队建设能力。自身特质：1）公心；2）包容；3）定力;4）创新	访谈原话摘录
5	李俊清	1）社会使命感、责任感及牺牲和奉献精神；2）奋斗精神和挑战自己的勇气；3）真诚和务实；4）资源整合和人才队伍建设能力；5）既要有学者的严谨、缜密，也需要有领导者的领导、协调、动员的特质	访谈原话摘录
6	陈建成	1）要有思想、有办法、有高度；2）具备驾驭问题的能力；3）要有宽广的心胸和情怀；4）具有创新思维；5）具有资源整合能力	访谈原话摘录
7	毛基业	1）使命感强，有责任感和担当精神；2）把握方向的战略谋划能力；3）学习能力和创新能力；4）选人、留人、激励人的能力；5）有奉献精神；6）有改革魄力	访谈原话摘录
8	尚元君	1）好的心态；2）要敏感，对与教育有关的事情有个敏感心态；3）一种坚持的精神；4）创新性和灵活性	基于访谈进行的概括
9	魏农建	1）自信；2）沟通能力；3）观察能力、判断能力；4）好的人品；5）适当强势	访谈原话摘录
10	赵鹏大	1）在人品上，要品德高尚，要成为人们的楷模；2）要追求卓越，不能满足于现状；3）具有艰苦奋斗的精神；4）具有合作精神	访谈原话摘录
11	樊太亮	1）不与人争利；2）低调做事，对人包容和真诚；3）要有合作精神和管理策略；4）心态要好	访谈原话摘录
12	万力	1）学术水平高，对内有威信，对外有影响力；2）有长远眼光，能吃小亏赚大便宜；3）做事公开、公平、公正	访谈原话摘录
13	欧名豪	1）战略科学家，对学科发展趋势有很好的把握；2）很强的责任心和担当意识；3）公平、公正，具有很强的包容性；4）人才培养和团队建设能力	访谈原话摘录
14	刘银喜	1）开放、包容，能够听得进别人的意见；2）规划能力，能够科学地把握学科建设的方向和规划学科发展的路径；3）较强的学术能力；4）良好的道德品质	访谈原话摘录
15	张维	1）领导力肯定是最重要的素质之一；2）责任感强；3）正直；4）对学科发展及教育规律有清醒的认识	访谈原话摘录
16	王欢	1）具有服务意识，勇于担责，乐于奉献；2）抗压能力	访谈原话摘录

续表

序号	姓名	成功特质及行为特征	备注
17	丁日佳	1）科研、学术素质；2）对环境和未来的洞察力、判断力；3）沟通协调能力强；4）公平正直	访谈原话摘录
18	王瑞华	1）具有教育家、管理者的使命感、责任感；2）顺应环境，与时俱进；3）专心、专注	根据访谈及实际了解概括
19	王训练	1）取信于民，信赖感，公平公正，做事出于公心，有服务意识和奉献精神；2）尊重教师，不摆官架子；3）人才资源整合与运用能力	根据访谈概括
20	白中科	1）较高学术水平；2）善于沟通协调；3）内外部资源整合能力；4）选人、用人、激励人的能力；5）放低姿态，平易近人；5）善于打破格局	访谈原话摘录
21	赖德胜	1）学术水平与学术影响力；2）沟通能力；3）公平公正、不谋私利；4）领导与管理能力；5）创新能力；6）勤勉	根据访谈整体内容归纳
22	余际从	1）学科带头人，有思想、有思路；2）以身垂范，公平公正，发扬民主；3）事业情怀和责任感	访谈原话摘录
23	张新民	1）领导力（战略规划能力、组织协调能力、决策能力、信任和善于授权）；2）执行力（按照学校目标要求完成任务，善于整合利用资源）	访谈原话摘录
24	席西民	1）领导者素质；2）教育家素质	访谈原话摘录

表4－5 根据访谈记录内容深度分析归纳出的院长成功特质

序号	成功特质	特质要素
1	使命感与事业心	社会使命感强；有事业情怀；追求卓越；具有奋斗精神
2	领导力	具有深度观察力、判断力、预见力，战略谋划能力强；有格局，有肚量；具有引导、组织、调动群体的能力；具有驾驭问题和局势的能力；具有担当精神
3	选人用人能力	能有效吸引、培养、使用和激励人才；能有效推进学术团队建设
4	沟通协调能力	善于同教师、学生、校领导、职能部门等各方面沟通；善于听取教职工意见；善于开展调查研究；善于集体决策
5	资源整合能力	善于争取校内资源；善于利用外部资源；有效分配资源
6	改革创新精神	不满足于现状；勇于创新；勇于挑战；有改革魄力
7	学术能力	具有较强的学术能力；学术影响力强；懂得人才培养和学科建设规律
8	人格品质	公平正直；真诚信赖；不谋私利，乐于奉献；包容合作；尊重师生，平易近人；有责任感
9	心理品质	自信；沉着冷静；能坚持；有定力；抗压能力强

表4－5所归纳出的院长成功特质模型，由于访谈面所限未必全面，但也反映了院长和专家们的一些共识。对比前面50位院长问卷调查后所归纳的院长胜任特质模型（见图4－3），相同点是主要的。虽然战略规划能力、理念能力、决策能力、合作精神等几个特质在表4－5中没有单独作为一类特质，但在领导力、人格品质等特质要素中基本已经包含。

三、院长的作风

“作风”也被称为行为风格或行为方式，通常是在中性的含义上使用的。比如，对于任务型、人际型、参与型、授权型等领导风格，就无所谓好坏，只有在特定情境下的适应性问题。尽管对于有些“作风”或行为风格，如对于专制型、孤傲型、官僚型、苛刻型、放任自流型、中庸型、拖拉型等，人们往往赋予其负面的价值评价，但在实际上，它们都可以看作是连续统一体上的极端情况或特殊情况。同样，院长的作风或行为风格本身也无所谓好坏，只有在特定情况下的适应性问题。

关于高校学院院长的领导风格，国内外学者提出了自己的观点。米米·沃弗顿和沃尔特·格梅尔希（2001）提出在1980～2000年，事务型（Transactional）领导和变革型（Transformational）领导是院长中两类主要的领导类型。事务型院长倾向于运用控制和命令机制，喜欢围绕目标和任务来实施组织行为，并倾向于按照要完成的任务来配置资源，但其清楚如何激励下属。变革型院长与被领导者之间的关系是集体导向的，其任何权力的运用都基于组织的共同目标，由领导产生的任何改革都需要在道德上让成员振奋，且对学院有益。变革型院长倾向于改变组织文化和学院现状，其领导的有效性取决于被领导者愿意追随的预期有多远。研究认为，变革型院长比事务型院长更倾向于建立并依靠学院成员的共同治理。

迈克尔·夏托克（2006）的研究表明，纯科学和技术领域的教师更有效率，讲求实际，更愿意“专注其工作”，因此允许院长运用实权；而人类学科和社会学科的教师们则相对散漫，不愿意将权力交给院长，也不愿意不加质疑地接受大学中心部门下达的政策，他们更愿意挑战现状。学科文化导致院长领导风格的差异。纯科学学科的院长比应用学科的院长更倾向于运用试错的领导管理方法。

国内学者刘菊香（2014）将院长类型分为五种，即引领发展型、家长型、学者型、混合型和CEO型。

笔者在访谈院长过程中，确实能够感受到院长们的作风或行为风格各具特色，他们对于院长行为风格的看法也不尽相同。北京航空航天大学人文社会科学学院院长郑晓齐教授和上海对外经贸大学工商管理学院原院长魏农建教授都认为，作为院长有时需要具备一定的威权性或“强势”风格，过于软弱可能会造成工作无法推进和干不成事的结果。中央财经大学商学院院长王瑞华则认为，在高校开放性、民主化程度越来越高的情况下，院长风格如果过于强硬，可能会触发各种矛盾，影响学院的正常运行和和谐。天津大学经济与管理学部原主任张维教授认为，尽管有人更推崇威权型或其他风格，但其更倾向于变革型领导风格。北京师范大学经济与工商管理学院院长赖德胜认为，院长的风格要与学院的环境与发展阶段相适应，当学院较小的时候或许“民主型”风格的院长更适合，而当学院发展到较大规模时，威权型风格的院长可能更有效。中国地质大学（北京）原校长赵鹏大院士认为，院长可以分为学者型和管理型，单纯学者型和单纯管理型可能都不够完善，学者型和管理型兼具的复合型更适合院长角色。总之，关于院长作风的看法可谓是众说纷纭，但总的观点是：院长应该具有自己的独特风格，这种独特风格要与其所处的环境相适应并能够带来较好的领导成效。

对于院长的作风或行为风格，可以根据不同标准或维度进行划分，下面就分别列举基于不同标准和维度进行划分的院长风格。

（一）依据布莱克和莫顿的管理方格理论划分院长风格

参照布莱克和莫顿的管理方格理论，可以把院长的领导风格划分为以下五种类型：

（1）任务型院长风格。此种风格的院长，通常更加重视业务，对学科建设、教学、科研学术等业务工作抓得很紧，全身心投入。他们对工作标准、工作效率、工作成果持续追求，严格考核。相对而言，此类风格的院长，往往不太关注人的情感、人际关系等因素，给人一种比较专制、不近人情的感觉。

（2）乡村俱乐部型院长风格。此种风格的院长，通常更加重视人的情感和人际关系的和谐度，往往在人际关系、人际沟通、组织集体文娱活动等方面投入较多精力。虽然他们对业务工作也会重视，但相对而言要求不是很高、不是很严格。

（3）贫乏型院长风格。此类风格的院长，又可细分为两类：一类是缺乏责任心、散漫、不作为或没有能力做好管理工作的院长，另一类是采取无为而治宽松管理方式的院长。对于前一类院长，事实上属于不称职之列；对于第二类院长，只要其面临的情境适合此类领导风格，就可能取得很好的领导成效，但如果情境并不适合此种领导风格，那么就可能导致组织的混乱或无序。

（4）中庸型院长风格。此种风格的院长，既抓业务工作，也注意人际关系处理，注重各方面的平衡、调和，但哪个方面做得都不够充分、不够到位，给人的印象是缺乏个性、没有棱角、“和事佬”、差不多就行。在此种风格院长领导下，学院往往缺乏改革、创新的力度，难以拓展开局面。

（5）战斗集体型院长风格。此种风格的院长，既能够大力度抓业务工作，又能够有效地处理人际关系问题，在其领导下往往学院既有很强的凝聚力，又有很强的战斗力。在院长领导下，学院形成很强的民主管理、参与管理的氛围，改革、创新的热情和力度很大，院长对于推动学院学科建设、人才培养、社会服务和对外交流合作具有重要引领作用。

上述五种院长风格，事实上并不能简单地判定为好或不好，而是要看学院面临的具体情境。如果学院现状是非常混乱的情景，人员素质或基础管理工作不到位，那么任务型或专制型风格的院长或许更加有效，此所谓治乱型领导；如果学院对于过去专制型、任务型领导风格已经十分反感、教职工凝聚力、积极性明显不足，那么乡村俱乐部型的院长可能更加有效；如果学院已经高度成熟，制度完善，人员素质、办学条件和环境优良，那么无为而治型院长可能更有效；如果学院过去一段时期一直都在全力改革、创新，过分消耗了教职工的时间和精力，就需要适当缓解压力，此时中庸型院长风格或许更好；当然，通常情况下，战斗集体型院长风格，可能既会带来高绩效，也会带来群体的凝聚力。

（二）依据其他维度或标准划分的院长风格

除了依据任务导向和员工导向划分的院长风格，还有若干其他划分标准。

1. 短期导向型和长期导向型

（1）短期导向型：此种风格的院长，往往更加追求短期目标、短期成功，注重年度或更短期的绩效考核，注重与兄弟学院之间的短期竞争，但容易忽视学院发展的长期目标和重大显示度成果的追求。

（2）长期导向型：此种风格的院长，往往更加重视追求长期目标、可持续发展和重大显示度成果，而不是特别在意短期目标、短期成功。他们善于在充分调研的基础上制订科学的、长期的发展规划，注重基础建设，注重人才引进、人才培养和学科团队建设，注重核心竞争力的培育。

2. 内部导向型和外部导向型

（1）内部导向型：此种风格的院长，往往更喜欢在校内、院内的交往和运作，他们善于争取、利用校内、院内的资源，善于营造良好的校内、院内关系和环境。

（2）外部导向型：此种风格的院长，往往更喜欢在校外的交往和运作，他们善于开拓外部各种协作关系、善于整合、利用外部各种资源。在其领导下，学院往往同国内外高校、企业、科研机构建立了广泛的合作关系，从而为学院科研、人才培养、学术交流提供了广阔的外部空间。

3. 稳健守成型和开拓创新型

（1）稳健守成型：此种风格的院长，往往追求低风险、可控制，对于打破现状的改革和创新持谨慎态度，侧重点在于维持现状和巩固已取得的成果。

（2）开拓创新型：此种风格的院长，往往不满足于现状，乐于改革、勇于创新，积极开拓新局面。

4. 孤傲偏执型和从善如流型

（1）孤傲偏执型：此种风格的院长，往往自视甚高、孤傲偏执，常听不进不同观点、不同意见，久而久之，可能会使自己变为闭目塞听的孤家寡人。

（2）从善如流型：此种风格的院长，对于学院准备出台的各种方案、做法、措施，乐于听取各方面意见和建议，善于集思广益，下属和教职工也愿意同院长交流思想。

5. 集权导向型和分权导向型

（1）集权导向型：此种风格的院长，往往喜欢独揽权力，学院所有事宜必须亲自部署、亲自监控，要求下属凡事都要事先请示、事后汇报。

（2）分权导向型：此种风格的院长，喜欢将权力下放给班子成员和基层干部，以充分调动他们的主动性、能动性。院长仅对于学院重大的事项、超出正常范围的事项亲自负责并着力进行研究、决策、督办。

6. 业务导向型和行政导向型

（1）业务导向型：此种风格的院长，往往潜心于学院的科研学术和人才培养等业务工作，并力求为教师创造潜心科研学术、人才培养和提升业务效率的环境，力求避免将时间和精力耗费在无谓的文山会海等行政事务上。

（2）行政导向型：此种风格的院长，往往十分关注学院的行政管理、权责划分、程序规范、监督检查等事务上，强调的是秩序和控制。

7. 服务导向型和官僚导向型

（1）服务导向型：此种风格的院长，将自己定位于服务者角色，将教职工视为在事业舞台上“表演”的主要角色，力求为全院教职工顺利开展教学、科研等提供良好的环境和服务。

（2）官僚导向型：此种风格的院长，将自己视为高高在上的“领导者”和“中心”，总以为自己的观点、意见、方案高人一等，不容挑战，不愿意深入基层调查研究，不愿意走“群众路线”。

上述关于院长的风格分类，大多是从统一体的两个相反方向上进行归纳的，但在实际工作中，走向两个极端的情况却并不多。那么究竟哪种风格更好呢？正如前面所说的，要权益应变、因势而变。通常情况下，走向极端了都不好。

人们在讨论院长作风或行为风格时，往往会强调院长应该具有“鲜明的个性”。诚然，在现实中有不少颇有成就的院长，其个性都很突出。这样的院长往往很有洞察力、创新性和魄力，表现得鹤立鸡群。或许他们并不是一个“完人”，比如有时脾气暴躁甚至不近人情，但他们在推动学院发展上所取得的成就却为人们所认可、所称道。事实上，有不少人主张，院长应该保持自己突出的个性，只有具有突出个性的人，才可能有创造性、才可能有所作为，一个过于“中庸”的人或一个“完人”，反而缺乏创造性。

上述主张确有一定道理，也为大量现实中的实例所证实。在现实中，对于院长人选过于求全责备，则可能就找不到好的院长。我们必须认可一些尽管在个性上、风格上并不完美，但确有思想、有能力、能够使学院达到新境界、新高度的院长。对于其不够完美的方面应更多给予包容和理解，应更多通过院领导班子组合和成员间的相互支持、相互补台等方式予以弥补。

当然，我们也应该认识到，每一位院长都有一个不断修身养性、不断完善自我的过程。教职工对于院长的期待通常是多元的，既希望院长有能力、有魄力把学院带向新的高度，又希望院长有民主作风、关心教职工疾苦，让教职工有被尊重感。从这个角度看，院长又不能因为自身个性、作风上的不完善而造成教职工精神上的伤害，从而使教职工怨声载道。如果造成了这样的局面，那么院长必将会失去教职工信赖，失去教职工支持，从而也就不可能取得改革和建设的成功。事实上，有些所谓“个性”，比如过于固执己见、高傲、任性、冷漠、过于暴躁等，可能是某种人格上或思维上的缺陷，其负面影响是很大的。因此，不能将人格或思维缺陷同个性相混淆。

第五章　学院治理与领导班子建设

一、高校治理变革背景下的学院领导体制

（一）我国高校的治理变革

大学和学院的治理模式是同一个国家的政治制度、文化传统以及大学和学院的管理体制存在密切关系，同时其本身也是随着时代的发展而不断调整、改革与完善。调研①发现，美国大学和学院目前大都采用“共同治理”（Shared Governance）的模式，由董事会、以校长为首的行政管理人员、教师共同参与学校管理。董事会享有法定的最高权力，以校长为首的行政管理系统和以教师评议会为代表的学术管理系统同董事会分权制衡，相互制约。

董事会是美国高校治理结构的基础，致力于维护高校与外部利益相关者以及内部管理层之间的关系，也是一种内在的监督机制。其主要职责为：根据大学特定的需要，建立“常设委员会”监督学校各方面的运作；聘任和评估校长的工作表现，帮助其开展工作。

校长是董事会的代理人。其主要职责为：确保学校在符合董事会的政策和学术规范的前提下高效运转；维持学校现有资源并开发新资源（筹集经费、统筹预算、维护社会关系和制订战略规划）；组建包括教务长和副校长在内的高级管理团队（主要负责学校的日常管理工作）。

教师评议会是教师代表和学校行政管理机构交流的主渠道，由教授或以教授为主的学术人员组成，分为“校级教师评议会”和“院级教师评议会”。校级教

① 笔者委托2017～2018年在美国密歇根大学访学的中国地质大学（北京）经济管理学院教师冯天天博士就美国大学和学院的治理模式做了访谈调研。

师评议会的主要职责为：制定全校的学术政策，审核学院的教师聘用、考核和职称晋升名单，认可、批准和监督课程，就预算和行政事务向校长提出建议，确保校内教育资源高效使用。院级教师评议会的主要职责（几乎包揽了学院的全部事务）为：制定研究生和本科生的学位要求及课程设置；审核新的学位和课程；监督学院行政管理；任命和留用教师、评定职称和终身教职；确定教师工作量；评审与发放学生奖学金，制定教师奖励政策。除此之外，还会设立“常设委员会”和“特别委员会”专门负责相关学术事务。

总之，在美国大学的治理模式中，董事会对大学进行宏观治理，首要责任是聘任和评估校长；以校长为首的行政管理体系对学校的非学术性事务进行具体管理，执行董事会的决策；教师评议会代表教师对学校的学术事务享有立法权，对其他事务享有咨询和建议权。

随着全球化和市场经济、知识经济的发展，大学再也不是过去那种封闭的“象牙塔”式的大学，而是越来越开放，越来越关注校内外各种利益相关者的诉求。20 世纪 80 年代以来，随着改革开放的不断扩大和深化，我国高校在借鉴国外大学治理经验的基础上，也开始了大学治理的变革。

目前，我国高校在治理变革方面取得了一定进展，国家教育主管部门越来越将办学的自主权下放给高校，同时也加强了对高校的宏观政策指导和监管，如学科、专业评估、办学质量检查、财政投入的绩效评估等。高校内部则将权力逐步下放至学院，使得学院在学科专业建设、师资队伍建设、社会服务等方面增强了主动性、能动性；学院党政联席会议制度、学术委员会制度、教授委员会制度、教学指导委员会制度以及教职工代表大会制度等进一步健全和完善。

然而我国大学治理变革还远远没有到位。这主要表现在：一是政府与大学的关系还没有完全理顺，政府对高校管理过多、过死的问题依然没有从根本上解决，高校依法独立办学的权力还没有完全到位；二是高校内部还存在行政力量主导学校的倾向，教授治学、学术性权力发挥作用的体制机制还很不健全；三是高校在向学院下放责任的同时，相应的权力却并没有对等下放，从而制约了学院主动性和创造性的发挥；四是学生及校外公众参与大学治理的渠道不够顺畅，制度不够健全，致使高校及学院很难在办学过程中反映利益相关者的诉求。总之，我国高校及学院治理变革还需要继续深化。

关于高校治理变革，国内外学者进行了比较广泛的探讨。美国著名高等教育学者伯恩鲍姆（Bimbaum，2004）认为，大学治理是平衡两种不同的，但都具有合法效力的组织控制力和影响力的结构和过程：一种是董事会和行政机构所拥有的基于法定的权力，它建立在组织结构中的职位之上；另一种是教师所拥有的权力，它是建立在自主性和以专业知识为基础的专业权力之上。

美国当代杰出教育家、哈佛大学原校长德里克·博克（Derek Bok）认为，尽管美国高校现有的“共同治理”模式受到了不少批评，比如由于参与主体在价值观以及对于高校运行规律了解程度等方面存在差异，致使相互磋商费时费力，影响决策与执行效率等，然而只要参与各方彼此信任，通过充分沟通、讨论，最终决策方案和实施结果往往是更好的。

任初明（2009）认为，高校这种以管理重心下移为主旨的学院制改革，是为了进一步“理顺校院两级关系，优化资源配置，强化学院职能，推进教育创新，提高教育教学质量和办学效益，使学院成为充满活力的办学实体”，“其实质是对大学组织结构的调整和权责利关系的重新调配，使学院成为学校管理的实体，具有相对独立的行政地位和应有的办学自主权”。

刘菊香（2014）认为，要改革大学治理，需要从四个方面着手：一是进一步明确大学的法人地位和学术性质。“政府应该转变传统的‘统管，统包’职能和过度管制，在以依法宏观指导和协调的基础上，与大学之间建立‘合作性’契约关系，保持政府指导与大学自主之间的适当张力，增强大学主动适应经济和社会发展需要的能力”。二是建立科学的、具有广泛参与性和代表性的大学决策制度，改变行政主导的、以行政代替学术的行政化领导决策模式及学术群体和学术权力边缘化的状况。三是建立健全学术委员会、教授会及其分支委员会等学术组织体系和运行机制。四是调整大学民主参与和监督机构的性质和运行机制。五是去除大学行政化，改大学职能部门的领导管理为服务，减少大学行政管理的组织层级，提高大学管理的效率与效益。

上述关于高校治理的学术探讨确有借鉴之处，然而我国高校在治理变革中又不能完全照搬西方模式。我国的大学，是在中国共产党领导下的社会主义大学，因此中国共产党在高校的领导地位和政治核心作用必须得到保证，高校党委在校内各项重大决策中的政治引领和参与作用必须得到发挥，党中央的各项方针政策必须在高校能够贯彻落实。因此，在未来相当长的时期内，将会进一步夯实中国共产党在高校的领导地位，由此就会形成一套在中国共产党领导下的适应新时代要求的高校治理体系。

（二）我国高校二级学院的领导体制

中华人民共和国成立以来，我国先后实行了校长负责制、党委领导下的校务委员会负责制、党的一元化领导制、党委领导下的校长负责制等多种领导体制，相应的，作为院（系）也分别实行过校长领导下的系主任负责制、院（系）总支领导下的系主任负责制、院（系）党政共同负责制等领导体制。

《中国共产党普通高等学校基层组织工作条例》（1996 年颁布）规定了系级党总支（或直属党支部）不仅负有思想保障、组织作风建设等主要职责，而且特别强调参与讨论、决定本单位教学、科研、行政管理工作中的重要事项。在此基础上，高校陆续实行院（系）党政共同负责制。院（系）党政共同负责制既是院（系）的领导体制，也是工作机制。院（系）实行党政共同负责制应遵循集体领导、民主决策、分工合作、共同负责的基本原则。

目前在全国高校院（系）中，院（系）党政共同负责制是最多采用的领导体制模式。从强化行政领导效率和加强党的基层领导两者的平衡来看，党政共同负责制是相对比较合理的院（系）领导体制。

李妍（2009）认为，党政共同负责制的内涵包括三个方面：一是党政共同负责制，本质上是坚持集体领导。党政之间不存在谁领导谁的问题，作为领导集体他们要共同保证院（系）工作目标的实现，共同负责本院（系）的教学、科研、社会服务以及改革、发展和稳定等各项工作。二是院（系）行政和党组织作为领导集体，共同对校党委和校行政负责。三是院（系）党政必须严格遵守决策程序，以党政联席会议作为院（系）的最高决策形式，在院（系）重大事项的决策过程中共同负责。

院（系）党政共同负责制必须以民主集中为原则，以团结协作为前提，以党政分工负责为关键，以制度化运作为保障。在此基础上，还要建立健全重大事项决策前的酝酿协商机制、通过党政联席会议落实党政集体决策机制、党政集体决策责任落实机制、党政集体决策落实监督机制以及党政日常沟通、协调机制。

根据党的十九大报告和中央关于全面加强党对高校工作领导的精神，未来必然会进一步强化高校院（系）党的领导，党政共同负责制也会得到进一步落实。

二、学院领导班子的构建

确立了学院党政领导体制，就为构建合理搭配、整体功能优化的领导班子铺垫了基础。领导班子既包括行政班子，也包括分党委（或总支）班子。行政班

子一般由院长、副院长（或与副院长同级别的院长助理）组成，副院长少则一至两位，多则三至五位，主要根据学院规模、学科分布、业务多样化程度而设置。分党委（或总支）一般由分党委书记（或总支书记）、副书记、委员组成，副书记设一至两位（一些高校中院长或副院长可兼任副书记），委员若干位。所谓院领导班子，一般包括院长、副院长、书记、副书记，而不包括不担任院长、副院长的分党委（或总支）委员。

（一）院领导班子的合理结构

院领导班子的结构包括数量结构、知识结构、学历（学位）结构、职称结构、学科结构、学缘结构、年龄结构、性别结构、个性结构、素质结构、党派结构等。通常情况下，学校根据国家和上级部门有关政策精神在数量、学历（学位）、职称、年龄结构方面会做出一些限制性的规定，比如要求初次担任院长职务必须具有研究生学历和（或）硕士以上学位，教授职称，年龄不超过50岁；初次担任副院长职务必须具有研究生学历和（或）硕士以上学位，教授或副教授职称，年龄不超过45岁等。但是对于书记、副书记而言，在学历（学位）、职称、年龄结构等方面要求相对较为宽松。对于知识结构、学科结构、学缘结构、性别结构、党派结构一般不做明确要求，但在遴选、考察过程中会适当考虑；而对于个性结构、素质结构两个软性、隐性结构方面通常也只做面上的要求，没有严格的标准。应该说，对于院领导班子的结构，不存在绝对的好与不好，相对理想的结构也可能存在多种组合，而且要看到其动态性和与外部因素互动中的不确定性。在此可以从以下四个方面予以考虑（见图5-1）：

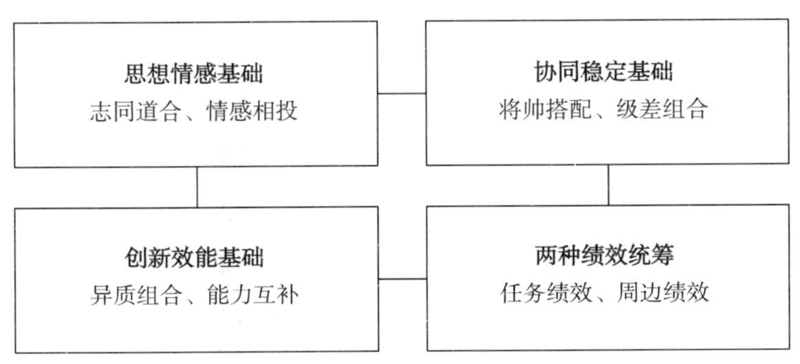

图5-1 院领导班子合理结构的基础

1. 志同道合、情感相投，是组成一个好的领导班子的思想情感基础

学院的领导班子是带领全院教职工履行学院职责任务、培育学院核心竞争

力、创造学院美好未来的核心，院领导班子成员能否志同道合、情感相投关系到班子的凝聚力、战斗力和形象力。所谓志同道合，并非指日常工作中没有意见分歧和矛盾冲突，而是指在根本指导思想、价值准则、发展目标和战略导向上具有共识；所谓情感相投，是指成员间能够彼此尊重、彼此关心、彼此欣赏、关系融洽，具有很强的同志情感和凝聚力。作为校党委和校行政，在考察学院领导班子时，不仅要考察单个成员的思想政治觉悟、综合素质和能力，还应该考察班子成员组合在一起时是否志同道合、情感相投。

2. 异质组合、能力互补，是组成一个好的领导班子的创新效能基础

学院领导班子要想开拓创新，干出一番事业，仅仅“想干事”还不够，还需要“能干事”，即具备足够的创新能力和解决复杂问题的能力。这就需要班子成员在知识、能力、经验、性别等方面具有异质性和互补性。首先，异质性和互补性往往是一个团队产生思想碰撞、触发灵感、创造性解决问题的重要条件，大量关于团队异质性能够带来更好创新绩效的研究已经证明了这一点。其次，异质性和互补性还为解决多样化复杂问题创造了条件。比如，有的人更善于抓宏观管理，有的人更善于抓教学管理与改革，有的人更善于抓科研与学术管理，有的人更善于抓对外交往与合作，有的人更善于抓思想政治工作，有的人更善于做学生工作等，他们各自发挥特长，优势互补，必然会使学院的工作做得更完美。还有在性别方面，班子中最好是男女搭配，男性和女性各有优势。比如男性更加粗犷、大刀阔斧，而女性更加周到、细腻，注重情感，这样可以优势互补。因此，在考察、选聘院班子成员过程中，对于成员的知识结构、学科结构、学缘结构、素质能力结构、阅历结构、性别结构应该给予适当考虑，避免班子组成过于同质化而造成缺乏创新能力和解决多样化问题的能力。

3. 将帅搭配、级差组合，是组成一个好的领导班子的协同稳定基础

将、帅之分是相对的，但通常情况下，作为院长、书记应该属于帅才，也就是“将将之才”，而副院长、副书记应该属于将才，他们能够在院长、书记领导下独立承担某些方面的工作。另外从学术水平、职称、年龄上来看，院长最好高于或至少不低于副院长，存在这样的级差，更有利于确立院长的权威性，虽然这不是绝对的。

4. 任务绩效与周边绩效，是考虑班子成员效能的两个重要方面

任务绩效是指完成岗位规定任务的绩效，周边绩效是指与周边行为有关的绩效，其对人际或部门沟通起到润滑作用，促进形成良好的组织氛围，有利于员工

工作任务的完成和整个团队或组织绩效的提高。因此，在考察班子成员时，既要考虑其可能带来的任务绩效的情况，也要考虑其可能带来的周边绩效的情况。也就是说，在考察班子成员时，既要考虑其完成分内本职工作的能力，又要考虑其影响、带动周边人完成工作任务、创造良好团队或组织氛围的能力。

（二）院领导班子责任分工与权力分配

在院（系）领导体制部分，已经对党政责任分工和权力分配问题做了原则性的阐述，至少书记和院长之间的责任分工与权力关系已经比较明确。接下来主要阐述院长和副院长之间、书记和副书记之间的分工与责权分配问题。

1. 院长与副院长之间的责任分工

院长作为学院行政的首要负责人，应该全面负责学院的各项行政与业务工作，包括学科建设、人才培养、科学研究、师资队伍建设、对外交流和社会服务等。院长应牵头研究制订学院的总体发展规划，牵头研究制定学院重大政策和重要制度，领导学院在教学、科研、人事分配制度等各方面的重大改革，负责召集院务会议，负责副院长之间的分工，负责监督考核副院长的工作，负责学院同外部机构签署有关协议，代表学院出席校内外有关重要会议等。根据学院实际情况，院长在负责全面工作的同时，可以主抓某一方面或某些方面工作，如负责学科建设、重点实验室建设、人事工作、财务工作等。

副院长责任分工需要考虑学院工作任务需要和各自优势而进行。一般有一位副院长负责本科教学管理、实验室建设、实习基地建设等；一位副院长负责学术型研究生教育管理、科研管理、学术交流等；一位副院长负责专业型研究生教育管理、对外培训项目等。当然各个学院情况不同，责任分工模式也千差万别。学院行政和业务工作方方面面，对这些工作要尽可能全面做好任务分工，责任到人；而对于一些临时性、随机性且无从归属的工作，则本着在院长协调下主动分担的原则去进行处理。

在责任分工方面，各自分担的责任一定要清晰界定，避免院长和副院长之间、副院长之间出现责任交叉，否则很容易出现工作遗漏、相互扯皮的混乱现象。即使在规定有些工作大家都有责任、有义务参与处理的情况下，也应该分清主要责任和协同配合责任，而不能工作开始后一哄而上，工作出了问题后又各打五十大板。这样不仅会违反统一指挥原则，而且会影响工作效率。

在访谈中，不少院长强调了院领导之间责任分工的重要性。中国地质大学（北京）经济管理学院安海忠院长指出，在院领导班子建设方面，“首先要有非常清晰的职责分工，但关键的还不是分工，而是在职责执行上。比如对于副院长负责的事情，包括经费使用，就让他做主，除非他们有困惑需要一起讨论。这样做，大家的积极性都会提高，作为院长自己也不累。另外，每位院领导都应该具有担当精神，但这种担当精神是否具备往往不取决于他自己，而是院长对他们是否真正授权，是否真正信任他们”。

北京林业大学经管学院陈建成院长在谈到院领导班子建设时指出：“我有三点建议。第一，明晰职责，善于授权。作为院长，要重点解决学院的顶层设计问题，对于自己职责外的事情要安排具体的人员来负责。第二，严格‘自律’，不越级，不越权。越权则乱，乱则无规矩，无规矩则不成方圆，院长要严格要求自己做职责内的事情。比如日常开会，开会是针对那些需要全院通力合作解决的问题，对于各部门内部的问题不予讨论，并采取‘提出问题者提对策，集体讨论’的方法，加强开会的效率。第三，建立制度但要体现弹性原则。管理既是科学也是艺术，‘科学’就是制度，‘艺术’就是弹性，在建立制度、规范秩序的同时，要体现人本的思想，灵活运用，巧妙处理。”

2. 书记和副书记之间的责任分工

书记作为学院分党委（或总支）负责人，应全面负责学院的党建和思想政治工作，包括党的思想建设、组织建设、作风建设、党风廉政建设、统战工作、领导群众社团的工作等。同院长一起，参与学院总体发展规划的制定工作，参与研究制定学院重大政策和重要制度，参与领导学院在教学、科研、人事分配制度等各方面的重大改革，负责召集学院分党委（或总支）会议，负责副书记的分工、监督、考核，代表学院分党委（或总支）出席校党委有关重要会议等。根据学院实际情况，书记在负责学院分党委（或总支）全面工作的同时，可以主抓教职工党建和思想政治工作、院领导班子的廉洁自律工作、统战工作等。在某些高校，院分党委书记（或总支书记）还兼任行政副院长，那么书记除了做好党的工作，还要做好行政副院长的工作。对于副书记的责任分工，如果只有一位副书记，通常主要负责学生工作，包括学生党建和思想政治工作、学生管理与服务、学生社团管理等。如果副书记设两位，则可以从书记承担的责任中进一步分出一部分工作由副书记分担。

3. 院领导之间的权力分配

权力分配是最敏感的问题之一。权力包括职位权力和个人权力，职位权力是指由于拥有了组织中某一职位而获得的权力，职位权力通常都具有一定的界限；

个人权力是指由于个人所具有的专业知识、技术诀窍、阅历经验、能力以及人格魅力等而获得的权力，个人权力不依赖于职位。在这里所指的权力分配，是指职权分配。不少学院的领导班子，由于权力分配不合理、不公平而导致长期的权力斗争和内耗，大大影响了院领导职责的履行和学院的正常工作开展。那么应该如何合理地分配权力呢？

（1）本着责权对等、责权同授的原则分配权力。责权对等、责权同授，是形成平衡权力关系的基础之一。对于各位院领导，分担多少责任，就授予多少权力。责任大、权力小，不利于职责履行；责任小、权力大，就可能出现权力滥用、权力寻租。尤其作为副院长、副书记，有时会由于权力不足而难以去承诺、去实施一些事情，而当请示院长、书记后却已经时过境迁了。出现此类情况的结果，一方面会导致工作难以推进或坐失良机，另一方面也会影响副院长、副书记的威信。但反过来，如果院长和书记给予副院长、副书记过多的权力，使其权力失去必要的监督和控制，那么同样会出现问题，甚至会给组织上造成严重损失。

（2）本着纵向和横向合理、均衡的原则分配权力。纵向权力分配，也就是上下级的权力要力求合理、均衡，如果院长、书记控制的权力过多，副院长、副书记的权力过少，不仅会影响副院长、副书记的积极性，而且不利于他们放开手脚开展工作。但反过来，如果院长、书记把主要权力都下放了，本身失去了必要的控制权，那也可能会出问题。因此，保持上下级权力在动态中取得平衡是必要的。同样，副手之间的权力也要尽量均衡、合理，否则根据公平理论，也会影响到他们的积极性。

衡量权力平等、平衡的因素很多，如更多的财务权、更多的决策权、更多的外出机会、更优越的办公室、更多的下属、更多出头露面的机会、更多参与学校会议或接触校领导的机会等，这些都要在权力分配时尽量予以考虑。事实上，有些职责本身也可以看做权力，承担了某项职责，也就意味着获得了某种权力。如获得了财务管理的职责，也就具有了财务管理的权力；获得了招生的职责，也就获得了招生方面的权力等。有些权力是隐性的，但实际上却发挥作用。比如，尽管在学院微信朋友圈发布一个通知或一个消息，可能是与其主管工作有一定关系的，但通过这样的行为，却会加强其本人在学院的影响力。

（3）明确划分院领导成员的权力界限，形成具有有效约束力的权力体系。职责分工要清晰划定，权力界限也要清晰划定。比如院领导在财务审批和执行方面的权力，就要明确其权限，哪些科目、多大额度需要院长审批？哪些科目、多大额度副院长可以审批？哪些科目、多大额度需要院务会议研究通过？哪些科目、多大额度需要提交学校领导审批？等等，都需要界定清楚。这样既保证了公家的钱能够得到合理、合规的使用，又保证了院领导自身少犯或不犯错误。

任何权力都必须在有效监督约束的前提下行使，否则权力就可能如脱缰的野马，肆意横行、酿成祸患。特别是对于院长、书记而言，如果哪一天其权力失去了有效约束，那么其犯错误的概率就会大大增加。因此，为了保障院领导班子的正常运行、健康运行，科学、合理地建构院领导班子的权力体系，并形成体系化、健全的权力监督约束机制，是必须不断强化和不断建设的工作。

（4）院领导应树立正确的权力观。中国共产党领导下的高校是人民的高校，高校的干部理应成为人民的公仆。院领导的权力从根本上说是人民赋予的，理应运用人民赋予的权力为人民服务。“水能载舟，亦能覆舟”，任何背叛人民的权力，任何不受党、国家、组织制度和纪律约束的权力，都是不被允许的、最终会被淘汰的。要深刻认识权力的两面性，掌握一定的权力，可以为学院发展做出更多贡献，但是如果将权力滥用，或权力使用不合理，也会为学院发展造成损害。权力是一把“双刃剑”，既可以成就自己，也可以毁灭自己。个别院领导将职权视作攫取个人私利、实现个人非分欲望的工具，到头来很难逃避法律和制度的惩罚。另外我们需要认识到，除了合理、有效地使用职位权力，还需要强化自身的专家权和模范权等个人权力。要不断修身养性、努力学习，提升自己的人格魅力和工作能力、管理艺术，只有这样，才能更好地履行职责、做好工作。总之，院领导一定要有坦荡的胸怀，正确地使用手中的权力，让权力更好地服务于教职工、服务于学院的改革发展。

（三）院领导班子选聘的模式

刘菊香（2014）的研究指出，“在治理变革过程中，大学则是根据《党政领导干部选拔任用工作暂行条例》的基本原则，根据大学实际自己制定具体实施办法来选任院长。根据这一原则，院长属于国家党政干部，更强调院长选任的民主性和竞争性。通常院长主要通过内部民主推荐和对外公开招聘两种方式产生，但实际上，作为学院首要行政负责人的院长，其产生过程却并非如制度规定的那样民主，尤其是在内部推荐院长候选人的过程中”。

对于学院领导班子的选聘，一直都存在不同的模式。包括任命制、举荐制、推选制、竞选制、外部公开招聘制等。

1. 任命制

由高校党委和行政根据相关标准和各方面调研情况，经过充分酝酿，形成院领导任命的决定。其优点是能够体现校党委和校行政的意图，被任命的院领导也会更好地对校党委和校行政负责；其缺点则是学院教职工被动接受，不能充分反映民意。

2. 举荐制

一般是指由个人或小群体名义向学校举荐院领导人选的方式。举荐人或举荐群体应向学校阐述举荐的充分理由，只要理由充分，并经学校进一步调研核实和征求各方面意见，最后做出是否聘任的决定。举荐制的优点是简单、效率高，缺点是可能仅反映个人或少数人意见，或者还可能漏掉更加优秀的人选。目前，举荐制的模式常用于在院长人选确定后，由院长提名、举荐副院长。其优点是被推荐者容易同院长配合，一般会成为院长得力的干将；其缺点是在反映民意方面不够充分，也存在一定的“任人唯亲”的嫌疑。

3. 推选制

是指在校党委或校组织部门组织下，由学院教职工通过投票选举产生院领导。一般情况是：先推选候选人，并按照一定比例产生候选人，然后再在候选人中选举产生院领导。其优点是充分反映民意，是完全的民主方式，能够为教职工所认可和接受；其缺点是难以保证校党委和校行政的意图得以体现，或者推选出来的人选更多反映人际关系倾向，却未必是合格的院领导。

4. 竞选制

校党委和组织部门公布竞聘公告，内容包括参与竞聘者的资格、条件、竞聘程序等，然后竞聘者填写竞聘申请表，组织部门接受竞聘申请表后进行审核，通过审核的竞聘者参加竞聘大会，阐述自己的竞聘目的、竞聘条件和优势、对竞聘岗位的认识以及竞聘后的工作思路等，最后经过大会投票或打分产生院领导。其优点是竞聘者可以充分表现自身的才能、展示自己的工作思路；其缺点是不易全面考核，现场表现出来的未必与实际相符。

5. 外部公开招聘制

这是近年来应用越来越多的一种模式，反映了全球化、信息化时代的特征以及高校间人才竞争加剧的状况。目前，这种方式主要用于院长的招聘，副院长和书记、副书记则一般是在内部产生。

任初明（2009）对我国高校院长的调研数据统计发现，“92.2%的人担任院长前在本校工作，仅有7.8%的人来自校外，这说明我国大学选聘院长的范围主要局限于本校，院长职位的开放程度还不够。美国大学选聘院长时则向全国甚至全球开放，在出现院长职位空缺时，一般都是通过网络媒体刊登出招聘启事，面向全国甚至全球范围来选聘院长，保证选聘到高质量的院长，而我国大多数大学基本是在校内进行内部选聘”。

任初明指出，高校海内外公开招聘院长，一般会列出较高的资格条件，如杰出青年、长江学者特聘教授、“千人计划”人才等。其优点是打破学校、学院界限，能够吸引国内外重量级的学科带头人，使学院在学科建设、人才培养上快速提升，快速形成社会影响力；其缺点是学校付出代价较高，且容易产生与校内教师矛盾，或出现因水土不服而产生的效用风险等。因此，采用外部公开招聘模式应做好详尽的调研工作，制订详细的行动计划和风险控制预案。

尽管高校院长的聘任可以允许有多种途径、多种模式，但哪种途径、哪种模式对于一个特定学院来说是最适合的，却是在实际实施过程中考虑较少的。因此，高校在实施院长聘任制过程中，一方面应该遵循上级关于干部选拔任用的基本规定、基本要求，有一个通用的一般的标准；另一方面又需要“因地制宜”，根据不同学院的情况选择更适宜的聘任模式和更适宜的聘任对象。

比如对于缺乏学科带头人或者缺乏具备院长素质人才的学院，可以采用外部招聘方式，以便带动学院的发展。如果在这种情况下，勉强采用“一刀切”式的内部竞聘或选聘方式，其结果必然不会理想。

对于有着大批院士、杰出青年、长江学者特聘教授的学院，要么聘任一位知名度更高、领导能力更强的学者，要么也可以聘任一位公道正派、管理服务能力强而学术水平未必特别突出的院长。在这种情况下，其聘任模式既可以是内部选聘，也可以是外部招聘。

总之，上述五种院领导产生模式，都可以根据具体情况运用，但总的发展趋势是坚持科学化、民主化、开放性和高要求。

三、学院领导班子的运行机制

解决了院领导班子的领导体制和构建问题，只是完成了院领导班子建设的一个基础方面，而要使其正常、健康地运转起来，还需要建立一套运行机制（见图5-2）。

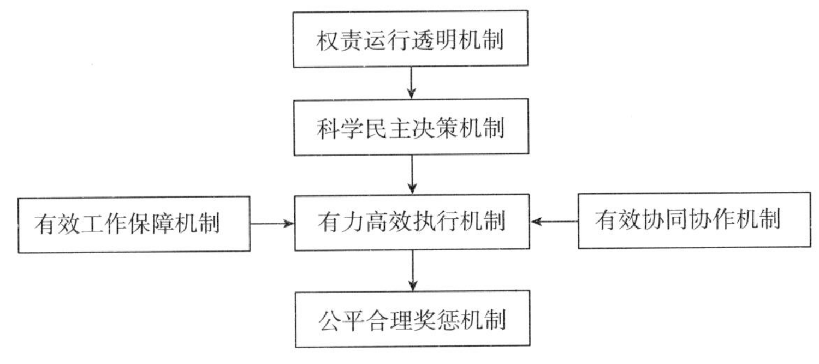

图 5-2 学院领导班子的运行机制

1. 建立权责运行透明机制

院领导班子权责运行公开化，一是便于教职工监督院领导权责的运行，二是有利于维持管理工作秩序，提高工作效率。为此需要做好两个方面的工作：一是在理清院领导各自职责和权力边界的基础上，向教职工公开其职责和权力范围，列出其职责和权力清单；二是编制权责运行流程，规范权责运行的具体环节和步骤，并向教职工公开，以防止在权责运行的环节上出现问题。这项工作可能做起来比较复杂，不可能一步到位，需要持续努力、不断完善。北京师范大学经济管理学院赖德胜院长访谈中谈到，“我认为，权力未必是个好东西，一般新任院长可能对权力比较喜欢，但很多老院长并不喜欢揽权，而是更多考虑分工分权管理，更多考虑制定相关制度、通过明确制度，用制度进行管理”。

2. 建立科学民主决策机制

一是贯彻中央和上级有关决策议事的制度规定，坚持民主集中制，完善“三重一大”议事规则，不断增强决策议事的合理性和有效性。二是健全民意收集、专家咨询、合法性审查、风险评估、决策比选制度，加强重大事项决策的充分调研制度，促进决策的科学化、合规性和风险可控性。三是完善沟通制度，坚持班子成员之间，尤其是党政“一把手”之间的会前的沟通、协商制度；健全党政联席会议或党政联席会扩大会议制度。在院长访谈中，中国地质大学（北京）经济管理学院院长安海忠、中国人民大学商学院院长毛基业、天津大学经济与管理学部原主任张维教授等均特别强调了建立科学民主决策机制的重要性。

3. 构建有力高效执行机制

仅有好的决策方案、职责分工还不够，还必须要有执行决策方案、职责履行的高校执行机制。一是要建立、完善督查督办制度。对于院领导分工负责的事项，既要落实主体责任，还要落实督促督查主体和督促督查机制。要建立责任主体定期汇报检查制度、重大项目跟踪制度和执行不力限期整改制度。不仅院长和书记要监督检查副院长、副书记，院长、书记也要接受同样的监督检查。二是开展院领导执行力评价，查找执行力不佳的原因，从主体、环境、机制等方面保证执行力不断提高。

4. 建立有效协同协作机制

院领导班子应该成为领导学院各项工作的具有凝聚力、战斗力的坚强团队。为此，就需要在科学合理分工的基础上，建立起有效的协同协作机制。

一是要树立大局意识、整体意识。院领导班子成员既要合理分工，更要为了学院整体目标有效协同协作。如果班子成员各自为政，甚至为了自身利益、分管部门利益而不顾整体，势必会造成整体利益受损。正如中国地质大学（北京）赵鹏大院士在访谈中所指出的，“院长作为学院领导班子的班长，其班子团结协作很重要，因为学院不能单打独斗，作为班长就要把班子建成一个团结协作的集体。这个责任首先在于班长。学校层面，党委书记和校长，要‘将相和’；院长也是一样，都要有担当精神，都要为共同事业，相互包容、相互支持、相互理解，而不能相互扯皮、发生内耗”。

二是要建立沟通机制，不仅上下级之间要进行经常性沟通，副手之间也要进行经常性沟通、交流，从而形成相互关照、相互协作的和谐关系。

三是要加强感情融和，建立起牢固的信任关系。如果班子成员之间缺乏感情、互相猜忌，那么即使出于组织制度和维持形象勉强进行协作，也不会真正到位。党政“一把手”之间，尤其需要相互关心、相互支持，主动为对方着想，敞开心扉进行合作，从而建立起同志式的相互信任关系。实践表明，党政“一把手”之间关系融洽、相互信任，学院工作开展起来就比较顺心顺利，学院整体也会比较和谐；相反，党政“一把手”之间关系不和睦，学院工作就会一团糟，学院人际关系上就不会和谐。同样，院长、书记作为党政“一把手”，也要同副院长、副书记之间建立起相互信任、相互关心、相互支持的上下级关系。如果院长或书记不信任自己的下属，下属就会惶恐不安，就会处处担心受到指责，也就很难放开手脚去开展工作。上级对下属的信任，往往会成为最大的激励因素。当然，对于下属的信任，并不表明“一把手”对下属不进行必要的监督考核，组织中任何人都有被监督考核的义务，因为这是组织的一项基本制度。只要是正常

的、按照规定实施的监督考核，下属都是能够理解和配合的，并不会导致信任方面的问题。

5. 建立公平合理奖惩机制

建立健全领导班子成员年度考核和任期考核制度，对于在年度或任期考核优秀、取得创新性、突破性成绩的，应给予一定的表彰和奖励，以鼓励其继续努力。同时鞭策那些考核结果不够理想的院领导，对于在年度考核或任期考核中表现平平或不称职的院领导，应该给予约谈、批评直至降职或不再聘任。

6. 完善有效工作保障机制

院领导工作保障机制，包括多方面内容，其中包括能力保障、组织领导保障、环境条件保障、人员支撑保障和制度机制保障等。从能力保障来看，就是要建立、落实院领导选拔、培养、学习、考核、退出机制，真正让有能力、想干事、能干成事的人进入领导班子，并且让进入领导班子的人通过个人学习、团队学习、指导、锻炼、交流、考核等措施不断提升领导能力。同时建立领导干部退出机制，从而使院领导班子始终保持充满活力和优化的状态。从组织领导保障来看，就是要在学院重大事项的实施上，建立起组织和领导层面的支持体系，从而保证科学决策、统一部署、组织有力、支持到位。从环境条件保障和人员支撑保障来看，就是要创造良好的工作环境和工作条件，配备必要的支撑人员（学术骨干、行政秘书等），以保证工作顺利、有效开展。所谓“巧妇难为无米之炊”，不配备相应人、财、物资源，工作将难以开展。从制度机制保障来看，就是不断完善各项制度和机制，促使院领导尽职尽责地、充满热情地开展工作。

第六章　院长管理工作的基础

院长在领导、推进学院各项事业发展的过程中，其一，需要明确学院的使命和愿景，并在此基础上确立学院的总体发展战略、发展规划，然后再通过各个年度的具体行动计划去实施；其二，为了实施总体战略和规划以及各项计划，就需要组建部门和配备人员去承担、去落实；其三，为了保证制定的规划、计划得以落实和规范、有序运行，就需要构建一套具有约束力的制度体系；其四，为了推进发展战略、发展规划实施和各项计划工作顺利开展，还需要制定相应的政策体系和建立有效的机制。以上四项基础管理工作，是院长在抓业务工作前就需要开始的工作。

一、学院使命与愿景

（一）学院使命

所谓学院使命，是指学院在社会及其所属大学中所处的地位、所发挥的作用、所承担的义务以及所扮演的角色。学院使命体现的是学院作为大学的一级组织存在的根本目的与合法性所在，它既反映社会和大学本身对学院的诸多要求，又体现学院全体师生特别是学院领导者的追求和抱负①。

作为院长，明确学院的使命是最首要的任务。也就是说，院长应该知道学院是做什么的，应该做什么的，学校设立学院的根本目的是什么，面对学院所处的地位、发挥的作用、承担的义务，学院和院长应该扮演什么角色，履行什么职责。如果院长对学院的使命这个根本问题不清楚，那么学院其他问题也就很难保证不偏离正轨。

---

①　参见百度词条“组织使命”释义。

对于学院的使命，虽然一般可以概括为推进学科建设，开展人才培养、科学研究和社会服务，但具体到每一所高校的二级学院，又存在比较大的差异。每个学院其所属高校的层次、学科布局、文化传统以及学院本身的学科基础、师资状况、发展阶段等都是一些重要的考量因素。学院使命也同院长、教职工的境界、抱负有很大的关系。这就需要院长遵循一般性与特殊性相结合的原则，科学、务实和创新性地去界定本学院的使命，并使这一使命能够得到学校、学院师生的广泛认同和接受。

学院使命一旦确立并得到广大师生的认同和接受，就会变成院长和师生员工自觉推进学院事业发展的内在的、持久的驱动力。在访谈中，天津大学经济与管理学部原主任张维、中国人民大学商学院院长毛基业、中央财经大学商学院院长王瑞华等都强调了学院使命的重要性。他们认为，学院发展从根本上说应该来自使命驱动，而非只是来自外在的指标性评估的压力。

（二）学院愿景

所谓学院愿景是建立在学院师生共同价值观基础之上的、对学院发展的共同愿望或总体蓝图。它表现为学院师生共同认可、接受并内化为自身追求的学院使命、任务、目标以及价值信念体系，能够产生众人一体的感觉，使学院孕育无限的生机和创造力①。只有学院师生具有在共同价值观基础上建立起共同愿景，才能凝聚大家的力量，并使之不懈努力和不断追求卓越。

如果说学院使命反映的是学院应该承担的义务和责任，表现为一种内在的驱动力，而学院愿景则反映的是学院师生的价值诉求和奋斗目标，表现为一种吸引力或拉动力，两者相互依存、相互促进，共同作用于学院的事业发展。

作为院长，就需要引导师生形成共同价值观，并在此基础上结合学院使命而提出学院的愿景目标，这也被人俗称为“画大饼”。有了这张“大饼”，广大师生就有了推进事业发展的动力；相反，如果院长画不出这张“大饼”，广大师生就没有发展目标，也就不可能有发展的动力。当然，愿景目标的设计，不能只是出于院长个人的一厢情愿，不能脱离广大师生的价值诉求，也不能脱离学院的学科基础和客观的发展趋势。比如对于一些学科基础十分薄弱的学院，如果提出在十年内建成国际一流的学院，恐怕就是一个不可能实现的愿景目标。

① 参见百度词条“组织愿景”释义。

二、五年规划与年度计划

（一）制订五年规划

尽管院长在考虑学院事业发展时不会限于五年或更短，但是通常学院的战略规划都是通过“五年规划”而体现出来的。制订五年规划是学院和院长的一项十分重要的前置工作，因为它关系到学院未来五年或更长久的发展。作为学院的“五年规划”，绝不是召集几位院领导随便议一议就搞定了，更不是院长和书记一拍脑袋就出来的“纸上谈兵”。“五年规划”的制定确实需要院长和领导班子下很大功夫、遵循“五年规划”制定的规范和步骤而形成的。特别需要注意的是，在制定学院“五年规划”的过程中，不仅要征求领导和专家的意见，一定还要征求最基层干部和一线教师的意见，这是保证规划最终落地的重要一环。

1. 系统梳理、总结前个“五年规划”的实施情况

梳理、总结的内容包括：前期五年所开展的工作；工作取得的主要成绩；存在的问题及其成因。取得的成绩要总结，但更重要的是把握好存在的问题和问题出现的根源、症结，只有把存在的问题及其成因分析透了，才会在制定新的“五年规划”时找准突破口。

2. 做好环境调研和形势分析工作

要通过全面的、深入的调研，了解、把握国内外宏观形势，了解、把握高等教育发展与改革趋势，了解所服务的主要行业、主要领域的发展与改革趋势，深入把握学院在学科建设、教育教学、科学研究、社会服务以及国内外交流与合作方面所面临的主要挑战，做好对未来形势发展和学院发展的全面、科学的预测。不少院长在接受访谈中都谈到为了学院学科及全面发展，需要下大力气做好环境调研、形势分析工作。

在访谈中，中央财经大学商学院院长王瑞华指出：“我认为规划对学院也是很重要的事情，正常情况下学院应该做三年、五年规划。规划前，要对国内外商学院、商科的发展动态进行调研，掌握社会的变化、企业的变化，因为现在技术迭代非常快，行业在变，企业的经营、商业模式都在变化。在这样的环境下，院长就要思考如何进行学科建设、人才培养以及学院工作重心应该放在哪里的问题。对这些问题思考清楚之后，做出学院的‘五年规划’和年度计划。相对于签字报销等常规工作，我个人认为把握好学院发展方向、组织规划制定是院长工作的重中之重，至于具体的工作可以分给副院长或者系主任去做。”

中国地质大学（北京）经济管理学院院长安海忠也指出：“对于院长来说，上任伊始，分析学院面临的形势、困局非常重要。比如国家大的形势如何？在全国范围内本学科状况如何？学院在全国同行中处于什么位置？学院在校内各学院中处于什么位置？等等。既要分析学院面临的外部环境，也要诊断学院内部存在的优劣势。比如学院的学科特色是什么？学院的人才、成果、能力到底是个什么状况？”

3. 确立未来“五年规划”的指导思想和目标任务

既要遵循国家、教育部以及学校的指导思想，又要有学院自己的指导思想，要处理好普遍性与特殊性的关系。不要把指导思想看成是虚的或让人看的“文字游戏”，而是要把其作为学院未来五年行动的指南。在指导思想确立的基础上，就要进一步确定主要的目标任务，涵盖了学科建设、教育教学、科学研究、社会服务、国际交流与合作等诸多重要方面。在目标任务中，既要有定性的表述，更要有数量指标的表述。目标任务的确定，要建立在充分调研预测的基础上，既要考虑教育部和学校的要求，又要考虑学院自身的潜力和条件；既要有一定的挑战性，又要力求能够实现，不能好高骛远。目标任务中，既要明确重点，又要统筹兼顾，既要有确保实现的多数目标，又要有少量虽不能确保实现但经过努力有可能实现的挑战性目标。

4. 确立支撑战略和配套措施

为了实现未来五年的目标任务，必须要有明确的支撑战略和配套措施。战略是为了解决学院发展面临的突出矛盾和问题而设置的，而不是好听的“口号”。比如有的学院提出“人才强院”“特色兴院”“国际化”三大战略，实际上就是要解决制约学院在学科发展、教育教学、科学研究等方面的人才“瓶颈”，就是要通过强化、凝练学科特色和加强国际化而增强学院的竞争优势。每一项战略都是一个有机构成的体系，包含若干要素和环节。为了推行战略，还需要建立相关配套的措施，如强化领导、政策支持、资金筹集、部门协调等。

作为学院的“五年规划”，相对学校的“五年规划”应该更具有针对性、简明性和可操作性，未必要长篇大论，但基本要素不能缺少。有了这样一个“五年规划”，学院就有了至少未来五年的奋斗目标和目标实现的路径、措施，学院全体教职工的行动就有了依据和奋斗的动力。

（二）制订年度计划

学院年度计划既反映了学院教学、科研、学生工作等方面的常项工作，也是学院“五年规划”在某个年度的具体行动计划。年度计划较之“五年规划”具体得多、细化得多，对学院教职工行动的指导性、约束力也更强。

（1）学院年度计划可以分为学科建设、本科教育教学、学术型研究生（硕士研究生、博士研究生）教育教学、专业型研究生（MBA、MPA、MPAcc、金融硕士、工程硕士等）教育教学、科学研究、社会服务、国际交流与合作、师资队伍建设（教师引进、教师培训等）、实验室建设、实习基地建设、学生工作、党建与思想政治工作等。

（2）学院年度计划可以分为常项工作（项目、活动）计划和新增工作（项目、活动）计划。学科建设、教学、科研等各个方面均有历年需要进行的常项工作，对常项工作应遵循规范化、程序化和不断提高质量的要求，进行前置化安排，以便提高效率和保持稳定的秩序。在此基础上，根据“五年规划”和新的形势要求，安排新增的工作计划，如新一轮学科评估、专业评估、启动新一轮教学改革、新的国际交流会议等。对于新增工作计划，应说明其理由，并进行充分的论证。

（3）学院年度计划的制定，一方面需要根据学院“五年规划”和学院面临的形势与任务，初步厘清总的指导思想和改革建设目标；另一方面需要院领导班子分头拟定分管工作的年度计划。在此基础上，经过计划汇总和反复统筹，形成最终的学院年度计划。在学院年度计划中，既要有工作计划，又要有较为详尽的经费预算及筹资计划。同制订学院“五年规划”一样，制订学院年度计划，也需要征求学院教授、基层系或教研室主任、学生工作部门等方面意见。

（4）学院年度计划中，既要有定性指标，更需要有定量化指标。特别需要强调的是，该年度在落实学院“五年规划”过程中，需要完成哪些具体的规划目标任务，都需要用定量化指标去说明。

（5）学院年度计划作为全院在该年度的行动计划，需要在形成正式文本后向学院各基层部门下发，并尽量通过学院网站予以公布，以便于全院教职工了解、参与和监督。学院年度计划一般要提交学校党委和学校行政备案，必要时还可以邀请校领导和校有关职能部门负责人进行交流。

三、组织建设和人员配备

院长常常会遇到一个问题：“五年规划”、年度计划做得很好，看起来很完善，但到落实的时候却没有部门和人员能够承诺去完成，或者即使勉强承诺，最

后也完成不好。因此，作为院长，除了抓规划和计划制定，还要研究组织建设和人员配备问题。

（一）组织建设

从学院层面讲，所谓组织，除了党政领导班子，主要包括各专业系或专业教研室、研究所（或研究中心）、科研实验室、教学实验室、学院行政办公室、学院学工办公室、专业学位教育办公室等实体组织或部门，广义上也包括学术委员会、专业技术职务评审委员会、学位委员会、教授委员会以及科研团队、教学团队、临时任务团队等无形组织。同样，组织建设在广义上包括人员的组织、职权的划分、机制的设计、组织文化建设等多个方面内容，通过组织建设，使得组织的功能进一步优化。

在学院“五年规划”、年度计划制定的基础上，必须对实施、落实规划、计划的组织或部门的能力和运行质量进行评估。如果经过充分调研和评估，认为目前的专业系或教研室、实验室、办公室等能力和运行系统无法承担相应的规划、计划任务，就需要进行进一步改革或建设。比如，某学院面临专业学位授权点评估，但眼下分担该专业授权点建设的教研室教师各自为政、一盘散沙，且教师数量，尤其是教授数量和年轻博士学位教师数量不足，那么就必须采取强有力的措施予以改变。这种改变包括重新选聘教研室主任，争取在学校支持下引进教授和年轻博士学位教师以及完善教研室内部责任分工和权力分配、强化凝聚力建设等。同样，如果学院承担专业学位教育的办公室存在职能定位不清、专职人员不足和运行机制不完善等问题，从而影响了学生管理与服务质量，影响到了招生推广等工作开展，那么也需要进行必要的组织变革和组织建设。

天津大学经济与管理学部原主任张维教授在访谈中介绍说，为了增强学部服务于师生的能力和有效性，他们当时就实施了一项组织变革：“我第一个工作就是把原来的行政办公室，整个都整合起来组成了一个新的平台，叫做‘管理服务中心’。我不叫它行政办公室，而是叫‘管理服务中心’，就是试图通过这个名字来反映这个中心的定位，即它是给师生服务的。并且，在考评他们业绩的时候，是利用了360°考评的原则。就是作为一个管理人员，在考评他业绩的时候，要由他的同事，与他存在合作关系的其他部门的同事，当然也包括他的部门领导，以及学部的主管领导，还有更重要的就是其所服务的师生的代表，来评价他的业绩。通过这样的制度安排，来让我们的管理者，不管是底层的管理者，还是高层管理团队，都来服务于我们的师生，而不是我自己去做这些事情。从实践来看，我觉得效果比较好，特别是塑造了一种文化，就是强调我们的管理人真正是服务的人。”

组织变革和组织建设，由于会涉及人的权力和利益的再调整，涉及教职工在知识、技能、工作习惯、部门间和人员间的协调配合的适应性，因此经常遇到各种阻力。作为院长，就应该同书记以及领导班子其他成员一起，对组织改革、组织建设中可能遇到的问题进行充分调研、预测，以便采取系统性措施。

在组织建设方面，过去往往对教研室、办公室、学工组等行政性有形组织比较重视，而忽视科研团队、教学团队以及学术委员会等学术性无形组织。事实上，学院作为人才培养的育人组织和科研学术的知识创新组织，应该高度重视学术性组织的建设。作为院长，要花费时间和精力研究科研团队的构成、科研团队的领导方式、激励方式、考核方式、信息共享模式以及团队跨界等问题的规律，从而提升科研团队的创新绩效。同样，作为院长，也要深入研究教学团队建设问题，包括教学梯队建设、教学团队的分工与合作、课程组建设与运行、团队学习、国内外交流与合作、教学团队的考核与质量促进等。此外，对于学院层面的学术委员会、专业技术职务评审委员会、学位委员会等，也需要系统地进行研究，以充分发挥教授、学术专家在教学、科研等学术领域的作用，并保证其运行过程中的科学性和公平、公正性。张维、陈建成等都强调了发挥学院学术委员会作用的重要性。

（二）人员配备

关于人员配备问题，前面已经在院长的领导者角色和管理者角色两个部分做过阐述，在此主要是针对组织建设中的人员配备问题进行分析。学院的人员配备需要分为三大类型和多个层次：

1. 专业人才配备

专业人才包括：学科带头人、学术骨干、教学骨干、学术一般人才和教学一般人才。从全国知名大学情况看，学院都十分重视学科带头人的引进和培养。从引进方面看，他们往往不惜花费重金引进国内外知名学者如杰出青年、长江学者特聘教授、国际知名专家担任学科带头人；从培养方面看，由于学院本身学术环境优越、人才济济，再加之机制科学有效，往往会产生一批在全国有较大影响的学科带头人。要充分认识学科带头人的作用，一位学科带头人的引进往往能够带动一个学科的快速发展，相反如果没有学科带头人，纵然储备了一批具有潜力的年轻博士，也难以在学科方向上聚焦并产生有较大影响力的成果。然而随着全国

各高校间的人才竞争越来越激烈，引进学科带头人的难度和成本也越来越大，这就促使学院不得不重视学科带头人的自我培养。要提供较好的软硬件条件，特别是要提供学科带头人成长的良好环境和有效机制，使得学科带头人能够尽早脱颖而出。

在访谈中，不少院长谈到了他们在专业人才配备方面的做法。比如北京师范大学经济与工商管理学院院长赖德胜介绍说，他们近年来大量引进海外、海归高层次人才："我院目前1/3的教师是海归，纯外籍教授也有几个，包括美国的、德国的。一个学院只有国际化能力提升了，才能成为一流学院，这就要求有一批一流的人才，特别是年轻人才。"中国地质大学（北京）副校长王训练教授在访谈中指出："对于学科建设来说，一是要有拔尖人才，拔尖人才的选拔、培养最为重要，但拔尖人才的选拔、培养必须要通过竞争来完成。二是为拔尖人才培养、配备团队。"中国地质大学（北京）副校长万力教授也指出："作为高校、学院，实验室、几间房子等硬件并非最重要的，更重要的还是拥有一批大师级人才。"

在重视学科带头人引进和培养的同时，也需要重视学术骨干和教学骨干的培养和引进，特别是要重视引进和培养优秀年轻博士，以充实学科带头人带领下的学科、专业梯队。一些学院成功发展的经验表明，要想使学院在申报国家基金项目、发表SCI/SSCI论文方面取得突破并保持可持续发展态势，就必须有一批在学科带头人带领下的具有博士学位的优秀年轻教师。重视引进、培养他们，为他们提供良好的事业平台、激励机制和环境氛围，形成一批学术骨干，是一个学院发展的希望所在。

当然，作为院长，需要平衡好中老年教师和年轻教师之间的工作关系、利益关系，注意引导好、发挥好各自的优势，使他们都能够体验到自身的价值，体验到一种合理的获得感和公平感。

2. 干部人才配备

干部人才主要是指系主任（或教研室主任）、研究所所长、实验室主任、办公室主任等层次的管理干部人才。这些干部人才，无论是专职的还是兼职的（双肩挑），都需要有较强的管理责任感和管理能力。配备好这些基层部门的管理人才，是提高这些部门管理效能、提升这些部门工作胜任力的关键。学院为了不断优化基层干部队伍，可以引入干部任期制、竞聘制以及相应的流动、退出机制。当然，这些机制的建立需要学校层面的支持，否则不太容易实施。

3. 行政后勤服务人才配备

行政后勤服务人员的数量、素质、能力，是学院完成日常教学、科研、社会服务等工作的基本保障。没有一定数量的行政后勤服务人员，往往会影响到学院日常管理和服务工作的质量，因此，学院该配备的人员就要配备，过分精减对工作是不利的。如果说行政后勤服务人员正式编制不足，学院也可以考虑外部招聘合同制员工予以补充。此外，对于这一批基层工作人员，最好建立一种能进能出、能上能下的合理流动机制和晋升机制，这对于不断提升他们的素质、能力，保证这一群体在学院日常工作中的活力都具有重要意义。

四、制度体系设计与实施

院长在谋划好学院“五年规划”、年度计划以及组织建设和人员配备的基础上，就需要考虑制度体系构建的问题。完善的制度体系及其有效运行，是学院各项规划、计划得以实施、组织正常运行的保障。詹姆士·达林顿（James Darlington，1968）指出：“院长其必须集中于决策，而不是个别事件，集中于程序的正确性，而不是即兴的决定。”上海对外经贸大学工商管理学院原院长魏农建教授在访谈中指出：“为什么要抓制度建设呢？第一点，制度约束人，规范人的行为；第二点，制度完善以后，可以降低管理成本；第三点，有了制度以后，全院的发展就有了一个参照系。所以我认为，一位院长，首先一点，要评估一下原有制度是否符合发展要求，是不是适应新的要求，要不要增加新的制度。”

（1）院长应树立“依法治校”“以法治院”的理念。虽然“依法治校”的口号也喊了多年，但真正落实依法治校还有很大距离。作为学院，常常也是“人治”色彩浓厚，换一任院长换一种治理模式，院长的个性不同，治理模式也不同。然而，近些年来，随着党和国家推进依法治国的力度不断加大，高校“依法治校”的呼声也日益高涨。在一些高校，甚至知名高校，曾多次发生学生、学生家长告学校而维护自身合法权益的事件，学校传统的“人治”治理模式受到越来越多的制约。作为院长，应该更快、更好地树立依法治校、以法治院的理念，以顺应历史的潮流。为此，院长在切实维护、遵守国家相关法律、法规的基础上，还需要系统梳理、完善学院的制度体系，从而使学院各项工作都能够在相关法律、法规和学校、学院相关制度下运行。事实上，一些高校的个别学院院长，由于习惯于“人治”治理模式，什么事都没有规矩，其结果就会影响学院正常的工作秩序和工作效率，教职工怨声载道，而自己也往往会陷入各种组织政治的旋涡之中。如果学院各项工作都有相应制度、流程、标准遵循，都有完善的做事规矩，那么不仅能够保证学院各项工作的正常秩序和工作效率，同时也会让大家体验到公平、公正的氛围。中国人民大学商学院院长毛基业在访谈中指出："资源很重要，但制度也是生产力，治理和规范也是生产力。作为院长，应该给学院留下一套好的制度，这有利于学院的健康发展。"

（2）依据相关法律、法规及上级有关规章制度制定学院的制度。在制定学院各项制度过程中，应该首先参照国家有关法律、法规以及教育部、所在高校制定的相关规章制度，而不能与这些法律、法规、制度相违背，这是一项基本原则。《中华人民共和国教育法》《中华人民共和国高等教育法》《中华人民共和国教师法》等相关法律，国务院和教育部出台的有关高等教育的法规、条例、规定等，所在高校制定的各项制度规定，学院都必须遵守。在此基础上，再去系统制定本学院的各项制度。

（3）根据学院的实际情况和需要制定学院的制度。在制定、修订学院制度过程中，首先需要对过去学院所制定的制度进行梳理，分析、评估哪些制度需要进行改进、补充、完善。梳理、评估时，参考依据是国家新的法律、法规以及所在高校最新的制度规定，同时还要根据学院实际情况和实际需要。设计学院制度体系，首先需要进行顶层设计，然后再分层、分类设计，以避免制度之间相互矛盾、冲突。

在学院制度建设过程中要坚持民主参与和公开透明原则。南京农业大学公共管理学院原院长欧名豪在访谈中指出："我个人体会，对于学院来说，制度建设中民主参与是非常重要的。比如像我们学院，学科点有学科点长负责制，教学上有系主任负责制等。在一些重大政策、激励、分配方面，都要通过主要的教授、学科点长、系主任等来参与共同的讨论，形成相应的制度、办法，这样的制度、办法就既规范又有效，而且容易被老师们接受。"

学院制度从类型来看一般包括：学院领导制度，主要涉及领导体制、权力分配与权力制约等；学院决策制度，涉及学院重大决策的权力划分、决策程序、决策标准、决策参与、决策监督等；学院工作制度，涉及教学、科研、社会服务、对外交流合作、学生服务等工作的目标任务、工作标准、工作流程、工作方式等；学院人事制度，涉及教职工岗位职责、任职资格、招聘、晋升、培训、考核、薪酬、福利、流动、退出等一系列问题；学院奖惩制度，涉及员工表彰、奖励以及批评、处罚等。完善的学院制度，既是学院各项工作正常、有序运行和提高工作、管理效率的保证，也是保障各项工作安全、人员安全以及建立公平、公正良好环境的要求。中国地质大学（北京）副校长王训练在接受访谈时指出："制度建设可以说太重要了！在制度建设方面，一是要做到有法可依，二是制度要首先管理院长自己，最赖的制度就是只管老百姓的。如果是这样的制度，可能比没有制度还要糟糕。"

（4）学院制度的贯彻执行是"依法治院"的关键。任何法律、制度，如果只是停留于纸面而不在实际中贯彻落实，都是没有用的。作为院长，在制定制度以后，需要下大力气抓制度的落实和执行。院长要贯彻在制度面前人人平等和"有法必依"的原则，带头做好制度的执行工作。无论院长自己还是院领导班子其他成员，都必须自觉维护制度的权威性，违反了制度就要甘愿受到惩罚，依此对教职工起到模范示范作用。久而久之，学院就会形成遵守法律、遵守制度的良好环境，这对于学院的健康发展是十分重要的。

中国地质大学（北京）经济管理学院院长安海忠在访谈中关于制度建设的观点颇有启发性，他指出："我的经验就是实施制度管理，用制度、流程来节省解决大量琐碎事务的时间。当然，在制度形成阶段，要充分发扬民主，大家一起来参与制定制度，大家可以在制定过程中争吵，但一旦制度经过民主程序确定下来，无论谁都要按照制度办事，严格执行。尽管开始严格执行制度会得罪一部分人，但大家习惯了就好了，这样做的结果总体上反而可以少得罪人，也使得管理工作简单化了。学院必须通过制度去平衡各种关系，否则院长每天都会面临各种人情、关系，没有制度或者不按照制度执行，必然就会出现混乱，最终影响学院的工作。"

五、政策体系设计与实施

狭义的政策概念是指国家政权机关、政党组织和其他社会政治集团为了实现自己所代表的阶级、阶层的利益与意志，以权威形式标准化地规定在一定的历史时期内，应该达到的奋斗目标、遵循的行动原则、完成的明确任务、实行的工作方式、采取的一般步骤和具体措施。广义的政策概念，是指社会一切组织为了实现自身目标而制定的方针、措施、规定等。因此，从广义的政策概念来讲，高校的学院为了指导学院各项事业和工作开展，调节员工群体之间的利益关系，也可以制定相应的政策。政策一般可以划分为宏观政策和具体政策，宏观政策一般只确定大的方针、原则、目标等，具体政策是在宏观政策指导下，限于一定时空范围的政策，对人们行为的指导力、调节力、约束力更强。在高校学院层面，政策类型很多，现就以下六种类型进行分析：

（一）学科建设方面的政策

学科建设对于高校发展具有重要的引领作用和基础作用，不少知名高校都把学科建设比作学校发展的“龙头”。学科建设的基本要素主要有五个：一是学科定位，即确定要发展的学科以及主要的学科方向；二是学科团队，即建立由学科带头人带领、学术骨干支撑的学科梯队；三是学科平台，即支撑学科发展的硕士点、博士点、实验室、研究基地、研究中心、学术交流平台等；四是科研项目，是指符合学科方向的校院自设科研项目和国家基金等纵向、横向科研项目；五是学科环境，是指有利于学科发展的制度环境和文化环境。

作为学院，往往涵盖一至多个学科，每个学科又会选择几个方向，这就需要确定哪个学科是重点，哪个学科方向是重点，这就有一个政策倾向问题。对于重点学科、重点学科方向，在政策上通常会投入更多的人才、资金、设施，并给予更多招生指标、国内外学术交流机会等，而对于其他学科或学科方向，则可能会有选择地出台一定的扶持政策。一般学科建设方面涉及的政策包括：人才引进政策、人才评选与奖励政策、科研支持与奖励政策、学位点建设政策、实验室建设政策、国内外交流与合作政策等。

（二）教育教学方面的政策

教育教学是实现高校人才培养首要功能的主体工作和核心任务，因此，有关教育教学方面的政策始终是高校、学院政策制定中的重点之一。教育教学方面的政策是以培养高质量人才为核心目标，体现在师资队伍建设；课程改革；教材改革；实验室建设；产学研基地建设；国内外交流平台建设；“第二课堂”与综合素质培养；专业评估与专业认证等方面。

过去的一段时期，在我国高校曾普遍出现了重科研、轻教学的倾向，致使在人才培养质量，尤其是本科人才培养质量受到一定程度的影响。近年来，随着教育部启动新一轮专业评估，强化专业基本建设和人才培养质量，高校将会逐步转变重科研、轻教学的现象。教育部的办学导向，必将推动高校在政策上更加向教育教学和人才培养方面倾斜。

作为学院，为了实现科研学术与教育教学的均衡发展，就需要出台更加有效的政策，以促进教育教学改革深入开展，人才培养工作更加向重视质量的方向发展。所谓更加有效的政策，就是真正能够触动各专业发展利益的政策，就是真正能够触动教师利益的政策。比如获得省部级教学成果奖、精品课程或获得省部级教学名师称号，在职称评审中给予充分体现；对于在全国专业评估中获得优良成绩的，除了拨出专项建设资金持续资助专业建设，还要奖励该专业负责人和专业骨干教师；优先资助专业负责人和专业骨干教师出国进修或做访问学者等。要努力使广大教师感到，在教学和人才培养上投入了精力、出了成果，同在科研学术上投入了精力、出了成果具有同等价值。

（三）科研学术方面的政策

诚然，高校除了人才培养的功能，还有创新知识的功能。如果一所高校，仅具有传播知识功能而无创新知识的功能，那么高校也不可能培养出优秀的人才。作为高校的教师，应该始终参与科研和学术研究，密切关注学科前沿，并努力在某一学科方向上有所造诣或起到引领作用。随着知识经济时代的到来，高校越来越成为社会的中心，这就要求高校必须利用自身的人才与设施等资源优势，进入科研创新的前沿地带，成为知识创新和知识传播的中心。在国家资助的基金项目中，高校占据绝对的优势；在发表的 SCI/SSCI 论文中，高校同样占绝对优势；在国家设置的高级别科学技术奖励中，高校越来越占有重要地位。

高校除了通过科学研究创新知识的贡献，将创新的知识用于人才培养，从而促进人才培养质量的提高，也是一大贡献。一方面是知识直接用于课堂，另一方面是通过让学生参与科研与学术研究，本身就可以培养具有科研创新素质的人才。因此，在科研学术研究方面，作为学院应该出台必要的政策予以支持和激励。

学院在科研学术研究方面的政策一般包括：①设置科研项目获得奖，以鼓励、表彰那些经过艰苦努力而获得省部级以上基金项目的教师；②设置科研成果奖，包括对于获得国家级、省部级、校级等不同级别奖励者（或团队）的再奖励；③设置中青年科研项目预研资助基金，以培养、提升中青年教师申报国家基金项目、省部级基金项目的能力；④设置高水平论文发表奖，对于发表重要国内外期刊（如国际 SCI/SSCI 论文、教育部公布的国内 A 刊论文等）的奖励；⑤设置出版学术专著奖，对于基于重要科研项目成果的学术著作予以奖励；⑥资助教师参加国内外重要学术会议并作为大会发言者；⑦在职称评审中体现科研项目和科研成果的价值。

当然，在科研学术奖励方面，国家或社会机构等设奖单位、学校都会出台相应的科研奖励政策，学院通常只是作为这方面政策的补充和加强。因此，学院在设置科研学术奖励政策时，应该考虑实际的效果和奖励的公平性、合理性问题，

因为许多奖励属于重复性奖励。另外需要考虑的，就是设置的奖励项目和额度需要动态调整，对于学院急缺的、需要加强的、高水平的项目和获奖，学院需要适当加大奖励力度，而对于教师普遍都能够获得、数量多而水平不是很高的项目，应该逐步减少甚至停止奖励。

（四）岗位聘任方面的政策

职称评审和岗位聘任，既关系到高校师资队伍建设的质量，也关系到教师自身在高校中的地位及其切身利益，因此各高校均十分重视教师职称评审和岗位聘任工作。职称评审和岗位聘任既可以统一进行，也可以采取评聘分开的方式进行，目前各高校大多采取统一进行的方式。职称评审和岗位聘任的政策设计需要考虑多种因素，如指标数量和岗位职数、岗位职责、任职条件、评审标准、评审程序、聘任程序以及评审委员会、聘任委员会构成等。

在职称评审和岗位聘任方面，各高校情况不尽相同。有的高校完全是在学校层面操作，政策完全由学校掌握；而有的高校，会下放部分权力给学院。比如，在有的高校，学校层面设职称评审委员会（大评委）和学科组（小评委），学院层面设立学院职称评审委员会（或以学院学术委员会代替），学院职称评审委员会对本院教师通常只有初步的审核权、推荐权和排位权。还有的高校，把指标下放给学院，由学院根据自身学科建设、人才培养、科研学术的实际情况，并参照学校的职称评审标准进行评审、推荐。无论哪种情况，学院都需要严格执行学校相关政策和评审标准，执行规定的评审程序，而不能随意变通，否则会出现很多矛盾和纠纷。然而如果学院确实需要体现本院在学科建设、人才培养和科研学术方面的实际情况和客观要求，也可以在全面调研和广泛民主讨论的基础上，出台本学院的一些政策，但这些政策必须要同学校的相关政策相一致，而不能发生矛盾，否则就容易引起矛盾和纠纷。一些学院采用了允许“低职高聘”的做法，部分优秀的讲师可以聘为副教授岗，优秀的副教授可以聘为教授岗，享受学院相应的待遇。还有一些学院力度更大，对于部分在一个任期内或连续两个任期内未完成任务指标的教师，实行“高职低聘”或者转岗。

在政策设计方面，矛盾比较突出的是科研成果与教学成果的平衡问题；SCI/SSCI 检索期刊与国内重要学术期刊之间的平衡问题；学术著作与教材以及论文之间的平衡问题；纵向课题与横向课题的平衡问题；年轻教师和中老年教师的平衡问题等。这方面的政策设计相当复杂，需要进行广泛深入的调研和讨论，从而达成共识。但总的指导思想是：坚持效率优先兼顾公平的原则；有利于学院学科建设、人才培养和科研学术等整体水平提高的原则；有利于学院优秀人才脱颖而出并持续发挥作用的原则；有利于激发教师队伍活力和增强竞争力的原则；有利于教师队伍结构优化和整体稳定的原则。

（五）学习培训方面的政策

学习培训是提高教师学术水平和业务素质的重要途径。随着知识化社会和互联网时代的到来，知识更新、知识传播的速度日益加快。作为处于科研学术研究和人才培养前沿的高校教师，必须通过不断学习、创新才能适应新的形势要求。学习培训的形式和途径多种多样，如参加各学科全国教指委主办的教师培训班，参加全国知名高校组织的教师培训班，出国进修或做访问学者，组织到兄弟院校考察学习交流，学院内部举办教师学术交流会、教学研讨会，学院邀请国内外知名学者来院做学术讲座等。作为院长应该高度重视教师学习培训，要出台相应的政策、提供充足的资金和必要的时间（如学术假等）支持教师学习培训。

近年来，一些全国知名高校的学院，在支持年轻教师出国进修、组织国内外学术会议、常态化邀请国内外专家做学术讲座以及参加全国性学术研讨会方面的力度相当大，这在激发教师学术活力、营造学院学术氛围、提升教师学术水平方面起到了非常大的作用。

（六）岗位薪酬方面的政策

高校作为事业单位，目前普遍采用了岗位绩效薪酬制度，这对于保障教师合法权益和稳定教师队伍起到了重要作用。但是各校在实际操作过程中存在较大的差异性，突出表现在一些高校出于追求稳定与和谐的考虑，形成了“吃大锅饭”、干好干坏无显著差异的状况。比如无论教师是否在任期内或年度内满工作量要求，都按照合格或称职兑现薪酬；即使拿不到绩效奖励工资，差距也很小。这样的结果，不仅不能有效触动那些工作考核不合格的教师，也在一定程度上影响了优秀教师的积极性。从学院实际情况看，即使有的教师工作不称职、考核不合格，也不能推给校人事部门处理。另外，由于学院学科、专业的动态调整，使得有些教师没有课上或没有研究生可带，这势必会造成部分教师工作量不饱满。因此，出现教师工作量不饱满、考核不合格，并非完全属于教师自身的责任。这就需要学院和学校认真细致、统筹地考虑此类问题，以求合理妥善地予以解决。

目前在学院薪酬制度方面还存在一个问题，就是在绩效奖励工资部分，往往存在科研成果突出的教师同一般教师，特别是以教学为主的教师之间的利益冲突。这些年来，由于全国性的高校排位、学科评估往往看重科研成果，而相对轻

视教学，造成了学校、学院在绩效奖励方面，更加重视科研成果（论文、项目、获奖），导致一般教师尤其是以教学为主的教师在绩效奖励上的差距，从而产生被边缘化的失落感和不公平感。因此，作为院长，应该适当平衡教学与科研之间的关系，既要重视科研学术成果的价值，也要重视教学成果以及学院其他工作成果的价值。

第七章 院长的基本业务工作

作为院长，业务工作千头万绪，其中学科建设及其所辐射的人才培养、科学研究和社会服务是最基本的业务工作，必须扎扎实实抓好。

一、学科建设

学科建设作为引领学院发展的“龙头”，为学院开展人才培养和科研学术指明了方向、奠定了基础，是院长业务工作的重中之重。学科建设围绕学科定位、学科团队、学科平台、科研项目、学科环境五大要素展开，最终目标是形成特色鲜明、具有创新活力和竞争力的优势学科或学科群，产出高水平科研学术成果，培养更多更好的优秀人才。

（一）学科的内涵

究竟什么是学科？学科与专业到底有何不同？其实许多人并非很清楚。对此，中国地质大学（北京）副校长、水资源与环境学院原院长万力在接受访谈中给出了比较全面的阐释。他指出：“每位校长都会说‘学科立校’或‘学科强校’，但许多人并没有真正理解学科的内涵。如果学科的内涵理不清，那就当不好校长，也当不好院长。”

万力指出：首先要区分学科与专业，“学科本身是以知识体系分类的，学科是知识创新体系，解决的是人类未解之谜”，而专业是围绕培养什么样的人才，两者不能画等号。“学科的特点：有特定的研究对象，特定的研究方法，特定的理论体系。学科具有稳定性、可比性和发展性。学科不因国家不同而不同，美国、中国都一样。所谓发展性，就是学科自身有个不断发展、不断积累的过程”。“专业的特点有三大体系：一是有培养目标，大学就是要为社会培养所需要的人才；二是要有完整的课程体系；三是有一批师资。作为专业，各个国家可以不

同。比如我们强调培养社会主义革命和建设接班人，而在美国是找不到这种提法的”。

万力认为：“学科建设就是要形成三个成果：一是创造科研成果、进行知识积累；二是培养高水平人才，培养的学生能够创新；三是把师资水平提升上去。作为高校、学院，实验室、几间房子等硬件并非最重要的，更重要的还是拥有一批大师级人才。当年西南联大论条件肯定不行，但却出了一批大师。那么怎样才能做到呢？一是院长自己的学术水平要高。在选拔院长时，一定要选拔在国内外具有很高学术影响力的人。如果院长在学术界没什么名气，那么可以想象，也就不可能建设一流学院。校长什么水平，学校就什么水平；同样，院长什么水平，学院就什么水平。能够引进世界一流学者当院长，才能把所在的学院和学科带入世界一流。院长就是要考虑学科建设的重大事情，而不能成为一个打杂的。学院院长最基本的角色定位就是要引领学科建设，并围绕学科建设制定适宜的方针政策。二是对内要有很高的威信。威信一方面来自学术水平，另一方面来自人品，两者缺一不可。”

那么学科建设与专业建设是什么关系呢？赵鹏大院士认为：“学科建设是一项系统性强的工作，涉及人才培养、科学研究、社会服务、国际学术交流与合作，这些都与学科建设有关。”也就是说，高校的学科建设与人才培养、社会服务等是相互交织在一起的。白中科院长认为，学科建设与专业建设的关系可以表述为：“学科建设是龙头，专业建设是基础。没有一级学科的专业建设，专业迟早要被淘汰，教师发展到一定程度后，必然受到没有一级学科的困扰；反过来，没有专业建设的学科发展，迟早要落伍。”万力认为，高校的学科建设同专业建设、人才培养存在密切的关系，特别是在博士、硕士研究生教育方面。

西交利物浦大学执行校长、英国利物浦大学副校长席西民教授认为：“在学科建设问题上，有些人喜欢把学科建设与人才培养割裂开来，把育人和科研完全分开。对于学科来说，它必定是要关注未来社会、经济、科技以及人的发展的；同样，作为教育也一样，它也必须关注未来社会的需要、关注人的发展。所以我认为，从深层次上看，两者是统一的。”

（二）学科建设是一项系统工程

学科建设是一项系统工程，涉及学科定位、学科团队、学科平台、科研项目、学科环境等各方面的建设，其结果是形成一个相互支撑、相互协同促进的有机体系。

安海忠院长在接受访谈时指出："一个学院的核心竞争力是什么？学校之间、学院之间竞争力的高低关键表现在五个指标上：一是人才，没有人才就什么也没有；二是项目，包括国家基金等高水平项目；三是科研获奖，包括国家级、省部级奖励；四是平台，如省部级重点实验室、博士点等；五是论文，包括国际 SCI/SSCI 论文及国内高水平论文。这是全国高校和学院在学科竞争方面的五大指标。"

白中科在接受访谈时指出："作为院长，在学科建设上要强化'五学'的理念，即'学校、学科、学子、学报、学会'。第一是学校，学院的学科定位、学科发展要依托学校的基础、优势和特色，这样自身才能形成特色和优势。第二是学科，教师和学生都要依托学科发展，抓学科建设是院长的核心工作。第三是学子，学子包括教师和学生，他们都需要培养，都需要成长。培养学生成长、成才是学院的根本任务。学院所做的一切工作，都应该主要围绕学生培养而展开。第四是学报，学院的学科发展也要依托相应的学报。第五是学会，学院的学科发展也要依托学会。教师的发展必须要和学会结合，学会是一个很好的学术平台。"

王永贵院长在接受访谈时指出："学科建设涉及人才培养、科学研究、智库服务、师资队伍、文化传承、国际化六大要素。我的基本思路就是'学习国际先进，立足本土特色'。要围绕一条主线：愿景、战略、特色和优势。没有与国内外同行相比的特色和优势，学院是不可能成为一流的。对于教师来说，就是要发挥特长，分类管理，要聚焦特色，集合资源，构建学科团队。"

余际从在访谈中指出，在学科建设上有三个方面是最重要的："一是要有高质量的学术队伍，二是要有正确的学科方向、学科定位，三是要有好的学术平台。"

张新民、毛基业、张维、欧名豪、丁日佳、尚元君院长、魏农建、郑晓齐等都从不同侧面阐述了学科建设各要素的重要性。张新民认为，学科建设的关键之一是人才建设问题，而人才建设一是靠内部培养，二是靠外部人才引进；学科建设的关键之二是机制建设问题，任何激励机制必须得到学校人力资源制度和财务制度的支持才会真正有效。毛基业认为："学科建设的核心一是人才建设，二是学科发展方向的规划和制度建设。"张维认为，学科建设涉及学科如何定位、如何布局以及资源如何分配的问题，特别是在学科资源分配上，如何做到公平合理非常重要。欧名豪院长认为：作为学科建设，首先，就是学科如何定位的问题；其次，就是如何来培育自己学科的特色和优势；最后，"关键还是学科梯队或人才队伍建设问题”。丁日佳院长认为：“对于学科建设来说，我认为最核心的问题是师资队伍、人才队伍建设问题。尤其是学科带头人，如果没有学科带头人，恐怕要发展一个学科很难。”尚元君院长指出：“学科建设的关键是人和制度，或者说用什么样的人和这些人组成的环境，围绕着学科建设目标去做事。现在搞学科评估，这条那条都要落实到指标上，而指标最终要落实到人上。我的基本理念是：按照目标搞建设，对照目标找差距，想尽一切办法解决问题。”魏农建院长认为，“在学科建设过程中，我认为应该是两条腿走路：一条腿是你对学生的培养要非常的清醒。要根据社会的要求，根据社会发展趋势，选择培养的方式。”“学科建设的第二个问题，就是科研学术少不了。所谓的学术，就是研究规律性的东西。如果对于专业方面的规律性的东西你不把握，对发展趋势你不把握，那么你教导的学生就变成一个单纯的经验的承受者，而不是一个创新者，或者就不具备创新的能力”。郑晓齐院长认为，重点学科确定下来以后，就要鼓励其他学科老师尽力向重点学科靠近，当然有些年纪大的教师，去靠重点学科有难度，那也不要勉强，搞好教学、人才培养也好。

从以上院长对于学科建设的阐述中，可以认为，学科建设涉及五大要素，即学科定位、学科团队、学科平台、科研项目和学科环境。为了深入把握好学科建设的五大要素，下面分别予以阐述（科研项目这一要素放在科研工作部分阐述）：

1. 学科定位

鉴于环境、条件的有限性，一所学院不可能什么学科都搞、什么学科方向都要“伸手”。这就是人们常说的一句话：“要有所为，有所不为。”即使国际上的知名大学，在学科布局上也不可能采用通吃的路线。

首先是定位学科。作为学院，要发展什么学科，需要考虑几个因素。一是原有学科基础，如果学院具有某个学科发展的基础，如相关师资、相关研究基础、相关学位点等，那么要发展这一学科会比较容易；相反，如果没有一定的学科基础而从头起步，发展起来就很困难。二是学校学科布局，学校在学科发展规划中对学科发展的整体布局是学院学科定位的重要参考，如理学类学科、工学类学科、人文社科类学科的总体结构，哪些属于重点学科，哪些属于非重点学科等，只有把握好学校的整体学科布局，才能使学院的学科定位建立在可靠的基础上。三是社会前景，是指在学科定位时要考虑学科未来的社会需求和发展前景，比如一些新兴、交叉学科就可能有着更大的社会需求和未来前景。因此，在保持传统学科优势的基础上，要力求抓住机遇积极发展新兴、交叉学科。四是竞争状况，是指学科定位要考虑国内外高校、科研机构在学科发展上的竞争状况，如果在调研过程中发现本学院在相关学科上毫无特色和竞争优势，那么其发展就很难。五是环境条件，是指学校、学院是否有支持本学科发展的环境条件，如果在平台、资金、政策、组织等各方面缺乏支持，那么学院要发展某个学科几乎是不可能的。

张维主任指出：学科定位需要考虑三个要素："其一，就是你要有历史的传承，学科发展是一个长期积淀的过程，不是一蹴而就的事情。其二，要有学科生态环境的支撑。就是说，一个学科方向怎么样，不是独立的，它是依赖于其他相关学科的支撑。其三，要符合学术发展的前沿要求，以及顺应国家、社会的需求。"

欧名豪院长认为，"关于学科建设，我想首先就是学科如何定位的问题。学院的学科发展必须依据本学科在学校整体学科中的定位去考虑、去规划。其次，就是如何来培育自己学校的特色和优势。因为只有特色发展，错位发展，才可能形成优势。对于学科发展来说，可能在自己优势或特色方面会做出优势，所以对于各个学科领域，我们会有所为，有所不为"。

赵鹏大院士在接受访谈时从战略高度谈了其抓学科建设的经验和体会。"我当校长的时候，正是在'211'工程建设开始前夕，我就想把学科建设作为最重要的、基本工作去抓。我当时提出了'八字方针'，即'联合、交叉、前沿、急需'。联合，就是组建学科群，联合建设，强强联合，优势互补。交叉，就是不同学科之间进行交叉，比如地学与数学交叉，就形成了数学地质。交叉可以产生创新，使相关学科之间更加协调，使学科群产生新方向、新的增长点。前沿，就是考虑国际学术界发展趋势，瞄准前沿，不能落后，引领学科发展。究竟哪些问题可以作为学科问题去研究，需要对学科进行引导。急需，就是考虑国家急需、社会发展、人类生存急需。这就是学科建设的'八字方针'。一所学校要想成为很强势、很有竞争力的学校，应以一流学科为支撑，要有数一数二的学科为支撑。要保证一流，就要在国内保持先进性，在国际上也拿得出手。这样的学科，对于学院也好，大学也好，就是要有自己的特色、优势和竞争力。对于学科建设，也要有所得，有所失。有所失，才能有所得。对于没有发展前途的学科，该放就放。"

2. 定位学科方向

通常在一个学科平台上，会有多个学科方向。比如工商管理一级学科，就有企业管理、会计学、旅游管理、技术经济学四个二级学科，还可以根据本校特色和优势确立本学科研究方向。比如，学校在人力资源管理方面师资力量雄厚，就可以重点发展人力资源管理方向；学校在财务管理方面研究成果突出，就可以重点发展财务管理方向；等等。定位学科方向需要考虑的因素包括：既往的研究成果所属的研究方向；师资团队的力量；研究方向的特色；研究方向的社会前景；研究方向的竞争状况；研究方向的实验研究条件和平台等。一个学科上的研究方向，通常在三至五个，既不能太宽，也不能过窄。

北京师范大学经济管理学院院长赖德胜在接受笔者访谈中指出："对于学科建设来说，一定要发挥各学校、学院的传统特色和优势。北京师范大学是搞教育起家的，就要发挥教育方面的优势和特色，而我们学院就把教育经济、教育管理作为学科特色。在北京，如果只是搞一般的学科建设，像我们这样的学院多你一个不多，少你一个不少，也就是说可有可无。但如果提到教育，就一定会想到北京师范大学；正像一提到地勘、矿业就会想到中国地质大学一样，搞地勘、矿业就找中国地质大学。所以特色很重要，最好的大学，比如北京大学、清华大学可以不要特色，但除此以外的高校，没有特色就难以生存。"

北京林业大学经济管理学院院长陈建成在接受笔者访谈中也谈了自己在抓学科方面的做法，他指出，学院的学科建设一直强调以"横向通，纵向兴"为原则，具体是指在学科发展上，既要遵循学科发展的一般规律，把握学科发展的一般要求，做到"横向通"，以便于与学科同行交流、比较，同时又要与学校、学院的特色相结合，培育学科特色，形成学科优势。比如，对于学院的统计学科来说，就是要在统计学科本身基础上结合学校特色，发展"林业统计，绿色核算"，这就充分贯彻了"横向通，纵向兴"的思想。

欧名豪院长在接受访谈时指出："特色可以是整个学科方向的特色，也可以是某个方向里面的一些领域上的特色。当然，特色不等于优势，只有把特色做强了，做出影响了，做出精品了，那才可能形成自己的优势。对于我们这些行业性特色比较鲜明的学校来说，我觉得要发展学科优势，除了考虑自己的队伍等因素，还有就是如何与学校的优势更好结合的问题。比如我们南京农业大学的公共管理学科，当然就是以土地问题的研究作为我们最大的优势。此外，我们经常说学科真正要做出影响，那就要既有特色，又要入主流。所谓入主流，就是指你的研究、你的方法、你的教育理念等等，必须与这个学科主流结合在一起。"

李俊清、王永贵、白中科、樊太亮、刘银喜等均结合自身经验谈到了学科特色建设的重要性。

3. 学科带头人与学科团队

学科带头人是学科立足与发展的关键，学科团队是学科发展最主要的支撑。一所学院，如果具有几位具有影响力的学科带头人，通常这所学院的学科建设会在高水平上运行，其带领的学科团队一般会在学科领域内产生较大影响力。一些知名高校、知名学院都把培养和引进学科带头人作为学科振兴和保持核心竞争力的关键举措。如果一所学院缺乏学科带头人，往往会导致年轻教师成长缓慢、学科发展受阻的结果。

但是，如果仅有学科带头人，而没有相应的支撑团队，也难以保证学科的可持续发展。学科团队的成员数量、结构、质量、领导方式、开放性等对于学科发展具有重要影响。王训练副校长指出："对于学科建设来说，一是要有拔尖人才，拔尖人才的选拔、培养最为重要，但拔尖人才的选拔、培养必须要通过竞争来完成。对于拔尖人才，除了自己内部选拔培养，也需要从外部招聘，调动一些拔尖人才来充实学科队伍。二是为拔尖人才培养、配备团队，每个拔尖人才都要有个小的团队以及实验场所、实验设施、实验工具。"

首先，从学科团队的数量看，一个学科起码需要十几位教师，每个研究方向起码需要三位具有高级职称的教师。所以，要发展一个学科，在教师队伍上需要达到这样一个基本配置的数量。在这方面，学校应该给予学院必要的支持，除非学校认为没有必要设置这一学科。如果在学科评估中因为师资基本配置达不到要求，这就不完全属于学院的责任。

其次，从学科团队的结构看，在纵向上要有学科带头人、学术骨干和一般教师组成的梯队，横向上要有不同研究方向、研究兴趣、研究能力和知识经验背景的教师组合。优秀的学科带头人对于学科发展是一个关键性因素，正是由于学科带头人的作用，会带动这一学科的全面、快速发展。优秀的学科带头人，除了其本人具有优异的科研学术能力，还能够为整个学科团队指引发展方向、规划目标途径，帮助团队成员确立各自研究方向，指导团队成员进行科研学术活动，协调团队成员之间的合作与知识共享。

在学科团队结构方面，异质性是一个重要因素，许多学者研究表明，团队成员在知识、信息、能力等方面的异质性，有利于科研团队的创新绩效。

再次，从团队领导方式看，研究表明，共享式领导更有利于团队成员分享知识、分享信息以及合作，也避免了团队异质性的负面作用。所以，在学科团队构

建和引进学科带头人过程中应该注意到这一因素的作用。一个学科团队的质量，不能仅从单个成员的角度看，更要从成员有效协同配合的角度去看。

最后，是学科团队的开放性和跨界。研究表明，如果学科团队能够保持一定的开放性，成员可以根据需要动态调整，将会提升学科团队的活力和创新能力。研究还表明，如果团队成员能够合理利用跨界合作的方式，可能更有利于学科团队取得创新绩效和突破。

白中科、欧名豪、安海忠、王永贵等都谈到了学科团队建设的重要性，其中白中科的观点比较有代表性。白中科在访谈中指出，学院要特别注重学科团队建设。“院长作为学科带头人在领导一个学术团队时，首先必须要有一颗包容之心，其次还要有无私的精神。就团队发展而言，在论文发表、科研成果分享、经费分配等方面，要将有利于年轻人发展和与其切身利益相关的方面放在首位。一个人虽然走得快，但走不远，学院发展必须要依靠团队的力量。团队建设非常关键的是调动大家的积极性，团队的负责人和学术带头人一定要有胸怀。”

4. 学科平台

学科平台一般是指学科建设所需要的科研实验室、人文社科研究基地、工程技术研究中心以及博士点、硕士点、博士后流动站等。学科平台是学科团队进行科研学术、人才培养的基地，通过学科平台的作用，不仅使得每位学科团队的成员发挥出自己的研究、创新才能，而且可以使得学科团队的力量得以整合，创造出更多、更大的科研学术成果，培养出更多、更好的人才。

作为院长，应该充分认识创建学科平台的重要性，投入时间和精力、采取有效措施去整合资金、空间、设备、数据信息等资源，从而创建能够支撑学科发展的实验室、研究基地、研究中心以及博士点、硕士点等。学科平台有院级、校级、省部级、国家级等不同层级，还有与企业或相关研究机构合作建立的学科平台。如果能够创建省部级、国家级重点实验室、研究基地、研究中心等学科平台，那么其整合学科资源的能力就会大大提升，科研学术产出和人才培养都会上一个大的台阶。有了这样的学科平台，本学科吸引高层次人才的能力，以及整合资源申报高层次项目的能力也都会提升，从而进一步促进学科的良性发展。

安海忠院长非常重视学科平台建设，在其参与推动下，学院管理科学与工程、应用经济学两个博士点和管理科学与工程博士后流动站建设不断取得进展，同国土资源经济研究院共建的国土资源部“资源环境承载力重点实验室”取得显著成效，多次承办、协办“6+2”资源型行业高校学术论坛以及亚洲区域经济学会论坛等，扩大了同兄弟院校的学术交流与合作，等等。

白中科院长在接受访谈时指出，“作为院长，精心研判学院的学科定位、创建、搭建学科平台和建设学科团队是最重要的工作。在人才建设和平台建设的实践中，我逐步认识到，学院发展的路径，有时需要先通过人才引进，靠人才争取到平台；有时需要先建平台，吸引更多的年轻才俊，再争取更大的平台、培养更多的人才”。

5. 学科环境

学科研究既需要有利的物质环境，更需要有利的制度环境和文化环境。从物质环境看，除了实验室及其软硬件设备，还包括教师以及博士生、硕士生参与研究与交流的场所环境以及设备条件等。尽管这些年来，不少名校大大改善了办学及科研的物质环境，但仍然有很多高校在物质环境上不够完善。比如受空间制约，不少学院的教授、博士生导师办公室极其狭小甚至没有独立的办公室，博士们往往十几个人共用一间拥挤的研究室。这样的物质条件和物质环境，已经影响到学科建设的正常开展，需要尽快改善。

另外，更重要的是制度环境和文化环境。目前有不少教师包括学科带头人反映，其所在高校的制度环境和文化环境不够理想，制约了学科建设的开展。作为学院院长就是要牵头梳理学院既往的制度体系，哪些是不利于学科建设的，哪些制度还需要补充、完善，都需要通过梳理、调研搞清楚，在此基础上去补充、修改、完善与学科建设相关的制度体系。在文化环境方面，同样需要对既往的学院文化进行分析、评估，是否存在不利于学科创新、发展的价值观念、思维方式。作为院长，就是要倡导一种健康向上、有序竞争、开放合作的学术文化，使得广大教师能够潜心研究和教学工作，并乐此不疲。王训练认为：“作为院长不能完全按照自己的好恶，甚至为了扶持自己而打击别的学科，这不是一个好的院长。每个人都希望自己学科得到发展，作为院长，就应该去努力促进建立一个科学的学科布局，就应该为大家提供一个公平的学科竞争环境。”在这里，他所说的“公平的学科竞争环境”实际上就是指良好的制度环境和文化环境。

二、人才培养工作

人才培养是高校及其学院的基本职能和核心职能。作为院长，始终都应该把教育教学、人才培养作为核心工作去抓。

（一）人才培养是高校的本质职能

2018 年 6 月 21 日，教育部部长陈宝生同志在成都召开的全国高等学校本科教育工作会议上指出：“人才培养是大学的本质职能，本科教育是大学的根和本，在高等教育中是具有战略地位的教育。”尽管高校的职能包括人才培养、科学研究和社会服务等，但核心职能、本质职能是人才培养。笔者曾就人才培养、科学研究和社会服务三大职能之间的关系，访谈了全国二十余位高校校领导、二级学院院长等专家、学者，他们毫无例外地把人才培养作为三大职能的首要职能或核心职能。然而这些年来，不得不承认，高校在坚守人才培养核心职能或本质职能方面弱化了。虽然不能不承认科研和知识创新也是高校的重要职能，特别是对于培养高层次创新型人才而言，科研必不可少，但如果将科研置于人才培养之上，甚至完全脱离人才培养独立发展，那就偏离了高校的本质。

笔者专门访谈了中国地质大学（北京）主管本科教育的原副校长张汉凯教授。他指出，“陈宝生部长曾在讲话中强调了本科教育的重要性，提出高校要‘以本为本’，以人才培养为核心。可惜我们许多学校领导者长期没有这种意识，致使本科教育被弱化、本科教育质量被弱化，其对学校造成的潜在负面影响是不可估量的。我记得武汉大学一位教授曾经讲到，有一位著名高校毕业的高才生，毕业后出家当了和尚，还美其名曰‘当和尚也要高素质的人’。也有毕业后卖猪肉的等。我不知道大家怎么看待这一现象，我是感觉不容乐观。改革开放四十年来，我们取得了很大成就，但是像‘毒疫苗’问题、‘黄赌毒’问题、腐败问题却是屡禁不止，这些虽然不能全部归为教育问题，但教育上确实是存在问题的，是有一定责任的”。

张汉凯认为，目前高等教育存在的问题比较多，比如对于坚持社会主义办学方向与弘扬“独立精神、自由思想，真正回归教育本质”的关系，还没有处理好；加强中央及其主管部门对高校的宏观指导与监督管理与落实高校办学自主权的关系，还没有处理好；坚持高教一般规律与充分体现“百花齐放”精神，凝练各校特色、优势的关系，还没有处理好；人才培养与科学研究的关系，还没有处理好；在高校管理干部配备上没有充分考虑对高教规律、高教管理规律的遵循等。因此，要落实高校人才培养的核心地位，就需要首先形成四个理念：“教学工作的中心地位”“本科教育的基础地位”“教学改革是主旋律”“教育质量是永恒主题”。在此基础上，还需要做实实在在的工作。

（二）人才培养的实现途径

人才培养以教育教学为基本实现途径，通过师资队伍建设、课程建设与改革、教材建设、实验室建设、产学研基地建设、国内外交流平台建设、“第二课堂”与综合素质培养等实现高水平人才培养目标。

1. 培养目标定位

在谈论人才培养的时候，首先需要探讨的就是培养什么样的人才，也就是说人才培养的目标定位。作为学院院长，就需要结合社会现实和未来趋势、所在高校及所在学院的层次、特色优势、目标定位以及学生群体情况、学生个性诉求等综合考虑人才培养的目标定位。赵鹏大院士在接受访谈时指出，作为校长或者院长，都应该有一套先进的教育思想，并以此来指导学校的人才培养工作。针对中国地质大学的人才培养目标，他曾提出“五强人才”标准。“一是爱国心强和责任感强。我不要求所有人都有共产主义思想，但起码对国家、对老百姓有责任感。二是基础理论强。数理化、天地生，包括人文社科类基础理论知识要扎实，这样才有发展后劲、发展潜力，基础一定要打牢。三是创新能力强。四是计算机与外语能力强。我当时提出的很具体，现在也很重要，大数据时代、信息时代，国际交往能力强，就要求外语能力强。五是管理能力强。不能只是智商高，情商也要高。管理好别人，就需要管理能力、沟通能力强”。

北京大学原副校长陈十一认为，作为一流大学的人才培养目标，不能定位于直接就业的能力，而是应该定位于“敢于去冒险、敢于去做大事情”的创新型人才。[①] 中国科学技术大学副校长、中国科学院院士潘建伟教授认为，作为中国科学技术大学的工科学生，其培养目标定位应该是“红专并进，理实交融”[②]。已卸任清华大学经济与管理学院院长的钱颖一教授则认为，作为本科教育必须坚持通识教育与个性发展相结合。通识教育包括价值观塑造、能力培养和人类核心知识获取“三位一体”，在此基础上创造一种环境使得杰出人才能够脱颖而出。[③] 清华大学经济与管理学院 MBA 的培养目标则定位于培养“世界级商业领袖”，而在一般高校商学院是很难提出这样的人才培养目标的。对外经济贸易大学副校长张新民教授在接受访谈时指出：“作为本科教育更多强调通识教育、强调教授为本科生上课等，但在中国现行情况下，就业导向对于很多高校也是有意义的。这就是说，通识教育与就业教育要兼顾。本科生前三年要有相当程度的通识教

①②③ 黄达人等．大学的根本［M］．北京：商务印书馆，2015.

育，但是到第四年，就业教育就是必要的，尤其对于经管学科，就更是如此。”总之，高校的层次、特色相差很大，比如对于高职、高专类大学，其人才培养的目标定位就不能过于“高、大、上”，而是主要培养应用型、实践型特色人才。在人才培养的目标定位上，各高校及学院之间没有必要相互攀比，只要能够科学合理的定位，并扎扎实实做好，就能够为社会培养出合格的、优秀的人才，从而得到社会认可。

2. 培养方案设计

在确立人才培养的目标定位后，就要系统地、科学地设计培养方案。设计培养方案，往往需要院长们以及专业教师们付出很大的心血和努力，包括到各大兄弟院校调研、交流，邀请有关专家参与咨询、研讨，精心设计课程体系、教学方法、考核方法、学位论文规范等。在培养方案设计中，不仅要明确人才培养的指导思想和原则，界定好人才培养的目标及规格要求，还需要处理好几个关系：一是确定课程体系中公共基础课、学科基础课、专业主干课、专业选修课以及其他选修课之间的逻辑关系和内容比例关系；二是确定理论课程与实验课程、实习、实训等之间的关系；三是处理好知识培养与能力培养以及综合素质培养之间的关系。在以往的培养方案设计和学生实际培养过程中，往往更加重视知识学习，轻视能力培养；重视理论教学，忽视实验、实践教学；重视期末考试，轻视平时考察；重视专业培养，忽视价值观塑造和人格培养；重视既有知识、技能的培养，忽视创新能力的培养；重视专业规格性塑造，忽视个性化开发；重视教师传授，忽视学生自学习惯、自学能力的养成。

人才培养方案应该是一个有机体系，既包括培养目标定位，也包括培养内容（知识、能力、素质），还包括具体的实现途径和方法。比如，如何实现能力培养，特别是创新能力培养？如何开展实验、实践教学并提升学生的专业实验、实践能力？如何在专业培养过程中融入先进价值观教育和优秀人格培养？如何在保证专业规格化教育的同时使学生个性得以发挥？如何提升学生的自学能力？等等，都需要不断探索、创新和完善。

作为院长，要注意引导教师在设计培养方案时遵循教育规律和人才培养规律，参照兄弟院校和学院自身所取得的成功经验，系统、谨慎地进行设计，而不能过于随意。因为培养方案一旦确定，就不能随意更改，起码需要运行一轮，其对于人才培养的质量会产生不小的影响。

3. 课程建设与改革

课程建设与改革是人才培养的核心内容和基本支撑，院长抓人才培养工作，应以课程体系建设和教学改革作为切入点。课程体系建设应该围绕人才培养目标而展开，遵循人才培养规律；相反，采用简单的“拼盘式”建构和大容量“装填”方式，并不利于人才的培养。

西交利物浦大学执行校长席酉民教授在接受访谈中指出：“我想主要强调三点。一是作为院长需要考虑未来社会需要什么样的人。这是院长首先需要明确的、需要做出判断的，包括未来人才应该具备的能力、知识、素质结构等。二是要考虑如何实现这样的培养目标。或者说，应该采用什么样的方法、训练能够实现这样的目标。我们过去的、传统的培养方式是强调教知识，采用灌输式，现在看来已经落后了，这就需要进行改革和创新。三是要由教学生学知识变为帮助人成长。这种教师和学校管理者角色的转变非常重要，这也是迫在眉睫的需要。要真正帮助学生提升全面应对未来社会的素质和能力。”

北京大学生命科学学院院长饶毅认为：“现在两个突出的问题是核心课程的数量过多以及核心课程的内容讲不深。”① 西北工业大学校长汪劲松教授认为：“减学分容易，提升含金量难。”②

课程过多确实是我国高校长期以来存在的一个问题，究其原因，一是在人才培养过程中过于突出学校主导、教师主导，在这种情况下，学校和教师总是希望给予学生更多的知识和技能“输送”，结果使得学生课业负担不断加重。二是表现了在课程设置的精细化、集约化方面做得不够，整体设计比较粗糙，内容、环节优化、衔接、整合得不够。三是存在因人设课和教学工作量考核方面的现实问题。为此，作为院长就需要在广泛发动教师参与的情况下，实施课程体系改革。改革的关键是减少课程数量，增加学生自主学习的时间和安排，也就是减少“规定动作”，增加“自选动作”。对于一流大学来说，要本着厚基础、宽专业的要求，精心设置通识教育课和学科群基础课，使之在整个课程体系中占据主体地位，而对于专业核心课程和专业方向课程则尽可能精简和集约化。当然对于一些地方性本科院校，在学好必备基础课程的前提下，可以适当偏向专业教育，但也要增加学生自选的专业课程，减少必修的专业课程。③

作为院长应该引导、鼓励教师不断学习、提高学术水平和教学艺术水平，鼓

①②③ 黄达人等．大学的根本［M］．北京：商务印书馆，2015.

励教师不断进行课程改革、教学模式改革，使学生真正能够学到、学通经典知识、了解、掌握最新知识，不断提升分析、解决问题的能力。一些高校的学院，鼓励院士、杰出青年和处于学科建设、科研一线的骨干教师为本科生上学科基础课和专业课，他们能够结合自身的科研，让学生不仅接受最新的、前沿的知识，而且学会了从事科研工作的套路、方法，极大地提升了学生对课程的兴趣。

张汉凯在接受访谈时介绍了中国科学技术大学的做法："中科大的本科学生培养，一入学就采用研究所（项目）带动教学的模式，同时系统理论教学也不削弱，又上课又做项目，所以美国的大学特别欢迎中科大的学生。在人才计划中，都是要让人才进入项目中，这就使得学生很快进入角色，动手能力、科研能力都很强。"

还有不少学院大力支持精品课程建设，设置了院级、校级、省部级以及国家级精品课程支持、奖励计划，大大促进了课程建设和课程团队建设。还有不少学院，针对目前在线课程发展的趋势，积极建设网络在线课程，也使得课程建设的质量获得较大提升。①

作为院长应该切实重视实验课程建设与改革。不仅理工科专业实验课程需要不断建设与改革，经管类专业以及其他需要开设实验课程的人文社科类专业也需要高度重视实验课程建设与改革。对于实验课程，既要重视体系建设以及与理论课程的衔接、配套，也要重视每门实验课程和实验项目的建设和质量提高。要不断完善实验课程的建设、改革以及运行、考核、激励的制度和政策，使实验课程在提升学生专业实践素养、专业创新素养方面发挥应有作用。

作为院长需要引导、鼓励教师进行教学方式、方法改革。有人认为，我国高校在教学和人才培养方面存在的最大问题不在于教学内容，而在于教学方式、教学方法落后。"满堂灌"式、"我打你通"式的教学方式，极大地限制了学生主体性、能动性的发挥，这不仅使得学生学习被动，而且养成了高度的依赖性。因此，大力倡导研究型教学、案例教学、现场教学、团队学习等多种教学方式，在发挥教师主导作用的基础上充分调动学生的自主学习、自主探索的积极性，将是改变目前局面的重要措施。

4. 教材建设

教材是课程内容的载体，所以从一定意义上讲，教材建设属于课程建设的一

① 黄达人等．大学的根本［M］．北京：商务印书馆，2015.

部分。在教材建设上，历来有两种观点：一是鼓励自编教材；二是鼓励使用国内外精品教材。其实，两种观点各有其道理，而且在大多数情况下，两种观点应该相互补充。鼓励自编教材，能够促使教师积极研究课程内容和课程教学方法，能够使得教师的学术成果、教学改革的成果及时进入课程，且增强了课程相对于特定学生群体的针对性。鼓励使用国内外精品教材，能够保证课程内容的先进性并可借鉴其好的教学方法，不至于跟不上形势发展。如果一个学院根据自身情况，既能够在相对优势的课程上采取自编方式，又能够在相对不占优势的课程上采用国内外精品教材，那可能就是最好的结果。当然，采用自编教材，并不是允许降低教材质量；相反，更需要精益求精，教材出来就应该是精品。

此外，在教材观念上也需要更新。因为教材尤其是大学教材，绝不只是局限于正式的课本，教材还包含更广泛的内容和形式。事实上，在教学过程中，教师往往只将课本作为主要的参考书或教学框架，但知识的获取却不限于课本，而是相当广泛。比如教师自身刚刚取得的科研成果、其他参考教材、互联网上的资料，甚至还有学生也可以分享自己学习到或开展学术研究得到的知识。

5. 实验室建设

实验室是支撑实验教学与科学研究的重要平台，越来越受到高校的重视。实验室一般可以分为两大类：教学实验室和科研实验室。教学实验室主要满足本科生和研究生专业模拟实验和实训，以培养学生专业实践能力和创新能力；科研实验室则主要满足教师和学生（主要是研究生）进行科学实验、科学研究以产出科研成果的需要。

就教学实验室建设而言，国内外高校均十分重视。学生的专业实践能力训练虽然可以通过到校外企业或科研单位实习来提高，但是这一途径有其局限性。比如学生通常只能接触到部分工作，不可能得到全面训练，而且由于时间有限或校外机构的限制很难得到深度训练。实验室则通过各种仪器、软件，通过设置各种模拟情景和参数等，使得学生能够观察到各种可能的变化，从而掌握事物的规律。

就科研实验室建设而言，国内外高校也十分重视。高水平的科学研究及其成果产出，越来越依赖于高水平的科研实验室。科研实验室的软硬件质量、专业化水准较之教学实验室一般会更高，从而保证所进行的实验更加精准、成果更加可靠。

实验室建设是一项系统工程，包括建设的总目标、阶段性目标、可容纳的实

验课程、实验项目、服务专业的人数、层次、实验室的设备规格、质量要求、开放计划、运行规则、服务保障、安全制度等。多年来，教育部及其他相关政府部门，支持高校开展实验室建设，并重点支持建设一批重点实验室，这就为高校培养具有较强实践能力、科研创新能力的人才起到了促进作用。

作为学院院长，应该更加主动和积极地支持、参与实验室建设，将实验室建设视为提升学院专业水平和科研水平的重要举措和重要抓手。要配好专门负责实验室建设的副手、配备好实验室专业负责人和日常运行管理负责人以及实验服务人员，搞好专业实验课教师的培训。要广泛和深入地了解、借鉴成功院校的实验室建设与管理经验，积极争取教育部、相关省市部委以及学校资金支持，加强软硬件和制度建设。对于每门实验课程和重要实验项目，要定期考核或评比，从而使之不断提高质量和水平。对于实验室的运行、维护及其安全，则需要实施严格的责任制度和日常检查制度。

6. “产学研”基地建设

产学研基地可以有多种方式、多个层次，包括在企业建立普通专业实习基地，与企业联合创建研发中心、创新创业中心、专业实训中心、“产学研”一体化基地等。

普通专业实习基地，一般是借助于企业现有的环境、条件，通过校企签订协议，使学生在有限时间内进入企业，通过参观、了解企业研发、生产、运营、管理等实际过程或不同程度地参与企业工作实践，达到提升专业实践能力的目的。学生实习过程中，一般需要配备校内指导教师和企业实践指导教师进行必要的指导。此类实习基地建立的条件要求和成本相对较低，对企业本身影响不大，运作比较灵活，但其在提升学生专业实践能力方面的效果却不易控制。

高校与企业联合创建的研发中心、创新创业中心、专业实训中心、产学研一体化基地等，属于与企业深度合作的形式，其在提升学生创新、创造、创业能力、专业实践能力方面会起到较大的作用。此类基地建设，一方面可以发挥高校在专业知识、理论研究方面的优势以及教师、学生的人才优势，为企业技术进步、产品研发、商业运营创新发挥促进作用；另一方面可以发挥企业在研发、生产、商业运营等方面的实际经验和场地、设备、资金等方面的优势，为高校教师和学生创造发挥知识和才能的机会，促进理论与实践的有效结合。建立此类基地，需要合作双方做好充分调研、筹划工作，明确基地建设的目标、合作内容（项目）、管理体制与运行机制、资金筹措机制、成果分享机制、项目考评标准等。

作为学院院长，应该高度重视实习基地或产学研基地建设，要主动走出去，与企业、科研机构等进行合作。这样，既能够达到理论与实际相结合并提高师生创新创造实践能力的目的，又扩大了学院的资源、了解了社会需求，从而为专业建设开辟了道路。

7. 国内外交流平台建设

国内外交流与合作是促进高校人才培养、提升人才素质的重要渠道。国内外高校的实践表明，凡是重视国内外交流与合作的高校，发展会更快，凡是不重视国内外交流与合作的高校，发展就会慢。北京大学、清华大学、中国人民大学、上海交通大学、浙江大学等名校，在国内外交流与合作平台建设上，投入了巨大精力，也取得了巨大的回报。国内外交流与合作的平台建设主要包括以下形式：

（1）举办学术会议。学术会议可以有不同层次、不同规模、不同形式，如联合国内外诸多机构举办大型国际学术交流会，与国内或国外高校举办中小型专题学术研讨会等。在学术会议期间，不仅邀请国内外知名专家做报告，也努力争取本院师生做大会报告或分论坛报告。

（2）学者互访。与国外名校或国内名校合作，实施学者互访计划。特别是与国外名校实施学者互访计划，或将极大地促进教师学术及国际化水平的提高。事实上，近年来国家出台了许多支持高校教师出国作访问学者的资助计划，作为学院应该充分利用。

（3）学生互派。与国外高校签署协议，实施学生互派计划。合作高校之间发挥各自学科、专业优势，为对方高校学生开放，以提升双方学生的学术水平和国际化素质。

（4）国内外高校联合举办“双学位”班。选择国外名校合作，采取学分互认，或“1+1+1”“1+2”“2+2”等模式，举办双学位研究生班或本科生班。这种合作模式已被国内许多高校所采用，且效果良好。

（5）邀请国内学者开设系列化学术讲座。这是高校普遍采用的学术交流形式，也属于常态化学术交流形式。其目的就是让学生广泛接触学术前沿，了解学科发展的新动态，创造一种活跃的学术氛围。

国内外交流与合作还有很多其他形式，这里不一一列举。作为院长，需要高度重视国内外学术交流与合作，努力构建不同层次、不同形式的合作共赢的交流与合作平台，通过这些平台的作用不断提升学院教师和学生的学术水平。

8. “第二课堂”与综合素质培养

人才培养除了专业知识、专业技能，还要提升其综合素质。综合素质培养除了课堂教学这一途径，开展丰富多彩的“第二课堂”活动就成为重要的途径。

“第二课堂”活动，既包括学工部门组织的各种学生活动，如体育比赛、歌咏比赛、舞蹈比赛、书法比赛、诗歌朗诵会、暑期社会实践等，也包括专业教研室和学工部门共同参与、组织的创新创业大赛、数学建模竞赛、机器人设计大赛等，还包括学生社团、学生班集体自发组织的各种登山、旅游、公益宣传、献爱心等各种活动。“第二课堂”活动，有的被正式纳入学生综合素质培养计划，并有特定的考评标准和考评机制；而大多数“第二课堂”活动由于其自发性、随机性则没有被纳入综合素质培养计划。

作为学院，应积极关注、深入研究“第二课堂”活动在增进学生综合素质培养方面的作用。在学生整体培养计划中，努力使得“第一课堂”与“第二课堂”相互衔接、互相促进、相得益彰。对于“第二课堂”，力求根据培养学生综合素质的要求，使活动项目系列化、模块化，不断提升活动的质量和吸引力，从而打造出品牌。学院应建立相应的鼓励教师、学生积极参与的“第二课堂”活动机制和氛围，特别是要发挥学工部门和专业教师的积极性。

9. 教风、学风建设

张汉凯在接受访谈时指出，“不能小看学风、教风建设。没有好的教风学风，教育质量是不可能保证的”。

教书育人，为人师表。作为履行高等教育神圣使命的教师，必须要有好的师德、师风，否则不可能培养出好的学生。然而这些年来，虽然高校也在抓师德、师风建设，但力度远远不够，其效果也令人担忧！原因就在于，对于高校、对教师的监督评价体系没有真正引导高校去重视师德、师风建设，而是过于急功近利地去追求科研等方面的短期指标。实事求是地说，这些年来，不少教师真正投入到教学上的时间和精力是不够的，比如备课查资料、研究设计教案的时间明显不足，潜心研究人才规律、教育规律的教师更是少之又少，教师的教育使命感、责任感确实需要提升。当然，不能否认，也有很多教师对教育教学是投入的，但他们中不少人认为自己干的是“良心活”，也就是说，他们只是在凭一般的“良心”教学生，而不是出于学校的明确和严格的规范要求。如此一来，就难以保证教师在教学上真正做到位。

同样，学风建设在一些高校也存在很多问题。学生随便旷课或上课玩电子游戏、草草应付作业、考试舞弊、论文写作中剽窃他人成果、代写论文等现象屡见不鲜。不少学生学习目标不明确，缺乏学习的内在动力；热衷于参加课外活动，却对自己的课程学习不加重视，许多学生因此多门课程挂科。因此，正像张汉凯在接受访谈中指出的："现在，强调中小学要减负，但我认为高校本科生应该增负。像美国西点军校，本科淘汰率达到百分之四十多。没有一定的淘汰率，是不能督促学生努力学习的，是不能保证人才培养质量的。哪怕拿掉一两个，都会产生震慑作用。"所以，高校加强教风、学风建设刻不容缓，必须采取系统和有效的措施。

10. 专业评估与认证

专业评估与专业认证越来越成为促进高校专业建设和质量提升的重要机制。专业评估一般包括两类：一类是教育主管部门组织的合格评估，着重于被评估专业的办学条件、办学规范、办学特色、办学质量等基本要素是否达到起码要求；另一类是社会第三方机构组织的专业水平评估，着重于被评估专业的办学质量和办学水平在同行业中的位置，以激励学校不断提升办学质量和水平，从而吸引生源，扩大品牌知名度、美誉度。

专业认证是由国内外权威机构实施的、对于高校某个专业是否达到权威机构专家委员会设定标准的评估认证。其认证标准、认证程序、认证专家选定等都必须得到国际或国内专业领域的公认。专业认证在国外开展较早也很成熟，而我国的专业认证工作开始较晚，但随着我国高等教育整体水平的提高，国内开展专业认证工作也越来越深入。专业认证一般属于高校自愿的行为，只要愿意参加认证并符合认证的基本条件，就可以申请进入认证程序。经过精心做大量准备工作，便由认证机构委托专家进校调研、评估，评估合格便可授予专业认证证书。参加专业认证可以大大促进高校的专业建设，提升专业水平，扩大专业的社会认可度、影响度。因此，作为学院院长，在条件成熟的情况下，应该适时推进专业认证工作。毛基业、张维、赖德胜等都谈到了商学院认证的重要性。他们认为，通过学院国际认证，系统梳理学院的使命、愿景、战略规划、行动计划以及资源配置、制度建设等，是增强学院治理能力和加快学院发展的重要途径。

11. 师资队伍建设

前面我们已经谈到了学科团队建设，在此所谓师资队伍建设与学科团队建设在主体上一致，但又存在一定的交叉性。学科团队中也可以包含博士、硕士研究生等，而师资队伍中不包含博士、硕士研究生；学科团队中尽管也可以包含校内

外兼职专家，但数量一般较少，而师资队伍中则可以聘请数量较多的来自企事业单位的兼职或临时聘用教师；学科团队建设侧重于学科建设、学术研究和博士点、硕士点建设，而师资队伍建设则是以本科、硕士、博士等不同层次专业教育教学、人才培养作为基本内容。

师资队伍是整个人才培养过程诸要素中最主要、最基本的支撑，没有一支规模适度、结构合理、素质优良的师资队伍，纵然有宏伟的目标、优质的校舍和实验室设备，也都无济于事。因此，作为一所高校、一所学院，师资队伍建设是一切办学的基础和依靠；教育质量的高低，就是要靠优良的师资和能够使广大教师施展才能、实现价值的环境。在访谈张汉凯副校长时，他介绍了中国科技大学的做法。中国科技大学“大批引进海外、海归的优秀博士。他们鼓励自己的本科生出国，到美国留学，但读完博士后就鼓励、吸引他们回来，回到中科大。他们的教师，绝大部分都是海外、海归博士，他们的人才现在多得都有富余”。在师资队伍建设方面，作为院长应重点抓好以下事项：

（1）制订好师资队伍建设规划。要根据学院对于学科建设、人才培养、社会服务等方面的目标定位和总体规划，制定师资队伍建设规划。在师资队伍建设规划中，应明确未来师资队伍建设的目标、重点、建设途径与方法、政策支持等。

（2）制订好年度执行计划。根据师资队伍建设规划以及每年对于师资队伍情况的调研与评估，制订出师资队伍建设的年度执行计划。年度执行计划包括：学科带头人引进计划、青年博士教师引进计划、师资进修与培训计划、职称与岗位晋升计划、课程团队建设计划等。

（3）抓好师资队伍建设规划、计划的执行工作。首先，作为院长，尤其要盯紧学科带头人和青年博士教师引进计划的执行情况，身体力行，通过各种有效途径物色海内外优秀人才，并衔接好学校人事部门的有关要求、有关安排，还要争取校领导的支持。其次，对于教师出国做访问学者、国内外师资培训、职称与岗位晋升等工作，也要协助分管院领导抓紧抓好。

（4）制定好师资队伍建设的政策。正如上一章所阐述的，政策对于推进战略和各项计划实施提供了保障。作为院长，要力求从职称评定与岗位聘任、薪酬设计、公开表彰与鞭策等方面设计好机制，从而促进师资队伍建设不断提升质量和水平。比如对于引进重量级学科带头人，建议学校采用协议工资制、年薪制等薪酬制度。

12. 制度体系建设

对于人才培养来说，上述要素和环节都很重要，必不可少，然而如果没有一套系统、稳定、可靠的制度体系做保障，一切都无从谈起。所谓“无规矩不成方圆”，因此，无论对于学校层面还是学院层面，都必须将人才培养的制度建设作为基础工作来抓。整个人才培养工作的管理与运行，都必须置于制度体系之下，按照既定的目标、规程、标准、方法进行。关于制度建设，我们在第六章已经做过阐述，这里不再赘述。

三、科学研究工作

科学研究是高校三大基本职能之一，其在创新知识、支撑学科建设方面发挥着重要作用。科学研究依托于科研项目，科研项目是产出科研成果的基本载体，有团队、有平台而无科研项目，一切便无从谈起。高校的科研项目可分为纵向项目、横向项目和校院自设项目三类，其中纵向项目又可分为国家级、省部级、厅局级等。1986 年、1997 年国家先后推出高技术发展计划（“863”计划）和国家重点基础研究发展计划（“973”计划），对于促进我国科技发展、特别是重大基础研究发挥了重大作用。随着 2016 年初科技部国家重点研发计划发布，标志着国家“863”计划和“973”计划已被整合后的新的科技计划所代替。目前，除了国家重点研发计划项目，高校承担的最主要的是国家自然科学基金项目和国家社会科学基金项目，其次是各省市、教育部等资助的省部级自然科学基金和人文社科基金项目。此外，就是有关行业部委资助的竞争性项目或委托性项目以及其他（企事业单位、国际合作项目等）横向项目。

目前，在申请和承担国家和省部级基金项目方面，具有博士学位的中青年教师越来越成为了主力军，他们大多经历过硕士，尤其是博士阶段的严格规范的科研学术训练，基础扎实、视野宽广、专业精深、思维活跃、精力充沛，无论从项目申请获批的成功率，还是项目立项后取得的科研学术成果（论文、著作、获奖）的数量和水平看，都已经成为强势群体。因此，作为学院院长，要高度重视优秀青年博士教师的引进和培养，特别是要加强学科带头人对于青年教师的引领作用。

基金项目和高水平论文、成果获奖之间是相得益彰、互相促进的关系，没有基金项目，获得高水平成果、发表高水平论文就缺乏依托，而没有高水平成果、高水平论文，基金项目获批的成功率就会大大降低。万事开头难，作为院长，就

是要鼓励年轻教师积极申报基金项目、积极整合科研成果发表高水平学术论文；就是要帮助、指导年轻教师刻苦学习、训练；就是要帮助、鼓励年轻教师参与国内外学术交流；就是要鼓励、支持年轻教师组建科研学术团队开展协作研究。只有这样持续、多方面努力，才能早日获得突破。中国地质大学（北京）副校长万力在接受访谈时介绍说，前些年鼓励教师，特别是年轻教师申请国家基金项目、发表SCI论文，就是作为一种方法、手段，来尽快提升其科研学术能力。

当然，在科研学术方面，虽然国际化很重要，国际标准、国际话语权很重要，但对此也不可以绝对化、过度化。作为中国学者应该更多研究中国自己的问题，并努力培育、形成自身特色和优势。正像对外经济贸易大学副校长张新民教授在接受访谈时所强调的，“我觉得这些年商学教育出了比较大的问题，即过度强调了国际化。这里所谓‘国际化’无非两个方面：一是在国际上有话语权，二是能够在国际主流期刊发表文章。所以，为了在国际上有话语权，急于发表国际检索期刊论文，以为这就是国际化。然而，如果作为中国的商学院不研究中国的现实问题，而只是用国外的一套模型套中国的样本、套中国的问题，这必然会存在偏颇。我可以大胆地说，我们的评价制度如果长期采取这种片面的方式不能自拔，我们的学科建设是不会有大出息的。作为中国的学者，就要多研究中国自己的问题，多与企业家交流，从实践中提炼出中国的管理模式、管理工具”。

此外，我们也需要注意到，有不少高校教师承担来自企业或者事业单位的横向项目，但实事求是地分析，在这些横向项目中，大多倾向于工作性、实用性项目，其科技、学术含量相对不足，多属于社会服务性质的项目。如果教师过多承担此类项目，往往会影响自身科研学术水平的提升。因此，即便教师适度承担横向项目，也最好能够在完成规定项目任务的基础上，借助该项目提炼出部分真正的科学问题，并依托项目结余资金进一步开展研究。尽管这对于项目任务书来讲可能超出了范围，但对高校教师自身来讲却内含地有这种诉求。

正如在学科建设部分所谈到的，对于学院而言，要想取得大的、持续的科研学术突破，仅仅靠教师单枪匹马是不够的，而是需要在学校、学院所提供的环境、条件和政策之下，依靠高质量的创新型团队。做好科研学术团队建设工作、为团队创建优良环境、激发团队科研动能和创造性是院长或主管科研工作的院领导的重要工作。

天津大学经济与管理学部原主任张维教授认为，要想让教师产出高水平科研成果，就需要一个相对宽松的环境，采用过于指标化的方式有时反而会限制他们的自由创造精神。

中央民族大学管理学院院长李俊清认为，对于研究社会科学的教师而言，应该允许他们的个性发挥和尊重他们在科学研究上的个人兴趣，为他们提供相对宽松的环境。

南京农业大学公共管理学院前任院长欧名豪、北京林业大学经济与管理学院院长陈建成强调，在科学研究方面，既要尊重教师的个性，允许其个性发挥，又要强化团队协作精神。

中国地质大学（北京）经济管理学院院长安海忠、对外经贸大学国际商学院院长王永贵、北京师范大学经济与工商管理学院院长赖德胜等，都强调了在科研上应该“有所为、有所不为”，坚持在学院特色方向上深度开展研究。

王仙雅、慕静（2017）基于扎根理论构建了高校科研团队国际化成果产出的动力机制模型，该模型对于学院科研团队建设和产出高水平成果具有重要启发意义。她们认为，任务导向、制度保障和文化驱动是团队层面的三个外部驱动因素，其中任务导向包括规划国际化成果产出、亟须培养国际化人才和提升团队国际化地位三个范畴；制度保障包括国际化经验积累机制、国际化人才培养计划和国际化政策资源支持三个范畴；文化驱动包括带头人国际化引领和成员之间科研互动两个范畴。科研能力和科研个性是个体层面的两个内部驱动因素，其中科研能力包括英语能力和实践能力两个范畴，科研个性包括科研精神和科研理想两个范畴。外部驱动因素通过影响内部驱动因素发挥促进国际化成果产出的作用。

总之，对于学院科研工作而言，涉及总体目标设计、科研团队建设、平台建设、政策与机制设计、环境营造等多个方面，需要院长和教授们充分研究和探索。

四、社会服务工作

关于大学的功能，在历史上就曾经出现过争论。有的人主张大学的基本功能是教育教学或人才培养，离开人才培养大学就不称其为大学。有的人主张大学应履行教学、科研双重功能，如 19 世纪德国著名教育家洪堡，其在创立柏林大学过程中就特别强调科研对于大学的关键作用，主张“大学以研究为中心”，强调“教学与科研相统一”的思想。还有的人主张大学应履行教学、科研和社会服务三重功能，如美国威斯康星大学校长范·海斯 1848 年首次提出“公共服务”是大学的第三功能的思想。应该说到今天，人们都已经接受了大学具有教学、科研和社会服务三重功能的观点，但对于三重功能在大学中的地位却仍然存在不同的认识。比如有人主张教学与科研是大学的基本功能，社会服务功能是依附于、从属于教学与科研功能的，也有人主张在当今社会，大学的社会服务功能已经成为一项独立的功能，比如美国硅谷的成功就证明了这一点。

无论人们怎样争论，大学在现代社会中的社会服务功能越来越大，越来越显著，大学越来越成为社会的“中心”，其对于区域经济社会发展，甚至整个社会的发展都起到了重要的引导或支撑作用。那么大学的社会服务内容和服务形式包括哪些呢？有人把大学的社会服务归纳为教学服务、科研服务、综合服务和建立教学、科研、生产联合体或创立高科技企业四种类型；有的学者则把大学的社会服务归纳为知识文化传播、咨询服务（政府参谋、企业智囊）、人才培养、承接项目、成果转让、兴办企业、联合开发七种类型；而在教育部第四轮学科评估指标体系中则将社会服务分为“弘扬优秀文化，促进社会精神文明建设；举办重要学术会议，创办学术期刊，引领学术发展；推进科学普及，承担社会公共服务；发挥智库作用，为制订政策法规、发展规划、行业标准提供咨询建议并获得采纳等”。

当然，作为高校，在开展社会服务方面的情况千差万别。有的高校力度很大，像北京大学、清华大学等知名高校，他们在创建企业、开展技术服务、提供企业或政府咨询、举办社会培训、成果转让等方面都取得了辉煌业绩。如依托北京大学成立的北大方正和依托清华大学成立的清华紫光和清华同方，现已发展为年收入达几百亿元的集团公司。还有众多知名高校的科技园及其孵化出的企业，均得到了长足的发展，显示了大学社会服务功能的巨大潜力。然而也有许多高校，由于种种主观与客观的原因，社会服务工作开展迟缓、力度不够。

作为高校的学院，在开展社会服务方面应该本着积极主动、循序渐进、量力而行、突出特色、合作共赢、遵规守矩的原则，正确处理教学、科研、社会服务三者关系。根据学院及所在学校具体情况，可以开展以下社会服务工作：

（1）承担企事业单位委托的横向科研项目。根据相关统计①，2016 年我国高校企业科研项目经费超过 10 亿元人民币的有哈尔滨工业大学、天津大学、清华大学、北京航空航天大学和四川大学，超过 1 亿元人民币的有 84 所高校。可见，高校通过争取、承揽企业科研项目获得的经费已经具备相当的规模。此类项目，

① 参考百度关键词“2016 年我国高校企业科研项目经费”搜索而获取的统计数据。

大多是帮助企业直接解决技术开发、产品研发、工程设计、质量管理、经营策划、运营管理等具体问题的。不过，需要注意的是，有些横向项目科技含量不高，如果学院教师过多投入精力和时间承揽此类项目，容易影响教师自身学术发展，也可能会影响学院的正常教学工作。因此，这方面需要分清主次、量力而行。

（2）开展对外培训。学院可以依托自身学科、专业优势，开展对外培训。对外培训包括专业技术、经济管理、公共管理、法律等不同专业类别，包括高级培训、普通培训等不同等级。培训的形式多种多样，如周末授课、阶段集中授课；进校培训、送教上门；讲授式、研讨式、现场式、模拟式等。像清华大学、北京大学、中国人民大学、上海交通大学等知名高校的对外培训项目，每年都有几百甚至上千人参加，其收益也相当可观。开展对外培训，重在保证培训质量，口碑宣传十分重要。要通过努力，打造培训品牌，走可持续发展之路。

（3）开展咨询服务。学院可以借助自身学科资源和科研学术实力，开展对于政府机构、企事业单位的咨询服务。有条件的可以建立有关政府政策的智囊机构——智库，开展经常性的专门研究和咨询服务。同样，对于企业事业单位，也可以借助自身掌握的科技知识、经营管理知识、法律知识等提供咨询服务。学院既可以允许教师个人在不影响正常教学的情况下开展咨询服务，也可以成立专门的咨询服务机构，通过正式签约开展咨询服务。

（4）成果转让服务。学院支持教师将获得的发明专利以及其他享有知识产权的科研成果向社会机构转让，并获得合法的知识产权收益。在这方面，工科性学院可能更占优势。

（5）成立公司或联合实体。在学校支持下，遵守公司法相关规定，借助于学院自身的科研学术优势和专家优势，或依托学院教师发明的专利技术，成立独立经营的公司实体，或同社会机构联合成立公司实体，开展相关专业领域的对外经营服务。独立成立公司或联合成立公司，需要明晰学校、学院与公司间的产权关系，以避免相关的风险发生。特别是一旦公司发展大了，投资行为增加了，其不可控的因素就会增加。鉴于学院的权限和力量有限，所以涉及独立成立公司或联合成立公司的事宜，需要学校层面有关机构进行协调处理。

第八章　资源整合与能力建设

一所学院要形成强大的竞争力，需要具备足够的资源、能力及其有效的协同机制。前面已经谈到，资源是学院推行战略的基础，但资源本身要得到有效整合、利用，还需要相应的资源整合能力，资源建设、能力建设在某种协同机制作用下会形成互为依托、互相促进的关系。作为院长，做好资源整合、能力建设以及建立、完善资源和能力的协同机制，对于学院发展十分重要。

一、资源整合

“资源观”理论认为，谁拥有独特、难以复制、难以模仿和能够为顾客带来独特价值的内部资源越多，其核心竞争力就越强。从该理论出发，作为学院，要想拥有或提升核心竞争力，就需要强化学院的资源建设和资源整合。毛亚庆、吴合文认为，大学资源可以分为人力资源、学科资源、财务资源、校园文化、社会声誉五个方面。[①] 刘向兵认为，大学资源包括学科资源、人力资源、物质资源和无形资产等。[②] 从学院的角度看，所需要的资源可以概括为人才资源、学科资源、器物资源、财务资源、无形资源五个方面，整合、利用好这些资源将对学院的竞争力产生直接影响。

（一）人才资源及其整合

所谓人才资源主要包括教师人才、学生人才以及管理服务人才。

1. 教师人才整合

正如前面所分析的，学院的发展最主要的支撑就是教师队伍，优良的教师队

① 毛亚庆，吴合文．论我国大学竞争力的知识逻辑［J］．高等教育研究，2007（12）：24－30.

② 刘向兵．大学核心竞争力构成要素辨析［J］．中国人民大学学报，2007（2）：143－148.

伍是学院高质量教学、科研和社会服务的保障。作为院长，其最重要的责任之一，就是能够创造条件吸引、留住一大批国内外优秀的、顶尖的教师，并使其发挥作用。整合教师人才资源有其自身的规律，其所需要的条件大致包括三个方面：平台、政策、环境。平台包括学科平台、专业平台、科研平台、对外交流平台等，这些平台是人才施展才能的前提，如果没有这些平台，即使待遇再优厚，也未必能够吸引优秀教师加盟。政策包括人才引进、人才晋升、人才退出政策等，不少优秀院长，正是通过出台强有力的学院政策或推动学校出台强有力的政策去吸引优秀的国内外人才加盟学院教师队伍、学科团队，从而带动了一个学科或整个学院的快速发展。环境包括物质环境、文化环境、学科团队、专业团队等，没有良好的物质环境，没有以人为本和崇尚创新、自由学术的文化环境，没有支撑学科建设、专业建设的良好团队，即使引进了一两个人才也难以发挥作用。当然，整合教师资源最终还需要真正的、落地的行动，也就是说，要形成可以执行的计划。特别是作为院长要督促、鼓励各学科、各专业执行人才引进计划，甚至亲自出马到国内外高校、科研机构物色人才。

白中科院长在谈到人才资源与平台建设的关系时指出："在人才建设和平台建设的实践中，我逐步认识到，学院发展的路径，需要先通过引进人才，靠人才争取平台；还可以通过先建平台，吸引更多的人才，再争取更大的平台，培养更多的青年才俊。"由此看来，人才和平台之间是相互促进、互为依托的关系。

2. 学生人才整合

要培养优秀人才，除了要有优秀的教师，还要有优秀的学生；没有优秀的学生，也难以培养出优秀的人才。因此，整合优秀的学生资源也十分重要。要整合优秀的学生资源，需要几个关键条件：一是学校、学院声誉，这在中国是一个不容忽视的主导因素之一，同样水平的相同学科，由于学校、学院声誉不同，而造成学生报考院校时的明显差异；二是学科声誉和学科带头人、学术大师的作用，大量的学生，在报考院校时就是冲着名教授、学术大师去的；三是学校、学院环境，宽敞的校园、先进的设施，优良的学习、住宿、生活、文体条件，往往也是吸引学生的重要因素；四是招生政策，许多高校为了吸引优秀学生，往往会设置优厚的政策，如优厚的奖学金、资助出国学习等。

3. 管理服务人才整合

学院优秀管理服务人才的整合也很重要。学院要搞好，管理服务就要上水平。没有优良的管理制度和管理方法，纵然有优越的资源，也难以真正发挥出效

益。所以吸引、培养优秀的学院管理者、服务者，包括院领导和系主任或教研室主任、院办公室主任、秘书、学工辅导员等，都应该引起足够重视。作为院长重视教师队伍、学科团队建设、重视优秀学生生源都是对的，但却不能忽视优秀管理者、服务者队伍建设。要吸引、留住优秀管理服务人才，需要建立合理、有效的机制，让从事管理、服务的人才能够工作舒心，有成就感和被尊重感。

4. 学科资源及其整合

所谓学科资源，广义上是指支持、保障学科发展的各种资源的总称，具体包括学科平台、学科团队、科研成果、知识积淀、学科声誉、环境条件、外部协作网络、成功模式与经验等。所以在此涉及的诸如学科团队、环境条件等学科资源与前面所谈的人才资源、器物资源等是有交叉的。

对于学院来讲，学科资源越丰富、越优质，学科发展的潜力就越大。一个学院不可能发展所有学科，要本着有所为有所不为的原则，合理规划、有效整合学科资源，力求使这些资源能够聚焦于两三个有限学科领域，并长期培育、建设，使之形成相对优势和品牌竞争力。一个学院如果存在过多的学科点、学位点、科研实验室、研究中心等学科平台，力量必然分散，到头来可能什么都搞不好。既然搞不好，那就需要学院痛下决心，砍掉资源明显不足、发展缺乏后劲的个别学科点、学位点。当然，如果从学校的角度看，为了使总体的学科布局更加均衡合理，并形成良好的学科生态系统，对于部分暂时力量不足，但又具有存在、发展价值的学科，也需要予以保留和支持。如果不顾及学科生态系统的规律，武断、粗暴地将一些学科砍掉，从长远影响看未必是件好事。

整合学科资源的要义在于调动、协调、集合学科的优质资源，以推进学科的快速、协调、可持续发展和形成核心竞争力。作为教师来讲，可以按照自身兴趣去选择研究方向、研究领域，但是作为学院，又需要引导大家聚焦于学院主攻的学科方向、学科领域。在这方面，院长和学科带头人应该起到引领作用。此外，学院也需要通过规划和政策进行引导。只要团队研究领域、研究方向聚焦了、各种学科资源有效利用了，不出几年，学科发展就会上一个台阶。当然，要求教师聚焦于主攻学科领域、学科方向发力，并不等于不尊重教师的个性化选择，而是希望教师们能够分清主次，避免陷入盲目的个人兴趣之中而脱离学院学科发展的主体轨道。在院长访谈过程中，安海忠、郑晓齐、樊太亮、陈建成等都谈到了这一点。

5. 器物资源及其整合

所谓器物资源，是指办学所需要的校园空间、教学设施、实验设施、行政办公设施、生活设施、文体设施等。器物设施是学院进行教学、科研等活动的基本承载体，是不可或缺的基本资源。

由于我国高校在改革开放以来的迅猛发展，不少高校面临着校园空间和办学设施紧张的困难，这给开展正常的教学、科研以及办公、生活带来不利影响。各高校之间器物资源的差距也比较大，一般进入国家“985”工程建设的大学，其器物资源最好，进入“211”工程建设的大学次之，其他地方高校更次之。即使同一个层次的高校之间，器物资源差距也很大。从实际情况分析，造成这种差距既有客观方面的原因，也有主观方面的原因。就客观原因而言，学校原有基础和影响、所在行业（领域）的发展状况、来自教育部或省市政府的支持力度、学校所在区位等都是重要因素。就主观原因而言，校领导班子的办学理念、目标诉求、进取心状况、善抓机遇的魄力、资源整合能力以及教职工的危机意识和参与管理的力度等也都是重要因素。

作为学院，在器物资源方面主要受制于学校的资源供给，特别是办学空间问题更是如此。因此，作为学院，一般只能在现有基础上更多争取学校的资源支持，同时尽可能把这些资源利用好，使其发挥最大效用。但是作为全国一些实力比较强的知名学院，通过借助校友资源、企业资源来扩大自身的办学空间也是有成功先例的。比如南京大学商学院，通过利用企业赞助和EMBA、MBA校友捐助，在学校支持下建起了二十几层的商学院大楼，使学院教学、科研、办公、学生生活空间得到了极大的改善。同样，北京科技大学东凌工商学院，依托校友和企业资源，建起了十分宽敞的经管楼，使得教学、科研和办公条件焕然一新。还有不少学院，通过与企业合作，借助企业投资或企业设施建立了与企业共享的实验室或产学研基地。总之，虽然在解决学院办学空间方面会受到学校既有资源的限制，但通过创新思维整合外部资源也是需要考虑的一种途径。

6. 财务资源及其整合

财务资源是学院开展教学、科研及其他活动的基本条件保证。高校的财务资源一般包括四大块：政府财政拨款、学费收入、社会服务创收、校友捐款。首先是政府举办的高校来自财政拨款部分往往占绝大比例，其次是学费收入，再次是社会服务创收，最后是校友捐款。

在财政性拨款中，除了在编教职工人头费（工资性拨款）、基建项目费、修

购专项费等，主要按照招生规模和招生当量拨款，招生规模越大、招生当量越高，经费下拨就越多。另外，属于财政收入范畴的一大块经费就是纵向科研经费。作为学院，可以通过申请每年的修购专项获得部分实验室建设经费，可以通过申请纵向科研课题获得科研经费。

在学费收入中，主要包括学校按照招生计划招收本、专科生、学术型硕士研究生、专业型硕士研究生、博士研究生等的学费收入。对于学费标准，学校要遵守中央政府、地方政府有关部门的相关规定或指导性意见，且实行到当地省级物价部门备案制度。在民办高校总收入中，一般学费收入占据较大比例。作为学院，可以通过适当多招收学生，特别是非全日制专业型硕士获得更多的学费收入。

在社会服务创收部分，一般包括举办社会培训、承担横向科研项目、提供技术、管理等咨询服务、转让技术、校办企业等方面的服务创收。这方面，各高校、各学院往往差距比较大。比如像清华大学、哈尔滨工业大学、西北工业大学、北京航空航天大学等仅来自企业的科研项目收入就高达每年十多亿元。北大方正集团、清华同方集团、清华紫光集团等更是每年为依托高校带来可观的收入。在举办社会培训方面，清华大学、北京大学、中国人民大学等高校，每年收入多达上亿甚至几亿元，特别是其经管学院或商学院、继续教育学院等机构。作为学院，根据自身情况开展不同类型、不同层次、不同规模的社会服务，潜力巨大，必将成为增加学院收入的重要来源。然而，正如一些院长和专家们所担心的，院长如果忽视人才培养和科学研究，整天忙于所谓的社会服务和创收，那么就属于本末倒置，不利于学院真正使命的履行和核心功能的发挥。因此，正确处理人才培养、科学研究和社会服务的关系十分重要。

在校友捐助方面，目前我国高校相对规模不大，但在清华大学等高校，近年来校友捐助工作开展很成功。笔者相信，校友捐助将越来越成为中国高校收入的一个不容忽视的来源。作为学院，可以在校友工作中发挥重要作用。

财务资源整合尽管潜力巨大，但作为学院确实受到很多限制。首先是国家政策的限制，作为教育单位、事业单位，不可能完全像企业一样进行市场化运作，其提供的大多属于准公共产品。其次是受制于学校的条件（学科、专业、物质条件等）、办学思路、校领导的价值取向和魄力、社会服务方面的政策与制度体系。最后是受制于学院自身条件、权限、院领导班子开拓创新的魄力、能力等。财务资源整合是需要一个强大体系支撑的，如果没有一个强大体系支撑，在项目运作过程中就会出现较大风险，就会陷入孤掌难鸣、孤立无援和无人担责的被动局面。所以，作为院长，要想在财务资源整合方面取得突破，就需要系统考虑这个支撑体系如何才能搭建起来，这个支撑体系如何才能更加完善和发挥作用。当然，作为一个过程，也可以采取“摸着石头过河”的方式，先尝试运作小的项目，如举办培训班或是成立一个小型咨询服务中心等，等有一定经验和资金积累后，再尝试运作更大的项目，与此同时不断去搭建、完善支撑体系。

（二）无形资源及其整合

无形资源包括一所学院乃至所依存的高校所具有的组织文化、学校及学院社会声誉以及某种管理制度、管理模式等形成的资源。

（1）组织文化资源及其整合。是指学校文化和学院文化，是一所高校或学院在长期办学过程中所形成的、为组织成员所认可、共享并在教学、科研和社会服务等实践活动中所践行的价值观念和行为方式。广大教职工和学生能够在优秀的校园组织文化中得到指引、激励、约束和熏陶，从而目标明确、奋发有为，最终形成学院、学校的核心竞争力。院长在办学过程中应充分利用、挖掘学校、学院的优秀文化资源，从而为学科建设、人才培养、科学研究和社会服务增强特色并形成强大的导向力、凝聚力和战斗力。

（2）社会声誉资源及其整合。学校、学院的声誉资源是学校、学院在长期的人才培养、科学研究和社会服务等过程中所形成的社会影响力和品牌知名度、美誉度。学校及学院社会声誉作为重要的无形资源，包括学科及专业声誉，知名学术大师、知名教学名师、知名校友、知名校长、知名院长，具有国内外影响力的科研成就、学术平台等。作为院长，善于将这些资源充分融入教育教学、科学研究和社会服务之中，就可以形成在优秀人才吸引、优秀生源吸引等方面的巨大作用。

（3）管理制度和管理模式资源。优秀的管理制度和管理模式对于提升学校、学院的资源利用效率和办学水平起到重要作用。各个高校、学院之间，所以在办学水平、竞争力方面存在巨大差异，不仅在于资源要素是否丰富，更在于这些资源能否得到有效整合和利用，而管理制度和管理模式正是决定这些资源能否得到有效整合和利用的关键。对于管理制度和管理模式，要不断在办学实践和学院发展过程中进行改革与完善，使之能够适应新的战略、新的环境而永葆青春。

二、能力建设

有资源未必能有效发挥作用，而要想使资源发挥作用，就需要有能力去整

合、利用这些资源。刘向兵在论述大学核心竞争力时均强调了资源协同、资源整合能力的重要性，他认为大学核心竞争力可以理解为“基于战略性资源的能力”，是“整合、协同各种要素的能力”。[①] 因此可以说，能力建设在一定意义上比资源本身更加重要。能力概念有狭义和广义之分，狭义的能力概念仅指一个人完成任务或实现目标的素质，包括心智能力和体质能力，具体还可以划分成若干种能力。广义的能力概念，不仅包含个人的能力，也包含了团队或组织的集合能力。学院能力建设涉及众多方面，可以概括为三种能力：人才培养能力、科研学术能力、社会服务能力。[②]

（一）人才培养能力

人才培养能力是指教师个体、教师团队或教育组织借助于相应资源、通过教育教学等活动过程、使受教育者获得特定知识、能力和素质的能力。作为高校或学院，其人才培养能力虽然与每一位教师个体直接相关，但更多地表现为教师团队或组织整体的集合教育能力。因此，在讨论人才培养能力时，可以分别从以下三个层次进行讨论：

1. 教师个体的人才培养能力及其提升

教师个体在人才培养能力上是存在差异的，既有纵向的水平差异，也有横向的类型差异，还有综合方面的差异。在纵向水平方面，教师之间是存在差异的。比如课堂教学能力，有的教师能够在有限的课堂教学时间内，通过精练、幽默和启发式的讲解，组织灵活的课堂讨论或课堂实验，使学生能够快速、牢固地掌握相关知识、技能；相反，有的教师尽管在课堂上也很卖力，却不具备这样的课堂教学能力。再比如在指导硕、博研究生方面，有的教师能够很快让学生在科研方面“上路”，并取得学术上的突破；相反，有的导师尽管自己颇有学问，但在指导研究生方面却是一片茫然。之所以出现这样的水平差异，既有某些天生的因素，也有个人努力程度的因素，还可能有教师与学生在个性匹配方面的问题。

在横向的类型方面，教师之间也存在差异。有的教师可能更擅长课堂讲授，有的更擅长实验教学，有的更擅长现场实践教学，有的更擅长教授战略管理，有的更擅长教授运营管理，有的更擅长教授营销管理等。实际上，教师之间保持这种类型差异并非坏事，因为大家各有所长从而使教师群体更加优化。

---

① 刘向兵．大学核心竞争力概念辨析［J］．中国人民大学学报，2006（2）：143－146.

② 李雪飞．美国研究型大学竞争力发展策略研究［M］．北京：科学出版社，2016.

在综合培养能力方面，教师之间同样存在差异。有的教师可能在单纯培养专业知识或能力方面做得不错，但可能在学生综合素质方面指导不力甚至出现偏离；相反，有的教师却能够均衡培养学生各方面的能力和素质。

教师个体人才培养能力的提升需要从多个方面努力。首先，站在学院的角度看，就是要把好教师入口关。在引进教师过程中或聘任硕导、博导过程中，不仅要考察其学术成果，还要考察其教育教学方面的素质，如安排课程试讲、了解前期人才培养效果等。其次，加强教育学、教育心理学的学习、培训、研讨，使教师掌握人才培养的基本原理和方法。再次，采取观摩教学、向榜样请教等方式提高水平。最后，不断加强自身探索与创新，努力形成一套具有特色的、有效的人才培养模式。

2. 教师团队的人才培养能力及其提升

专业人才培养通常需要教师团队来支撑和实施，其中的教师包含专业课教师、公共基础课教师、学科基础课教师以及其他教师。在教师团队中，除了本学院的教师，通常还会有来自国内外高校、企业、科研机构或政府部门的兼职教师。

首先，教师团队的人才培养能力取决于教师团队的基本构成，包括数量、结构和素质状况。一是数量，教师的配置应达到一定的数量要求，包括专业教师基本配置数和生师比的要求；二是结构，教师的配置需要有一个合理结构，包括学科结构、年龄结构、职称结构、性别结构、学缘结构等方面的合理性；三是素质，教师本身的素质要达到一定的要求，包括学历、科研水平、教学水平、沟通能力、人格修养等方面要求。如果教师团队在基本构成方面存在明显缺陷，那么将很难保障教师团队的质量和人才培养能力。这就需要学院做好师资队伍建设规划，并按照规划实施人才引进、岗位聘任、教师培训、教师考核、职称评审等各项工作，从而保持教师团队的良好状态。

其次，强化教师团队的协同、配合。教师团队之间、教师团队成员之间的协同、配合程度，对教师团队的人才培养能力具有重要影响。如果教师团队之间、教师团队成员之间各自为政，缺乏良好的沟通、协调、合作，那么再好的教师团队构成也不会达到优秀的专业培养效果。相反，如果教师团队之间、教师团队成员之间能够进行有效的沟通、协调、协作、知识分享，并通过协同聚焦于专业人才培养，那么教师团队集合的力量将是巨大的。

最后，强化教师团队的团体学习与创新。学习与创新，是一个教师团队不断

提升活力、素质、能力，进而提升人才培养效果的关键。学院要通过积极倡导、设置教学改革项目、建立学习、创新激励机制，促成教师团队的学习之风、改革之风、创新之风。团队成员之间，知识、能力、经验、资源往往具有一定的异质性，而这种异质性的资源、能力可以通过团体学习而获得共享效应；与此同时，团队成员之间的异质性，还容易使成员之间出现思想上的碰撞，这种碰撞往往会成为创新的突破口。因此，学院要鼓励教师团队之间、教师团队成员之间在人才培养过程中的交流与合作，特别是跨界沟通与合作，这对于提升教师团队的人才培养能力和人才培养效果具有重要意义。

3. 学院集合的人才培养能力及其提升

相对于教师个体和教师团队，学院作为一级组织其拥有的资源（师资、学科平台、物质条件、办学经验、外部关系、品牌等）和调动资源的权力要大得多，学院可以通过调动其拥有的资源、权力并依托其长期办学过程中形成的学院文化、环境氛围而形成较为强大的人才培养能力。然而，并非拥有资源多学院集合的人才培养能力就一定大，潜力和现实能力未必就是统一的。一些学院资源很多，比如有多名院士、杰出青年，教学、实验设备一流，但其表现出来的人才培养能力和人才培养效果却并不突出；相反，一些学院占有资源并不很丰富，却得到了充分发挥和利用，其表现出来的人才培养能力和人才培养效果就会令人刮目相看。显然，这种状况同学院的管理水平、整体协同能力、学院文化有很大的关系。因此，要提升学院集合的人才培养能力，必须系统地完善学院的管理体系、强化协同能力建设和建设支持、支撑学院发展的优秀文化。具体来讲，需要采取以下措施：

首先，要加强对学院学科带头人、学术骨干、基层干部的调研，听取他们对学院管理制度、学院文化以及人才培养工作的意见和建议，加强对兄弟院校学院人才培养典型经验的调研，广泛征求校领导、职能部门及相关专家的意见和建议。在此基础上，对学院过去人才培养方面的管理制度体系以及学院文化进行梳理和问题剖析，并找到问题产生的症结。

其次，要重新构建或完善学院在人才培养方面的制度体系，并强化以改革创新、协同协作和提升人才培养质量为核心的机制建设。要让大家统一对于学院人才培养目标和高质量要求的认识，明确管理制度、管理规范，运用制度和机制促进大家努力改革创新、协同协作和不断提升人才培养质量。

最后，加强学院支持、支撑人才培养的资源条件和文化环境建设。事实上，无论教师，还是学生，他们通常都具有良好的素质，作为学院，只要为他们创造了良好环境和条件，他们就能够潜心开展教育教学和科学研究。作为学生，不单单是教出来的，更是在学校、学院整体文化、环境中熏陶出来的。大师的风范、院领导的品格、教师的治学态度、辅导员的关爱、有声有色的集体活动、前沿水平的学术研讨会、高水平学术讲座、创新创业大赛、学校学院的教学科研设施、校园的文化设施、学校学院精神、学校学院传奇榜样人物的故事等，无不对学生的成长成才产生潜移默化的促进作用。

（二）科研学术能力

作为高校教师，需要有一定的科研学术能力，特别是作为一流大学的教师，对于科研学术能力是更加强调的。教师不仅要讲授、传授知识，而且需要创新知识，以丰富人类的知识宝库。一所高校、一所学院教师群体的科研学术能力及其创新成果，是其立足于国内外高校之林的重要资本，是显示其社会地位的重要砝码。那么如何才能提升一所学院的科研学术能力及其产出成果呢？这可以从以下几个层面采取措施：

1. 学院层面的措施

首先，要提升学院教师的科研学术能力，需要建设一支具有高水平科研学术能力的教师队伍。学院要高度重视学科带头人以及优秀青年博士教师的引进和培养，把引进、培养学科带头人和优秀青年博士教师作为“一把手”工程。没有优秀的人才作为支撑，学院要想在科研学术上取得突破不是件容易的事。优秀的学科带头人，可以为学科团队成员规划好努力冲击的方向和领域，可以引导、组织大家集体攻关，这必然会提升整个团队的科研学术效率。与此同时，如果在学科团队中配备的教师都经历过硕博阶段的高水平科研学术训练，那么他们在学科带头人引领下必将会释放更大潜能。

其次，学院要力求为教师科研学术能力的提升提供优良的科研平台、环境条件、学习交流渠道。如果学院没有高水平实验室、电子数据库、网络设施，没有起码的办公环境、办公条件，没有国内外畅通的学习交流渠道，那么教师要不断提升科研学术水平并取得创新科研学术成果就会遇到很大困难。比如就学习交流渠道而言，如果教师能够经常与国内外高手交流、合作，那么教师就会更加了解学科发展前沿，就会相对比较容易地学习到新的、先进的研究方法，这对于提升其科研学术能力会产生直接的促进作用。我们到清华大学、北京大学、浙江大学等知名高校，无论他们的实验室、数据库，还是办公环境、国内外学习交流渠道，都会给大家很大的震撼，而这些优越的条件无疑对提升教师的科研学术水平会产生重要影响。

最后，学院要为教师提升科研学术能力提供有效的激励机制并创设激励教师科研学术创新的文化环境。比如学院出台激励教师申报国家自然科学基金和社会科学基金项目的政策，凡是申报成功者学院给予一定的物质奖励，同时在专业技术职务晋升方面作为一项条件。再比如，为了提升年轻教师申报国家基金项目的成功率，学院自筹资金设立年轻教师预研项目，并鼓励大家申报。为了鼓励支持大家发表高水平论文，凡是被SCI/SSCI检索且影响因子较高的论文，学院提供一定的物质奖励。为了鼓励年轻教师出国做访问学者或进修，除了争取国家有关项目资助，学院也同时出资支持。除了设立激励机制，学院更要创设有利于教师提升科研学术水平的文化氛围，要让教师感到，做科研学术、知识创新是一种对社会、对国家、对人类的责任，也是具有重要社会价值的神圣事业。

2. 学科团队层面的措施

对于提升学院科研学术水平而言，学科团队的状况是一个核心因素。高水平的学科团队是一个成员间具有共同目标，成员具有高素质、异质性和互补性，彼此信任、彼此承诺合作的群体。

要提升学科团队的科研学术能力，首先需要有优秀的学科带头人或学科负责人。所谓优秀的学科带头人，一般是指在国内外具有学术影响力和团队组织能力的学术权威。通过优秀学科带头人的引领、示范、组织、指导，学科团队成员会更好地把握自身的研究方向，更好地掌握研究方法，获得更多的学术交流机会，从而提升整个团队的科研学术水平。如果本学科暂时还没有学科带头人，作为学科负责人，就需要更加用心去做好学科的各项工作，包括主动“走出去”，去接触国内外本学科学术权威，“请进来”，邀请国内外学术大师来院做学术讲座或聘请其作为客座教授进行讲学及学科指导；就需要积极主动地做好与学科团队成员的沟通、交流工作，所谓“三个臭皮匠顶个诸葛亮”，利用集体智慧提升团队成员的科研学术能力。

其次，要提升学科团队的科研学术水平，还需要有若干充满学术活力、创新能力的学术骨干。作为学科带头人，不能是孤家寡人，也不能只是一群“庸人”的“头头”，只有在其周围聚集了一批学术才俊，才可能实现团队科研学术上的腾飞。为此，作为学科带头人，就要不遗余力地向学院、向学校争取引进高质量年轻博士教师和促进年轻教师成长成才的政策支持。

再次，在学科团队层面，要力求促成成员之间的相互信任、知识共享、团结协作和良性竞争。由教师组成的团队，往往与普通团队不同，每个教师都有自己独立的学术兴趣和学术专长，他们之间既可以有不同学术观点的争论或碰撞，也可以有科研学术上的知识共享与合作，关键在于能否创设一种有效的机制和环境。为此，作为学科带头人或学科负责人就要为大家设立学科发展的愿景目标和发展思路，构建合理的学术梯队，协商落实成员在团队中的责任，建立知识共享、合作共赢的机制，发展公平竞争的制度和文化环境，并争取学院和学校的各方面支持。

最后，在学科团队层面，要开展实实在在的科研学术活动，以促进科研学术水平的提升。这包括：在学科带头人指导下，成员合作申请国家和省部市级基金项目，并真正开展合作研究；组织日常性的团队学术交流会，各位成员均可汇报自身近期相关研究的成果或经验、存在问题，以促进彼此知识共享；组织团队成员跨界交流与合作，特别是与那些国内外知名学科团队的学术交流与合作；支持本团队成员轮流参加国内外的高水平学习培训，特别是到国外名校做访问学者，以快速提升学术水平。

3. 教师个体层面的措施

学院层面以及学科团队层面的措施对于教师提升科研学术能力会起到重要影响，但是外因一定通过教师个体的内因才能起到实际作用。首先，作为教师个体，必须具有做好科研学术，并期望达到某种理想境界的志向和强烈诉求。这样的志向和诉求，就会促使教师个体全身心投入科研学术，在探索规律、发现真理的过程中，耐得住寂寞，经受住诱惑，不畏艰难、勇攀高峰。其次，作为教师个体，必须具有从事科研学术的良好素质和较强潜力。如果不具备做科研学术的潜质，即使付出巨大努力，恐怕也很难成功；与其如此，还不如尽早去从事自己更加具有优势的事业。在上述两个前提条件之下，还需要采取以下措施：

一是在学科带头人或其他权威专家指导下，明确自身学科领域和主攻方向。一些教师所以在科研学术上不成功，其中原因之一是未能明确自身学科领域和主攻方向，总是左右摇摆，凭一时兴趣或他人影响，东做一点、西做一点，结果荒废了自己的青春和精力，失去了学术发展的“黄金时期”。心理学家经过统计研究发现，人的最佳智力期一般在 26 ~ 36 岁，如果在此时期不能聚焦适合的专业领域有效发挥智力、创造力，恐怕一生就难以做出创新性成果。年轻教师在学术研究上由于各种原因，走些弯路也属正常，但如果总是飘忽不定，看不清自己应

该归属的学科领域和方向，恐怕就是问题了。

二是力求进入或接近所从事学科领域权威学者的“圈子”，主动学习、交流，并力求在有所建树的基础上确立自身的学术地位。不少教师之所以在科研学术上不成功，就在于自己完全游离于权威学者的“圈子”之外，不了解学术前沿，不了解研究热点，其投入的很多精力都是低效的甚至无效的。尽管单凭年轻教师个人的力量，要进入权威“圈子”是有难度的，但不主动出击，不善于借助导师、学院等方面的力量，那就是自己的责任。

三是不单打独斗，组建或加入学科团队，利用团队的力量发展自己。不少教师喜欢单打独斗，不喜欢团队协作、不喜欢知识分享，其结果导致自身视野狭窄、思维受限、发展缓慢。一些成功的学者，他们成功的经验之一就在于始终处在学科团队之中成长。在团队环境中，就会有不同的思维方式、不同的知识经验，通过相互交流、分享甚至思想碰撞，往往就会触发灵感。再加上在团队中的分工协作，很容易产生创造性成果。这无论对于科研学术的产出效率还是产出质量和效果，都会产生极大的正面影响。

四是潜心研究，持之以恒。正像马克思所说，在科学上没有平坦的大道，只有在那崎岖的小路上不畏艰险奋勇攀登的人，才有希望达到光辉的顶点。既然选择了学术之路，那就要把自己的全部心智奉献于科学、奉献于学术。“不畏浮云遮望眼”，潜心研究，持之以恒，不怕吃苦，百折不挠，向着学术前沿冲击，直到达到理想的学术境界。

（三）社会服务能力

一所学院的社会服务能力是以其科研学术能力和人才培养能力为基础的，离开这两方面能力的支撑，学院就没有任何优势可言。正如前文所述，社会服务是高校应该履行的三大职能之一，并非只是一种“业余活动”或“不务正业”的行为。既然如此，学院将社会服务作为一项事业列入发展规划并采取措施加以实施就是情理之中的事情。然而学院的社会服务能力取决于多种因素。

首先，学院的科研学术能力和人才培养能力能否支撑其开展社会服务。如果学院科研学术能力本身不足，没有什么被同行、被社会认可的科研学术成果，缺乏理论与实际相结合，并有效解决企事业单位难题、困惑的能力，那么其社会服务工作就很难展开，更谈不上创造品牌，最多只是扮演“打工者”角色。像清华大学、北京大学、哈尔滨工业大学、浙江大学、复旦大学、上海交通大学、西北工业大学、北京航空航天大学等名校下属的部分学院之所以社会服务工作能有效开展，首先就在于他们具有雄厚的科研学术能力和卓著的科研学术成果，具有很强的社会影响力和核心竞争力。同样，学院的人才培养能力及其成果水平也是其开展社会服务的支撑。如果一所学院能够持续不断地培养优秀的专业人才，毕业生的表现十分突出，那么就表明其人才培养能力很强，而这对于吸引社会机构合作或举办社会培训就会非常有利。同样举办培训班，北京大学、清华大学、中国人民大学等名校报名者就可能爆满，一个班接一个班，学生满意度、自豪感都也比较高；而一些非名校，就可能出现招不满学员，甚至无法正常开班的尴尬。

其次，学院在社会服务方面的规划与组织能力是否支撑其开展社会服务。如果院长、院领导班子能够将开展社会服务作为学院一项重要事业纳入学院整体规划，并能够从组织上、人员与资源调动上强力推进，那么开展社会服务就有了较好的保障，否则，纵然学院有开展社会服务的潜力，也难以发挥和取得实际成果。

再次，学院在经营和用人方面的机制是否支撑其开展社会服务。学院开展社会服务需要与社会打交道，需要考虑市场需求和竞争，需要考虑投入和产出效率、效果，需要考虑产品推广和品牌打造。一句话，即需要高质量的经营管理。为此，就需要建立、完善相应的以市场为导向的经营机制、用人机制和管理体制机制。如何有效地处理双轨制带来的困惑，如何有效地引入经营管理人员聘任制，都是一些现实问题。当然，这些年来，已经有许多高校做了大量探索，其开展社会服务的成功模式、成功经验值得学习和借鉴。

最后，学校层面的政策、条件是否支撑学院开展社会服务。学院无论如何都是学校的一部分，在开展社会服务方面受到学校条件、政策的制约。如果学校整体的条件、环境和政策不能支持、支撑学院开展社会服务，那么学院就会遭遇很大困境，即使勉强去开展，也很难打开局面，甚至会出现“费力不讨好”的现象。

从以上分析可知，学院社会服务能力的提升是一个系统工程。为此，作为院长，就需要综合考虑上述四个方面因素，根据学院所处的实际情况，量力而行、循序渐进，努力创造条件，创新经营管理模式，在不断探索中取得突破。需要强调的是，由于各个学校、学院情况千差万别，所以在社会服务方面一定要结合学院和学校的自身情况，选择适合的领域、适合的项目、适合的规模、适合的运作模式，切不可盲目攀比、好高骛远。条件好的、综合实力强的可以多做一些，条件差的、实力弱的可以少做一些，而那些连维持日常教学都困难的学院则完全可以暂时不做。

三、院长的能力提升

资源整合、能力建设都是院长及其院领导班子成员所需要履行的重要职能，而这两项职能的发挥有赖于院长及其院领导班子成员自身的能力。尽管我们在院长特质与风格部分谈到了院长的能力问题，但是对于如何不断提升院长的能力，却需要进一步分析。根据国内外相关研究及其经验，院长能力提升主要包括以下五种途径：

（1）在实践中锻炼提升。许多优秀的院长，正是在学院的管理工作中潜能得以施展，表现出了优秀的、卓越的领导才能。在学院改革和发展过程中，通常都会经历各种挑战，包括改革既有的教师聘任制度、考核制度、薪酬制度、奖惩制度，实施教学改革、科研改革、社会服务改革，应对学科、专业评估等，对于院长来说都是挑战。正是在迎接、承担这些挑战性任务中，院长的分析能力、判断能力、计划运筹能力、组织能力、资源整合能力、应变能力、创新能力、执行能力、驾驭能力等各方面均得到了锻炼和提升。作为院长，就应该主动寻求挑战、敢于迎接挑战，如果总是谨小慎微、苟安保守，不敢面对挑战，那么院长的能力也就会止步不前，学院各项工作就不可能有新的局面。

（2）加强业务知识、领导理论和管理知识学习。一个人的潜能再加上知识学习和实践锻炼，就会形成现实的能力。作为院长，为了提升自身领导力和管理素质，就必须扎扎实实了解或掌握相关业务知识，系统掌握领导理论和管理理论，只有用相关知识武装起来，院长的领导和管理活动才会由自发变为自觉，由反应式变为系统式，由“业余选手”变为“专业选手”，从而大大提升自身的领导力和管理素质。不强化知识学习，院长的能力就只能原地踏步，不可能有大的提升。

（3）善于反思、总结和创新。作为院长，尽管每天工作都很忙，可谓“日理万机”，然而在工作之余，经常反思自身管理学院工作中的各种做法及其结果，善于总结其中的经验和教训，并提升为规律性认识，那么其领导能力、管理能力必然会不断提高。与此同时，院长还要结合自身所学知识和工作实践，大胆探索和创新，从而形成自己的独特领导观念、领导方法和领导艺术。许多颇有成就的院长，他们通常都有自己一整套与众不同的领导观念、领导方法和领导艺术，恰恰是他们善于反思、总结和创新的结果。

（4）榜样式的学习与模仿。院长能力提升，除了自身实践，还需要向榜样学习。榜样学习既是提升能力和经验的捷径，又是完善自身能力和丰富自身经验的重要途径。这方面的方法主要包括：日常工作中向榜样学习，包括向同事学习、向本校优秀院长学习；专门配备“影子领导”，学习与模仿“高手”，结对式培养；阅读榜样院长传记或观看榜样院长电影、电视片或听取榜样院长的经验介绍。

（5）领导力训练中心方法。在专门的领导力训练中心，接受专家指导和训练。在领导力训练中心，通过素质测评、模拟训练、研讨、评价等各种系统训练，提升自身领导力。设在苏州的西交利物浦大学，在席酉民校长主持下曾举办过多期院长领导力研讨班，其做法就类似于领导力训练中心的模式。

第九章　学院文化建设与管理

作为一位初任院长，他可能会着急去抓教学、科研等业务工作，并期望抓出成效。但过不了一年半载，他或许就会意识到工作没那么简单，就会感受到有一股无形的力量在影响着人们的思想，左右着人们的行为，这便是学院文化。学院文化作为一所高校整体文化的亚群文化，是学院内部群体成员信奉和遵循的价值观和行为规范，其对于教职工的思想和行为，会产生明显的导向力、约束力。学院文化可谓各具形态、各具特色，可能还会表现出两极性的特征，如民主与专制、创新与守旧、开放与封闭、积极与消极、先进与落后、冲突与和谐等。因此，作为院长和院领导班子，需要对学院文化进行有效监控、有效管理，以使其与学院发展战略、教学与科研的实际情况相适应。

一、现状分析

（一）院长们的看法和做法

学院文化是高校文化的亚群文化，其对于学院学科建设、教学科研和学院其他工作都会产生重要影响。建设良好的、健康的学院文化，对于学院日常运转和长远发展都具有重要意义。

针对学院文化建设与管理问题，笔者访谈了多位院长或曾任院长，他们普遍认为学院文化建设与管理是学院和院长很重要的工作。但由于各个高校、各个学院发展历史和现实状况不同，院长的理念和风格不同，所以学院文化的状况也存在比较大的差异。

南京农业大学公共管理学院原院长欧名豪教授、北京航空航天大学人文社会科学学院院长郑晓齐教授、中国矿业大学（北京）管理学院院长丁日佳教授、内蒙古大学公共管理学院院长刘银喜教授等认为，总体上看，高校二级学院在学院文化建设方面做得还不是很到位，重视程度还有待提高。比如说，许多学院还没有明确的关于学院核心价值观、愿景、使命等的表述，即使有表述，教师和学生的知晓度和认可度也不高。

当然也有部分知名高校的知名学院或具有较长办学历史的学院，相对比较重视学院文化建设。如北京大学光华管理学院、清华大学经济与管理学院、中国人民大学商学院、南京大学商学院、上海交通大学安泰经济管理学院、天津大学经济与管理学部等。近些年来，一些高校商学院通过国际认证，提炼自己的学院使命、愿景和核心价值观，也推动了学院文化建设。

在学院文化建设与管理的特色方面，各个学院不尽相同。如有些学院更加强调追求卓越和奋发向上的精神，有些学院更加强调团结和谐的氛围，有些学院更加强调包容性和个性张扬，有些学院更加强调弘扬学术主旋律，有些学院更加强调员工关爱和营造“家”的氛围等。

对外经济贸易大学前任国际商学院院长、现任副校长张新民（2012）教授指出：“我认为，文化建设是实实在在的。在一个组织内部，文化建设首先是解决组织内部的人是怎么相处的，即人与人之间是怎样的关系；其次是组织内的人为什么目标而忙碌，人的目标导向是什么，人在朝哪个方向发展，人为了什么而凝聚在这个组织里；最后是动力机制，即维系组织发展的动力机制在哪里，组织内部怎样拧成一股绳。”

中国人民大学商学院院长毛基业认为：“文化很重要，特别是科研文化、教学文化。”针对中国人民大学商学院的实际情况，毛基业曾为学院提出了“追求卓越，持续创新”的理念。他认为，要创一流学院，就要持续创新、追求高远。与此同时，针对学院年轻教师压力大的状况，学院也倡导建立“家庭文化”，并通过举办一些活动来缓解他们的压力。

对外经济贸易大学国际商学院王永贵院长认为，一个优秀的学院一定是具有奋发向上精神的学院。作为院长，就是要通过学院文化建设，达成教职工的共识，形成凝聚力，奋发努力地去实现学院的愿景。学院文化建设要始终围绕学科建设、人才培养、科研学术和社会服务，做好引导工作，尤其是做好非正式引导工作非常重要。

中央财经大学商学院院长王瑞华认为，和谐应是学院的基本文化。与此同时，学院也应该是积极进取、凝聚力强的学院。要使得老师们为学院的发展贡献不同的力量，就要在学院建设充满正能量、少发牢骚的快乐文化。

D大学数理学院院长尚元君认为，学院生态文化建设很重要，学院内部要形成和谐的氛围。比如各个学科之间，肯定会有些矛盾，这就需要把事情摆在明面上，进行沟通协调，矛盾就解决了。其次要形成相互尊重、相互关心的氛围，凡是人，都希望感受到尊重，都希望得到发展。作为院长就要把群众的需求内化于心，尊重、关心教师的发展。

中国地质大学（北京）能源学院原院长樊太亮教授认为，对于学院来讲，营造一种和谐氛围很重要。每位教师都可以自己独立做事，只要学院有了一个好的环境、氛围，老师们都会自己去干。所以，作为院长，需要重视学院文化和良好氛围的营造。

上海对外经贸大学工商管理学院原院长魏农建教授认为，学院文化建设中，强化亲和度特别重要。中国文化价值观中十分强调“和”文化，所谓天时、地利、人和。所以作为院长，不要让老师每天上班进到学院就感觉很压抑，而是应该让老师们进了学院就感受到轻松和愉快。一个人在愉悦的情况下才能够把他的教学搞好，才能够把他的学术能力提上去。

北京邮电大学经济与管理学院执行院长王欢教授认为，学院应该建设和谐文化。需要适当搞一些群团活动，否则大家天天不见面，就不会有凝聚力。

中国地质大学（北京）副校长王训练认为：“组织文化建设都是围绕提高学院核心竞争力的。一定要让教师们在你这个学院感到很‘爽’，让他们乐意在这个群体里面。作为教师，虽然要强调搞基金项目，发表SCI论文，但不是要求所有人都要达到那样高的水准，只是要有一个下限或起码的要求。”

南京农业大学公共管理学院原院长欧名豪教授认为，对于学院来说，毕竟是一个知识分子云集的地方，所以学院文化首先要有一种包容性，这样就能使得每个人的个性和特长都能发挥出来。在强调个性包容的同时，也要培育团队意识、团队精神，这对于开展重大问题研究、产生重大成果是非常重要的。

中央民族大学管理学院院长李俊清认为，关于学院文化，特别要注意团队与个人的融合问题。首先，教师应具有团队精神，具有服务集体的意识。与此同时，还要充分尊重每位教师的学术个性。教师的研究方向与学术兴趣各有不同，应该为每个人的成长提供充足的空间，创造良好的环境，使其敢为人先、勇于探索。

中国地质大学（北京）经济管理学院院长安海忠教授、北京航空航天大学人文社会科学学院院长郑晓齐教授、中央民族大学管理学院院长李俊清教授等认为，从学院作为学术组织的性质来看，学院文化应该首先是学术文化，或者以学术文化为主导。

张维教授介绍了他们学部文化建设上的经验和体会。张维教授介绍说：所谓组织文化，“就是看你的组织的愿景是什么，你这个组织的使命是什么、价值观是什么。不光是怎么说，还在于怎么做。所以能够努力地去塑造这样一些东西，就可以通过这些制度化的安排，把大家的言行进行规范，以至于慢慢形成一种习惯，这种习惯就是文化”。“我们的学院精神就是‘崇事实而求是，践商道以化成’，我们的校训则是‘实事求是’。所以我们的文化就在于我们相信任何的真理都是通过对于事实或者建立在事实的追寻的基础之上的，所以我们‘崇事实而求是’。从现实中、从事实中去追求真理、求那个‘是’。‘践商道以化成’，就是不仅要发现真理，而且需要在实践中摸索，需要实践发展出来的管理知识或者规律去改变这个世界，这就是‘化成’”。张维教授认为，学院文化建设要围绕学院使命和愿景而展开，具有丰富的内容和形式，如鼓励教师的组织公民行为、开展凝聚力工程和弘扬中华传统文化的活动等。

北京师范大学经济与工商管理学院院长赖德胜认为：“学院文化的重中之重，是理清学院的使命、愿景，尤其是作为一流学院，首先需要搞清楚学院的使命是什么，愿景是什么。在这方面要明确，要形成共识，这是学院制定战略和发展的基础。”

河北工业大学管理学院原院长王云峰认为：“学院文化与所有组织的部门文化一样，部门主管的价值观决定部门的体制、风貌和氛围。简言之，院长个人对学院前途的理想和追求，决定学院内部组织的架构、制度、习俗形式，并最终影响学院的学术风气和学科、教学、科研氛围。”

北京林业大学经济管理学院院长陈建成认为，学院文化是学院发展的灵魂，作为院长，必须要充分发挥先进文化的力量，充分营造学院的文化氛围，充分提高教师对文化的认识，充分领会文化和学科的关系。使文化得到重视，得到有效的建设。“高校没文化，实在太可怕”。陈建成院长还介绍了他们学院文化建设的做法，比如将文化教育纳入 MBA 教育体系，建立“国学教育中心”，聘请文化名人做导师，获得了教育部的示范项目；筹办“学院笔会”，老师搬家或者办公室搬迁时，学院会邀请名人提笔，将其书法裱挂起来，同时在学院内张贴字画，注重学院环境的营造。

（二）学院文化建设中存在的问题分析

作为高校二级学院的文化建设，越来越受到学院和院长的重视，特别是那些一流大学的一流学院和他们的院长，更是注重学院文化建设。这种学院文化建设，表现在多个方面，如凝练学院核心价值观，提出学院办学宗旨，总结学院精神，制定学院制度，规范学院教职工与学生行为，建设学院软硬条件和环境，组织教职工和学生的文体活动等。所有这些，对于学院教学、科研和社会服务等各方面工作都起到了促进和保障作用，也彰显了学院的特色，美化了学院的形象。然而，在学院文化建设取得重要成绩的基础上，也不能不看到其还存在的诸多问题，这些问题具体表现在以下几个方面：

（1）学院文化建设往往缺乏清晰的目标。虽然大多数学院都在进行学院文化建设，并开展了不少主题活动，但在建设目标上往往不够清晰。学院文化建设的目标包括总目标和分目标，总目标的核心是确立学院一以贯之的共同价值观以及基本的办学理念；分目标则可以有多个方面，如理念导向方面、制度建设方面、环境氛围方面、团队建设方面、核心竞争力提升方面、品牌打造方面、尊师爱生方面、管理服务方面、对外关系方面等。不少学院，在学院文化建设上缺少系统的规划，至多提出几个口号、开展几项活动，但如果你去采访院长、书记或普通教职工，问他们学院的核心价值观、学院精神、学院的办学理念是什么，其回答内容往往是似是而非、模糊不清，没有成型的东西。

（2）一些学院文化未能与学校文化合理匹配。学院文化是在学校整体文化之下而存在的，在学院文化建设中，既要体现学院自身特色和贡献，又要吸收、嫁接、挖掘学校文化中的优秀成果和元素。如果完全不顾及学校文化的存在或不能合理匹配学校文化而另搞一套，不仅属于一种非科学态度，而且学院文化自身也很难生存和发展。比如对于一个在理工科高校中的经管学院，尽管由于学科上的差异会形成与同校的理工科学院的文化差异，但也需要充分吸收、嫁接和挖掘理工科高校的特色优势而建设其学院文化。这样做，不仅增强了学院文化的基础，丰富了学院文化内涵，而且对于其树立对外的特色和形象会起到很好作用。

（3）学院文化建设往往存在偏颇。由于对学院文化建设缺乏全面的规划以及院长、书记的个性化等原因，往往导致学院文化建设中过于偏重某一方面的倾向。比如，如果院长属于科研学术导向的，就往往过于强化科研学术导向而弱化对于人才培养的关注；如果院长、书记属于人际关系导向的，就往往过于强化人际关系导向而弱化人才培养和科研学术；如果院长、书记属于商业化导向，就往往把精力放在对外创收方面而弱化教学与科研；如果院长、书记属于典型的业务导向型风格，就往往只抓业务而忽视对员工的关心关爱等。诸如此类的偏颇，在学院文化建设中并不鲜见，这往往会影响到学院的均衡发展。

（4）学院文化与学院发展战略不相匹配。学院发展战略通常会基于学院面临的主要矛盾以及客观的发展趋势而制定，然而既已形成的学院文化中的某些价值理念或行为规范可能会阻碍新战略的执行。在这种情况下，就需要学院文化发生相应的变革以求适应；然而在现实中，不少学院的院长、书记，在推进新战略过程中，往往忽视教职工观念的改变和学院文化的变革，没有将学院文化变革同推进新战略同步规划、同步部署，结果使得新战略的实施出现停滞甚至完全失败。

（5）学院文化的特色不够突出、鲜明。不少学院在建设学院文化过程中，并没有植根于学校和学院自身办学实践，而是采取“移花移草”的方式，照搬兄弟院校的学院文化。其提出的理念口号总是让人感觉似曾相识，而缺乏自身特色，诸如“团结、奉献、开拓、创新”“严谨、求实、创新”等。事实上，如果学院文化的理念确实立足于学校、学院发展中深刻经验或教训的总结、提炼，那么教职工必然感同身受，会起到很强的激励作用和共鸣效应；相反，如果学院文化的理念是照搬照抄，尽管词句很“时髦”，但也很难触动教职工的心灵。

（6）注重物质文化和制度文化，忽视精神文化塑造。一些学院在学院设施建设、环境美化以及制度建设方面做了不少文章，然而对于那些能够深入人心、触动心灵的精神文化塑造明显做得不够。要知道，学院文化建设不是让人观赏的形象工程，而是凝聚教职工共识、促进教职工协力奋斗、创新创业的心灵工程。如果学院文化只有好看的物质外表，而缺乏实在的精神内涵，那只能成为缺乏生命力的、昙花一现的东西。

（7）缺乏主流文化，学院文化过于散乱。由于受到社会文化、网络文化影响，以及学院对于主流文化的引导不力，致使学院长期缺乏主流文化而陷入一盘散沙的境地。正常的学院文化应该是一元与多元的统一，既有学院共享的主流文化，又有多元文化的并存；既有统一意志，又有个性的自由张扬。如果学院文化过于一元化，就会出现专制和个性压抑，不利于个性发展和学术自由；同样，如果学院文化过于多元化，大家在任何事情上就很难有共识和共同的行动，必然会影响团队合作和学院集体的发展。

（8）学院文化建设中缺乏教职工和学生参与。学院文化建设尽管与院长、

书记密切相关，往往会深深打上其烙印。但学院文化并不等同于院长文化、书记文化，而应该是属于学院教职工和学生共同认可并践行的群体文化。因此，在学院文化建设中，不能只是院长、书记在那里冥思苦想，提出一些学院文化的理念词句，而是需要充分发扬民主，走群众路线，让教职工和学生广泛参与其中。任何理念的提出，都要征求教职工或学生的意见，特别是教授和学术骨干的意见，真正基于群众的实践，基于学院教学、科研和社会服务的实在过程。

二、学院文化建设的主要内容

（一）学院文化形成的因素分析

作为高校亚群文化的学院文化，是各具特色的。即使同一所高校的不同学院，尽管不可避免地会带上这所学校的文化基因，但由于各自学科、专业、服务领域、发展历史、教师组成以及院领导个性等不同，也会导致不同的学院文化。

首先，不同学科、专业和服务领域，会形成明显不同的学院文化特性。理工科学院同人文社科类学院相比，相对更加严谨，做事更加讲究用数量说话，但思维相对比较刻板、机械；而后者相对思维更加开阔、辩证，做事更加灵活、变通，但往往在定量化和严谨性方面偏弱。北京大学和清华大学两所高校的学生就具有明显不同的特点，所谓“做人北大，做事清华”。北京大学文科、理科见长，校风是蔡元培先生所开创的“思想自由、兼容并包”；而清华大学以工科见长，校风是“行胜于言”，学风是“严谨、勤奋、求实、创新”。很显然，这种学生特点的不同，与其各自学校所擅长的学科、专业及由此形成的学校文化密切相关。同样，在学院层次上，不同学科、专业的学院会形成不同特色的文化。比如地质勘查、建筑工程等学科专业的学院，其学院文化表现在日常生活上一般比较粗犷、泼辣，但又有在实际工作中（实验室实验、野外观察、工程设计等方面）表现出比较严谨、踏实的作风。经管类、人文社科类学科专业的学院，其学院文化表现在日常生活中一般比较活跃、灵活，喜欢谈论社会、政治等广泛的社会生活内容，但又有在实际工作中表现出不够精细化和定量化的特点。

其次，不同的学院发展历史，其沉淀的文化也不同。比如北京大学的校训“爱国、进步、民主、科学”，反映了北大人在近代中国陷入半殖民地半封建社会状态下“救亡图存”的强烈爱国精神和追求民主与科学的近代精神。清华的校训是“自强不息，厚德载物”，则与当时梁启超先生在清华大学的一次演讲直接相关。同样，作为二级学院，其发展历史也存在差异。比如对于老的学院，其学科专业往往经历了很长的建设、变革以及与兄弟院校竞争的过程，经验教训都很丰富，因此其学院文化相对比较厚重，其在教学、科研和社会服务方面也会更加注重基础性和根本性的东西，更加注重学院的可持续发展；但与此同时，学院也积累了一些负面的文化，比如圈子文化、元老文化等。新建不久的学院，由于没有经历大的变革、挫折体验，经验教训沉淀不多，因而学院相对比较阳光，更加喜欢学习、追求创新，思维方式和行为方式上没有局限；但与此同时，学院容易出现在改革上的表面化、肤浅化和急功近利倾向。

最后，院领导个性风格不同，其学院文化也会有不同。院领导，尤其是院长对学院文化的影响比较大。往往换一届院长、院领导班子，其学院文化就多少会发生一些变化。比如有的院长更加重视科研学术，有的院长更加重视人才培养，有的院长更加重视人际关系，有的院长更加重视社会服务，有的院长更加重视国际交流与合作，那么其学院文化就会明显表现出不同。再比如，有的院长属于集权取向的，有的院长属于民主取向的；有的院长属于改革创新取向的，有的院长属于保守稳健取向的；有的院长属于内部取向的，有的属于外部取向的等，这都会导致学院文化上形成不同特点。

（二）学院文化建设目标的设计

对于学院文化建设的目标，可以从多个角度去规划设计，但其核心内容都是为了建立适应学院人才培养、科研学术和社会服务发展要求的共同价值观和行为规范。

（1）从学院文化的层次结构角度设计建设目标。学院文化可以分成精神层、制度层和器物层，或者分成精神层、制度层、行为层和器物层。对于学院文化的四个层面均提出目标要求，这样设计学院文化建设目标，相对比较全面、系统。

（2）从学院文化的功能（作用）角度设计建设目标。比如可以分成六个方面：一是导向功能，为学院全体教职工和学生归纳提炼出共享的价值理念，并以此作为指导学院教学、科研等各项行动的指针；二是激励功能，利用愿景目标、英雄人物、典礼和仪式等造势取势，振奋精神，为学院各项改革与建设活动营造良好氛围；三是创新功能，打造学习型组织，产出高水平人才培养成果和科研学术成果，提升学院核心竞争力；四是凝聚功能，关心关爱员工和学生，凝聚人心、培育教学与科研团队，提升学院群体战斗力；五是育人功能，加强师德学风建设，运用先进的思想文化教育师生，运用合理的规范约束师生，运用良好的氛围熏陶师生，全面提升师生的综合素质；六是美化功能，引入 CIS 战略，打造学

院独特个性和良好形象，提升学院社会影响力。

(3) 从学院文化的发展阶段设计建设目标。学院文化建设目标可以分成终极目标（总目标）和阶段目标。终极目标应该体现学院全体教职工和学生一以贯之的核心价值观和长期为之奋斗的愿景追求，需要在广泛、深入调研和深度思考的基础上提炼出来；而阶段目标则是在实现终极目标道路上某个相对独立的阶段性目标，通常与学院的某个阶段的主要矛盾、发展战略、主攻方向密切关联。

(4) 从学院文化现存问题及关键诉求设计建设目标。学院文化建设目标可以划分成学习型、凝聚力型、创新型、竞争型、开放型、形象型等。学习型学院文化是针对那些全员缺乏学习氛围、学院发展停滞不前的学院状况，而提倡、支持师生进行团队学习、知识分享、探索创新、不断超越的学院文化；凝聚力型学院文化是指针对那些人心涣散、凝聚力差的学院，而提倡教职工相互关爱、相互支持、团结协作为学院共同目标而努力的学院文化；创新型学院文化是指针对那些相对保守、缺乏创新活力的学院，而提倡改革探索、开拓创新的学院文化；竞争型学院文化是针对那些长期缺乏竞争意识、不思进取的学院，而提倡树立竞争意识、开拓进取精神的学院文化；开放型学院文化是针对那些国内外交流与合作开展较少、相对封闭的学院，大力倡导和推进开放性办学的学院文化；形象型学院文化是针对那些学院形象不佳、行为识别系统混乱的学院，建设具有鲜明特色和良好、统一形象的学院文化，以增强学院的个性化和美誉度。

学院文化建设目标从整体来看，一般应包含六项内容：一是整合价值理念，理清发展思路，为学院发展提供理念导向；二是造势取势，振奋精神，推动变革，为学院发展营造氛围；三是提升全员素质，打造学习型组织，提升学院核心竞争力；四是凝聚人心，培育团队，提升学院群体战斗力；五是实施品牌战略，树立学院形象，提升学院品牌影响力；六是赋予学院独特个性，打造学院鲜明特质。

学院文化有其不同于企业、政府机构的特点，就在于它本身是围绕人才培养和科研学术而展开的，如果学院文化离开了人才培养和科研学术的本质诉求，那么就偏离了方向，就必然会导致失败。因此，无论如何去规划设计学院文化的目标，都必须以促进高质量人才培养和科研学术为主线和落脚点；也就是说，学院文化更多体现的是育人和学术主导的文化，而不应该成为以人际关系、集团政治、商业利益、世俗生活等主导的文化。

（三）学院文化建设的内容

为了使得学院文化建设的内容容易进行规划和设计，在此结合学院文化建设的目标分成四个层面进行分析，即精神层、制度层、行为层和器物层（见图9－1）。

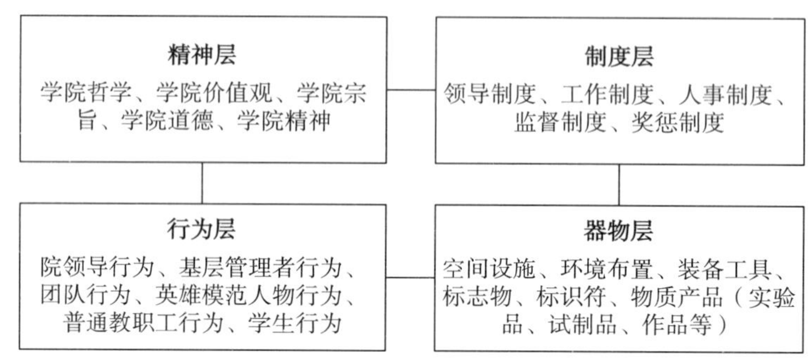

图9－1　学院文化建设的四个层次

1. 学院文化的精神层

精神层是学院文化建设的核心层，其内容包括学院哲学理念、学院核心价值观、学院宗旨、学院道德、学院精神五个方面。学院哲学理念是在观察、思考学院办学过程中关于人才培养、科研学术和社会服务的总观点和方法论，这对于指导教职工，尤其是学院领导干部的工作会起到重要指导作用。比如有的学院把自己的学院哲学概括为“以师为本，以生为根”“顺应天时，借助地利，营造人和”“学院竞争的根本是人才竞争”等。学院核心价值观是学院管理者、教职工对于办学过程中最重要诉求的观念，是学院文化的核心与基石。以人为本，尊师重教，道业双修，“创新是学院的生命”，等等，都可能成为学院的核心价值观。学院宗旨是学院办学过程中对于社会提供高质量教学、科研和社会服务的承诺，以此取得社会公众和服务对象的认同。比如有的学院提出了“为人才开路”的办学宗旨，有的学院提出为社会培养“一流人才”的承诺，有的学院宣称要办成“让人民满意”的学院等。学院道德是学院在处理学院与社会、学院教师与学生、学院领导与教职工、个人与集体等关系中所遵循的处事原则、规范。高校学院，作为教书育人的地方，更需要承担起自身的社会责任，履行高水平的道德义务。学院精神是在学院哲学、核心价值观、学院宗旨和道德基础上提炼而成的激励教职工和学生奋发努力、不断追求卓越的精神诉求，往往以某种简洁生动的口号或学院歌曲等形式出现。如提出“创新是学院的生命”　“永远追求卓越!”等。

学院文化精神层的设计，既不能过于“阳春白雪”，又不能过于“下里巴人”，而是力求做到来源于现实，又适度高于现实，尤其要适合学院作为高级知识分子集聚和教学科研组织的特点。学院文化精神层的各个方面、各种表达方式，都应该让教职工和学生产生心理共鸣和心灵触动，并自觉接受指导、自愿接受约束，从而使学院文化成为大家的“精神家园”。

2. 学院文化的制度层

学院文化制度层也被称为制度文化，在广义上包括了学院的各种规章制度、行为规范以及风俗礼仪。规章制度具有正式性、严格性和强制性，是制度体系中的主体部分，一般都有正式的条文规定。行为规范具有要求或倡导大家遵守但并不强制的自律特性，一般也会以条文、格言、警句等方式表现出来。风俗礼仪则是日常工作生活中约定俗成的、非正式的行为方式或行为规矩，如每当教师发表了高水平论文或获得了各种奖励，学院领导都要在学院微信群宣传一下，老师们则跟帖恭贺一下，而当事老师则发个红包助助兴。

制度层的设计，既需要学院精神层文化的指导，体现精神文化的总体要求，又要结合学院教学、科研和社会服务等方面的客观要求。如果制度层脱离甚至违背精神层要求，教职工和学生就难以从内心接受。比如学院精神文化中倡导“以人为本”，但制度中到处都充斥着对人苛刻、不讲人性的规定，教职工和学生就会从内心深处进行抵触。因此，制度层必须要反映精神层的要求，同精神层保持一致。从学院文化整体结构看，制度层属于中介层，学院的精神文化必须通过制度层的中介作用，而对于教职工和学生行为层以及器物层发挥作用。当然，制度层中的各种具体要素也不完全来自精神层的要求，它还要适应教学、科研和社会服务等工作的实际情况。比如，尽管精神层提倡“以人为本”、关爱师生，但当教师或学生违反了教学、科研等制度规定，也是需要给予批评或惩罚的。

如果说精神层的作用在于塑造人的内心、指导人的行为，那么制度层的作用则在于规范、约束人的行为。所谓“无规矩，无以成方圆”，制度具有导向、约束、矫正、奖惩人的行为的作用。从人所具有的“善”“恶”两方面本性来看，仅仅依靠精神层的引导、弘扬、激励作用，并不能保证人完全“向善”而“无恶”，只有在精神层的基础上，辅以制度层建设，建立起“扬善”和“惩恶”的完整机制，才能达到理想的行为管理目标。

学院制度从业务类型角度可以分为教学制度、科研制度、社会服务制度、国际交流与合作制度，教师管理制度、学生管理制度、行政服务人员管理制度，教室管理制度、实验室管理制度、固定资产管理制度等；学院制度从性质类型可以分为领导制度、工作（劳动）制度、人事制度、监督制度、奖惩制度等。学院制度还可以有其他更细化、更广泛的划分标准。

从制度层设计角度看，首先需要完成制度的顶层设计，然后再去设计下位制度，分层分类设计，形成上下贯通、相互协调、相互补充、有机衔接的制度体系。每一项制度的设计，既要遵循制度观念、制度原则，又要在制度条文设计时考虑制度执行中的可操作性、可接受性。为什么许多制度在最先出台时通常标注为“试行”，就是考虑实际操作、执行过程中可能会遇到意想不到的问题，为制度的调整留出空间。

3. 学院文化的行为层

学院文化的行为层，又称行为文化或学院作风，是学院教职工和学生在教学、科研、管理、服务、学习、生活中形成的活动文化，是学院在教学、科研和社会服务过程中提倡和表现出来的处事风格、处事方式，如院领导是民主作风还是专职作风，是雷厉风行作风还是拖拖拉拉作风；教职工是创新导向还是保守导向，是积极进取还是安于现状，等等。它一方面动态地展现学院文化，同时又使得学院各种理想、规划变为实际的成果产出。学院的行为文化可以分为以下六个层次：

（1）院领导的行为。院领导的行为是学院文化行为层的关键。院领导特别是院长、书记的理想境界、目标追求、思维方式、志趣情操、精神状态、工作作风对学院文化起着关键性影响。院长、书记通常是学院文化的设计者、倡导者、推动者和模范践行者，他们的行为对于学院的影响是巨大的、深远的。

（2）基层管理者的行为。基层管理者包括：系主任（或教研室主任）、院办公室主任等。院领导的理念、目标、战略设计，必须通过基层管理者贯彻、落实，没有基层管理者承载、支持和执行力的发挥，再好的战略都无济于事。基层管理者既要代表学院在特定领域扮演学院文化、学院战略的布道者，又扮演带头人、组织者、协调人、激励者、救火队员等多重角色。俗语讲“兵熊熊一个，将熊熊一窝”，如果基层管理者没有能力、没有威信，那么必然带不好团队，团队就没有凝聚力和战斗力。

（3）团队的行为。团队越来越成为学院教学、科研、管理、服务的基本组

织方式，学院各项工作的好坏、绩效高低与团队构成和团队行为密切相关。首先是院领导团队，如果院领导团队志同道合、分工负责、协力配合、相互补台、艰苦奋斗、开拓创新，那么学院的改革发展就会有希望、有动力，否则，院领导班子就会是一盘散沙，学院的各项改革事业就不可能成功。其次是教学、科研团队，如果教学、科研团队的成员具有高度认同的目标，且成员间彼此承诺协作，愿意共享知识、信息，相互学习、帮助，并开展良性竞争，那么团队就能创造出高绩效。最后是基层管理和服务团队，如果基层管理和服务团队的成员能够具有大局意识、奉献与协作精神、乐于为服务对象提供规范、优质服务，那么就会大大增强服务对象的满意度、提升学院的整体形象。

（4）英雄模范人物的行为。学院各类英雄模范人物，对于学院文化塑造和学院发展而言是不可或缺的因素。在学院不同领域、不同时期，需要有不同的英雄人物出现。比如在教学领域就需要有“全国优秀教师”“省部级优秀教师”“校级优秀教师”作为模范人物；在科研学术领域就需要有“杰出青年”“优秀青年”等不同层次的科学技术奖获得者作为模范人物；在社会服务领域就需要能做成大事、好事的开拓创新者作为模范人物；在学院管理领域就需要有调动学院各方面积极性、将学院带向新高度的优秀院长、书记作为模范人物等。这些英雄模范人物，分别代表学院共同价值观的不同侧面。

（5）普通员工的行为。要判断一个学院的状况好坏，观察一下这个学院普通教职工的行为就清楚了。学院的日常教学、科研、服务活动大部分都是由教职工完成的，而这些具体业务活动做得好坏、做得是否到位，都取决于教职工的综合素质、精神状态以及训练有素的程度，体现出学院文化的状况。

（6）学生的行为。如果学生在学习、科研、生活中显示出积极进取、努力学习创新、关心集体、乐于合作、具有社会责任感、为人处世得体，并不断取得学习、科研、创业、社会公益等各方面成绩，那么就说明学生有很好的行为素养，预示未来成才的巨大潜力。

4. 学院文化的器物层

器物层也被称为器物文化，是表现在学院各类空间设施、环境布置、装备工具、标志物、标识符、物质产品（试制品、实验品、艺术作品等）等方面的显性文化。器物层文化一方面要体现精神层的要求、接受制度层的约束和行为层的塑造，另一方面也需要遵循器物层文化的客观规律，包括物理规律、工艺规律、美学规律以及安全、环保、节能等方面的要求。两个方面是矛盾统一的关系。

器物层尽管相对精神层具有一定的独立性，但总体上会体现出学院文化精神层的内在诉求和状况，是学院精神文化的外化。无论对于学院内部师生，还是社会公众，通过观察、体验学院的器物文化，就可以在一定程度上了解学院的整体文化和整体发展状况。因此，学院对于器物层的各个方面，都应该按照精神层、制度层的要求、在遵循客观规律的基础上精心设计、精心布置、精心创作。比如，对于学院教室、实验室、楼道走廊、大门外侧等空间，就需要进行一定的装饰、美化，并将反映学院精神的标语、标示、活动图片等予以展示。同样，对于教师工作室、学院办公室、研究生工作室、学院会议室以及学生宿舍等，也需要力所能及地装饰、整理和美化，这也是学院“以人为本”精神文化的要求。优良的学院器物文化同优良的学院精神文化、制度文化和行为文化一样，具有引导、激励、熏陶、塑造人的作用，是不可忽视的学院文化建设的重要方面。

器物层建设并非单纯地追求“高、大、尚”，而是力求体现学院教职工和学生的精神诉求和对于学院美好愿景的向往，力求同学院开展高质量的教学、科研和社会服务活动相适应，满足培养优秀专业人才、产出优秀学术成果和提供优质社会服务的要求。当然，对于我国高校在困难时期所形成的艰苦奋斗精神，即使今天也仍然需要保持；但是，既然今天我们有改善办学条件、办学环境的经费支持，就应该充分、有效地利用。事实上，适当改善教学、实验、办公等方面条件，不仅已经成为培养高质量人才、产出高质量成果的客观要求，而且本身也是体现学院以人为本和为社会负责的积极态度。

三、学院文化建设的路径与方法

（一）学院文化建设的认识论

关于学院文化是规划设计出来的，还是做（或实践）出来的，虽然会有争论，但不可否认的是，学院文化作为意识形态必须反映学院教学、科研和社会服务以及其他活动的客观现实，学院文化，特别是学院精神文化一旦形成，就会产生能动性和反作用，对以后的学院实践活动起到指导、激励、约束等作用。

作为学院的创始人，其思想境界、理想追求、工作作风等个人特点对于早期学院文化的形成起到巨大影响，但学院创始人的个人特点还不能同学院文化画等号，因为学院文化本质上是群体文化，只有学院创始人的个人思想、理想追求和个人风格在学院创业实践、日常工作中逐渐被成员认可、接受，并形成群体意识、群体风格时，才形成了真正的学院文化。

学院文化在形成、发展过程中必然经历了一个“实践、认识、再实践、再认识”的螺旋式上升的过程。这就是说，学院文化建设需要遵循认识论的基本规律和基本原理。学院文化建设需要主观构想、规划设计，但主观构想、规划设计必须建立在对学院教学、科研和社会服务等实践活动的深度考察和把握上，必须建立在对学院面临内外环境、趋势的深刻考察与把握上，单凭主观意识、主观价值去勾画学院文化，必然因缺乏根基而建设不好学院文化。

（二）学院文化建设的路径

学院文化虽然有一个“自然形成”的过程，但是它更是一个经由谋划设计、传递传播、在行动中渗透、落实的主动建设过程。学院文化建设的具体路径可能有所不同，但其中也存在一些共性的路径。

1. 学院文化四层次依次建设模式

该模式如图 9 - 2 所示。

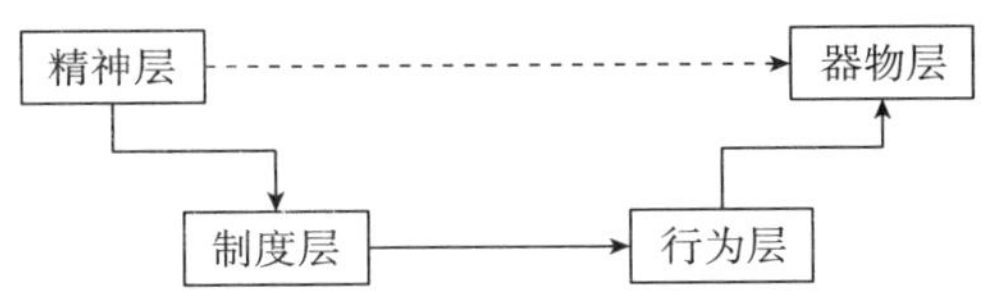

图 9 - 2　学院文化四层次依次建设模式

学院文化的核心是精神层，只有将精神层设计好了，学院文化才具有了灵魂。在学院精神层文化中，主体内容包括哲学理念、共同价值观、学院宗旨、学院道德、学院精神等，是首先需要设计好的。特别是哲学理念和共同价值观的形成，需要学院创始人和历届院长、书记依据对学院现实和环境的观察，进行深入思考、反复酝酿和总结概括的。在精神层设计和实际建设过程中，需要吸收学院内外各种“营养”，既要总结提炼学院自身办学过程中的经验、教训，又要借鉴兄弟院校办学经验，还要注意吸收传统文化中、现实社会文化中以及外来文化中的优秀元素，最终形成具有本学院特色的、系统化的精神层文化。在精神层设计和建设过程中，院长、书记既要发挥好主导作用，又要充分发挥教师和学生的作用，让大家能够有机会参与讨论、建言献策。与此同时，还要积极征求校领导、校职能部门以及相关专家的意见和建议，这样做会使得学院精神层文化的建设更能够反映实际，更能反映利益相关者的诉求和集体的智慧，也便于随后在传递、传播过程中得到教职工和学生的群体认同。

第二个层面是建构制度层。没有制度层的中介作用，精神层文化就很难落地、也很难保持。可以说，在学院文化建设过程中，制度化是一个关键环节和关键机制。在制度层设计与建设中，一方面要以先进的精神层作为指导和“武装”，另一方面又要务求与学院的教学、科研、社会服务等实际情况、实际需要相结合，形成系列化的制度体系。在制度形成以后，就需要在制度的执行环节上下功夫，做到“有法必依”“执法必严”、在制度面前一律平等。

第三个层面是塑造行为层。行为层塑造的过程，实际上就是用精神层指导行为、用制度层规范行为的过程。在这一过程中，宣传教育、培训沟通、榜样示范、监督管理、考核奖惩等手段的运用会起到重要作用。需要注意的是，行为层的塑造并非只是通过外在制度的规范约束作用，也需要精神层的内塑造，从而为行为者注入内在动力，此所谓“内外双修”。

第四个层面是建设器物层。器物层是由行为层直接塑造而成的，但其根源于精神层，并受到制度层的影响。器物层质量的好坏，其表现出来的价值、品位，与精神层和制度层密切相关。但也要看到，并非精神层、制度层、行为层好，器物层就一定好，因为器物层还有其特殊的规律性，如材质特性、工艺水平等。因此，对于器物层的建设，既要以精神层、制度层和行为层建设为基础，又要充分尊重其特殊规律。

2. 学院文化五要素生成模式

参照罗长海教授提出的企业文化生成要素模式，可以构建出学院文化五要素生成模式（见图9－3）。

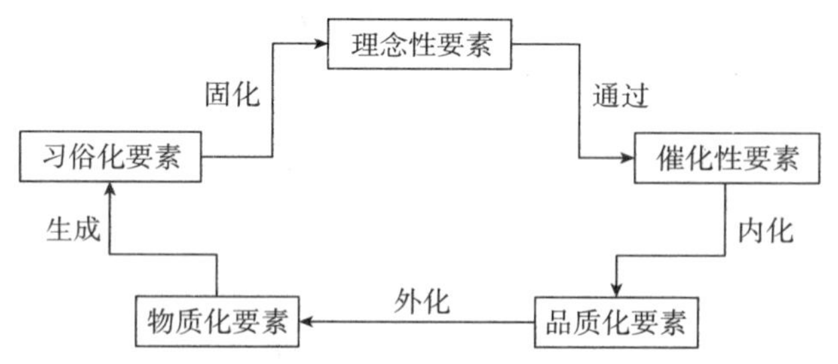

图9－3　学院文化五要素生成模式

如图9－3所示，学院文化建设从理念性要素的萌发、形成开始。理念要素

包括学院哲学理念、价值观、学院宗旨、学院道德以及学院精神等，它就好比一颗“种子”，具有内在生长的潜能。但这颗“种子”要发芽、成长，就需要借助于催化性要素的作用。所谓催化要素，是指促进理念性要素向群体成员传递、传播的各种宣传、教育、培训、活动以及制度、规范等要素。在催化性要素的作用下，理念性要素就会逐渐被群体成员所知晓、认可、接受，并最终内化为群体成员的个人品质。此时，原来只是在院领导层面的理念性要素就会变成学院的群体意识和成员的共同品质。一旦品质化要素形成，就会通过行为外化为物质化要素，形成特定的物质环境、物质设施、物质产品等。如果这一过程不断循环，就逐渐成为学院的习俗或“组织风土”，此时学院文化就真正形成了。

3. 学院文化建设的“五化”模式

该模式最早由清华大学经济管理学院的魏杰教授所提出，依据该模式，组织文化建设需要经过理念化、教育化、制度化、实践化和系统化五大过程来完成（见图9-4）。

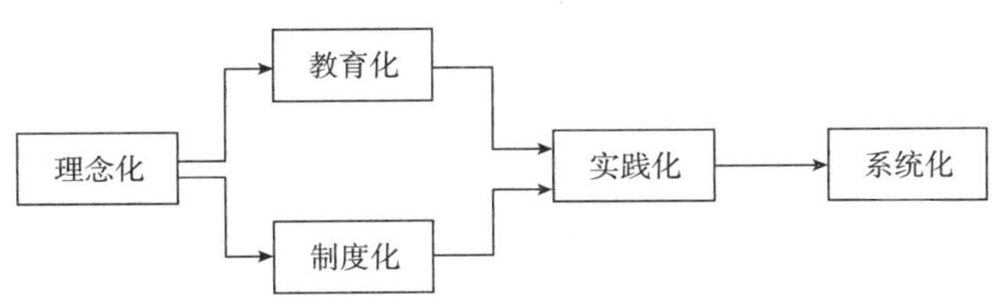

图9-4　学院文化建设的“五化”模式

如图9-4所示，学院文化建设的第一步就是总结、提炼出学院的各种办学理念、治理理念。理念化的过程并非轻而易举，而是一个在观察学院内外环境和发展趋势的基础上，深思熟虑、集思广益、反复提炼、概括的过程。其提出的理念是否全面、准确、深刻和具有创新性，在一定程度上反映院长和书记的思维能力和综合素质。办学理念、治理理念一旦形成，将会对学院的各项改革、发展事业产生重要影响。如果学院的办学理念、治理理念不清晰、不正确，那么学院的各项工作就像是“没头的苍蝇”，将陷入盲目和被动。

学院文化建设的第二步就是学院文化“教育化”，即通过各种宣传、教育、培训、示范、沟通、研讨等措施，让学院教职工和学生了解和接受学院的办学理念、治理理念，从而形成理念共识和志同道合的局面。事实上，没有学院文化的各种“教育化”措施，学院的办学理念、治理理念就很难为普通教职工和学生了解和接受。

学院文化建设的第三步就是学院文化制度化，即通过制定学院的制度体系，使“软”的学院理念变为可以执行的“硬”的制度。事实上，人的行为总是既受内在理念指导，又受外在制度约束的，这符合人的本性。正如前面已经谈到的，制度化在学院文化建设中是一个关键环节和关键机制，没有制度化，学院文化就很难落地。

学院文化建设的第四步就是学院文化实践化，即通过在教学、科研、社会服务等各项实践过程中贯彻、渗透学院文化、学院精神、学院制度，使学院文化真正发挥作用。学院文化绝不是挂在墙上的美丽“词句”和摆在桌面的漂亮“花瓶”，仅供观赏，而应该是实实在在对学院各项改革和发展事业起到指导、推动作用“精神食粮”和精神动力。因此，搞学院文化建设不能搞成“两张皮”，不能搞成“形象工程”。

学院文化建设的第五步就是学院文化系统化，即通过长期的学院文化建设，使得学院文化的理念层、制度层、行为层、器物层形成一个要素全面、协作配套、有机联系的系统整体。学院文化建设初期，很难避免理念层不统一、制度层不完善、行为层和器物层缺乏标准、规范的情况，而通过长期的有计划的学院文化建设，通过“实践、认识、再实践、再认识”的反复过程，学院文化就会逐渐达到系统化的境界。

（三）学院文化建设的方法

在学院文化建设中，人们创造了多种多样的方法，在此仅以列举的方式进行分析。

1. 理念形成的方法

作为学院文化的精神层、理念层是学院文化建设的核心层，是首先需要构建的。其主要方法有以下五种：

（1）院领导自我总结、提炼法。院领导根据自身工作经验体会和学院内外环境的观察思考，总结、提炼出一套学院发展和治理的理念。

（2）先进经验借鉴法。通过对国内外高校、学院的考察、学习，借鉴其先进的办学理念和学院治理理念。

（3）集思广益、建议征集法。向学院教职工、学生以及校领导、专家征集相关意见和建议，或通过召开座谈会，进行“头脑风暴”，集思广益。

（4）从传统文化宝库中提取精华的方法。中华传统文化中有很多珍贵的精神遗产，在学院文化理念层建设中可以吸收、借鉴。

（5）从学院英雄模范人物的事迹、言行中提取要素并加以升华的方法。

2. 理念传播的方法

理念传播的方法很多，主要包括以下三种：

（1）宣传法。利用学院各种传播媒介，将学院文化信息向教职工和学生进行传播。包括通过开会、广播、电视、网站、微信圈、QQ 群、报纸等媒介进行宣传。

（2）培训法。院领导或学院专门人员，对学院教师和学生进行学院文化、学院理念的系统培训，培训形式可以是讲解、案例分析、研讨等。

（3）活动法。利用辩论赛、知识竞答赛等方式，统一教职工和学生对学院理念、学院文化的理解和认识。或者通过喜闻乐见的文娱节目，以传递、传播学院的办学理念、治理理念。

3. 学院文化维系与传承的方法

主要包括以下五种常见方法：

（1）学院英雄模范人物的神奇传说、奇闻逸事等，往往成为学院文化维系与传承的重要渠道。

（2）将学院文化用语录、标语、标记、口号、雕塑的形式表达出来，将有助于强化教职工和学生对学院文化传统的继承。

（3）院领导及其基层管理者的意识、行为、作风、要求，以及他们的示范作用，构成学院文化维系与传承的重要渠道。

（4）新进教师见习期安排、教职工考核、晋升制度等功能的发挥过程，也是学院文化维系与传承的重要渠道。

（5）学院通过一系列风俗、仪式可以在学院内部强化学院文化、传播学院文化。

四、学院文化变革

学院文化的建设诚然重要，但院长们面临的更紧迫的任务通常是变革旧有的文化，因为旧有的文化已经不能适应新的形势、已经阻碍学院的改革和进步。

（一）学院文化变革的动因

学院文化变革通常是在学院内外部诸多环境条件发生重大变化情况下发生

的，因此对于学院文化变革的动因需要从内、外两个方面进行分析。

1. 学院文化变革的外部动因

外部动因主要来自全球化、信息化与互联网、中国经济、科技、军事的全面崛起、社会对高校的期待、高校之间的竞争、质量评价体系、政府的高教政策等方面的变化。比如全球化和中国的全面崛起，就要求高校及其学院必须把目光投向全球，实施更广泛、更深入的国际合作与交流，并采取全球化竞争和对标的策略。信息化和互联网的高速发展，就要求高校及其学院在教育资源整合、人才培养模式等方面与之适应，比如网络课程——慕课的发展正方兴未艾。高校之间的竞争越来越激烈，其竞争的焦点是学科实力的竞争，而学科实力取决于学科定位是否恰当以及人才是否具有竞争力，这都需要学校及其学院科学谋划竞争的战略和策略。质量评价体系以及政府对于高校、高教政策的变化，必然会成为高校及其学院改革与发展的导向。比如国家目前推出的“双一流”建设计划，将成为推动全国高校实施内部学科调整和未来发展的重要导向。此外，更好的教育质量，更具原创性、更能满足国家和社会需要的科研学术成果，更好的社会服务等对高校的诉求越来越高，这必将推动高校及其学院的深度改革与创新发展。总之，学院外部环境的变化必然会推动学院文化的变革，学院必须顺应环境、顺应时代、与时俱进、主动变革，方能立于不败之地。

2. 学院文化变革的内部动因

学院文化变革的内部动因可能涉及多个方面。一是学院成长的推动。学院规模扩张、教学、科研和社会服务能力增强、结构优化等，都会促使学院文化与之适应，比如更加需要团队文化、协同文化、制度文化、创新文化、开放文化、市场竞争文化等。二是学院战略的转变。学院战略的转变必然带动学院资源、人才的流动以及相关政策、利益机制的调整，而这没有学院文化的变革，必然会遇到重重阻力。三是学院发展的危机。如果学院在发展中遭遇学科建设的人才、资金、设施严重不足以及绩效低下和竞争力下滑，那么学院要想摆脱危机、重新振兴，就必须实施学院文化变革。四是学院领导人的更替。学院领导人更替往往会带来价值观念、战略思路和治院理念的显著变化，从而成为学院文化变革的内部动因。五是员工群体的变化。如果学院由于连年引进年轻博士教师，且学缘结构更趋多元化，那么当这一新的群体达到一定规模和影响力，就会引起学院文化的变革。六是学院内部利益冲突和权力斗争。如果学院既有文化中，存在较为严重的“小圈子”文化、权力斗争，影响到学院正常的教学、科研和其他工作，影响到学院事业发展和竞争力提升，那么就需要引入文化变革。

（二）学院文化变革的阻力

学院文化一旦形成，就会逐渐统一、完善和稳定，就会成为一种思维定式和行为惯性。这种思维定式和行为惯性，在开始以及学院文化形成以后的相当长的时期里，都会表现出积极的作用。然而随着学院内外环境的变化，特别是学院因不能适应内外环境变化而遭遇危机状态下，已经形成和固化的学院文化就必然需要新的变革以求适应。学院文化变革是学院变革中的深层次变革，其阻力来自各个方面，大体表现在以下三个层面：

1. 个体层面的阻力

个体层面的阻力主要包括：一是担心权力和利益受损；二是担心对新的规则、方法、技术和组织结构不能适应；三是不愿意改变过去的行为习惯；四是对变革结果不确定性的担心。特别是对于中、老年教职工来说，由于适应能力和学术竞争力下降，更容易产生上述担心。

2. 组织层面的阻力

组织层面的阻力主要包括：一是原有组织结构、制度、流程、方法的惯性；二是对已有权力和利益结构的冲击和威胁以及由此带来的利益集团的博弈；三是组织各子系统变革的非同步性而产生相互牵制、阻碍；四是急功近利倾向以及缺乏变革耐力。

3. 观念层面的阻力

一是原有价值理念在人们心中已经根深蒂固，它使得人们在价值评判、行为方式选择上表现出强大的惯性；二是指导学院文化变革的观念、理论模式常常不尽完善，影响学院文化变革的实施及其效果。

总之，对于学院文化变革可能遇到的阻力，需要进行系统、深入的分析，以便采取沟通、协调、教育等有针对性的措施化解阻力，使学院文化变革顺利推进。

（三）学院文化变革的过程

学院文化变革从内容上看，主要包括理念、制度和器物三个层面的变革。其核心是理念层特别是价值理念的变革，关键是制度层的变革，没有制度层的跟进变革，学院文化变革就不可能有实效，而器物层变革在学院文化变革中属于辅助层和表现层。参考美国哈佛商学院教授约翰·科特的企业文化变革过程模式，学院文化变革大致可以概括为以下八个步骤：

（1）强化危机意识。通过广泛调研，让广大教职工深刻认识学院面临的内外环境和竞争形势；找出并讨论学院现存的危机、潜在危机以及面临的重要机会；促使大家形成改革的紧迫感。

（2）建立领导团队。以学院领导班子为基础，组成一个有力的工作小组负责领导学院文化变革，并促使工作小组成员尽快形成改革指导思想和基本思路的共识。

（3）提出愿景目标。创造变革愿景，使教职工产生对变革愿景的憧憬，并引导大家着手变革，使变革逐步展开。与此同时，要制定达成愿景的相关策略。

（4）进行愿景沟通。运用各种可能的沟通、传播渠道，持续传播新愿景，使教职工形成变革的正向思维。同时领导团队要以身作则，以影响和改变教职工行为。

（5）授权员工参与。采取各种有效策略，以铲除变革的各种阻力、障碍；让员工充分参与变革过程，并鼓励来自员工的各种创新想法、活动和行动。

（6）创造短期成果。规划短期的绩效改善目标或成果，并设法完成这一目标或创造相应成果，以公开表扬、奖励有功人员等方式鼓舞士气和激励变革的行为。

（7）巩固战果再接再厉。利用取得成果和公信力的大好局面，改变所有不能搭配和不符合文化变革愿景的系统、结构和政策；聘用、提拔或培养能够达成变革愿景的教职工；以新的方案、新的主题和新的变革代理人给变革流程注入新活力。

（8）让新的文化生根。利用各种推广、维系策略，使新文化被广大教职工和学生接受，并在学院教学、科研和社会服务等工作中扎实推进新文化、新理念的落实，从而逐步使得新文化在学院生根、传习，形成习俗。

第十章　院长的管理方法与艺术

院长们在实际管理过程中，其所创造的或借用的管理方法与管理艺术可谓丰富多彩，在此只能从几个不同侧面粗浅地予以介绍。

一、自我管理的方法与艺术

作为管理者，常常忽视的是对自身的有效管理，实际上只有先管理好自己，才能更好地管理好下属、他人，才能更好地管理好所负责的业务。管理自己包括从工作、事业到身体、生活等多个方面的内容。

1. 管好计划

管好计划既包括制订好计划，也包括执行好计划，还包括根据情况对计划做出合理、有效的调整。作为院长，可谓日理万机，如果每天毫无计划地想干什么就干什么，或者完全被动地应付各种事务，就不可能保证很高的效率和效果，甚至有可能造成失误。因此，善于制定每个年度、每个学期、每个月甚至每周、每天的计划是十分必要的。对于计划，当然不能只是“备忘录”式，而是应该按照轻重、缓急的次序，分门别类地制定和执行。对于重要的计划要做好充分的调研与论证工作，并重点予以安排；对于急迫的计划，应该优先安排；而对于相对次要的、可从缓的计划，应该安排在略靠后的时候再做处理。特别是对于每天的工作安排，要遵循“帕累托”定律，将最重要的事务优先予以安排，并采取措施予以处理，而剩余的事务如果时间允许再进行安排。

不能否认，有时“计划比不上变化快”，临时插进来的“小插曲”往往都是“急茬”，从而很容易打乱正常的计划工作。学院学科专业越多、办学项目越多、学术交流越频繁、师生规模越大，院长应急处理的事情就越多。在这种情况下，就需要制定学院各类事务处理的制度、流程、标准，实施分类、分层和授权管理。只有特别重要、特别应急和偏离正常情况的事务才能由院长处理，或由院党政联席会议研究处理。

2. 管好时间

与管理计划密切相关的是时间管理。时间具有一维性，失去便不会再来。院长也是人，只有一条身躯，只有一个脑袋，每天都需要工作，也需要生活，公事繁忙，私事也需要处理。因此，如何合理、有效地安排好自己一天的时间，对于院长来说是很重要的。从纵向角度出发，一天中哪个时间段安排什么事情，应该有个合理设计，比如一日三餐的时间，休息的时间，身体锻炼的时间，最好形成规律固定下来。对于公务时间，既要有常规安排，又要有非常规安排；既要遵循“帕累托”原则优先安排重要事务，又要学会“并行工作”方法。所谓“并行工作”方法，就是同时安排几件不同的事务，并授权下属去做，院长仅做好指导、监控工作，从而使各项工作都能够在一定时间内完成的工作方法。事实上，许多人并不具备并行工作的习惯，他们往往一头扎进一件事情，却留下大量其他事情等待处理；而当他做完了第一件事情再转向其他事情时，却已经时过境迁了。

3. 管好平衡

是指能够平衡工作与生活、事业与健康、单位与家庭、行政工作与学术发展等关系。院长的工作普遍都很繁忙，这主要是由于院长承担了太多的角色、太多的职能；但工作再忙也不能没有个人生活，不能完全牺牲健康、牺牲家庭为代价，不能完全不顾及自己的学术发展。在现实中，确实有不少院长平衡不了上述几个方面关系，英年早逝的有，家庭破裂的有，荒废学术的有。尽管他们的献身精神值得称道，但毕竟付出了过于沉重的代价。因此，作为院长，在意识上应该树立平衡观，在日程安排上就需要更加精细化设计，在行动上就需要使各方面保持动态平衡。表面看起来，暂时停下工作锻炼一下、休闲一下似乎是影响了工作进度和工作效率，实则是为了更有效率的工作和自身的可持续发展。

所谓“既要埋头苦干，又要抬头看路”，作为院长，脚踏实地、埋头苦干是对的，但如果不能“抬头看路”，不能对未来发展有着宽广的视野和创新的思路，脚下的路也很难走得更远。这实际上又是一种平衡，就是平衡“苦干”与“巧干”的关系、平衡眼前与未来的关系。

4. 管好修为

作为院长，应该始终坚持修身养性，力求成为广大教职工和学生的楷模。笔者曾赋过一首名叫“为师”的绝句以自勉，也期望以此勉励其他普通教师：“欲

育人者先育已，识博德厚方为师。甘愿人梯泊功利，修身正己做君子。”作为一院之长，就需要有更高标准的道德情操和人格魅力。修身养性包括多个方面内容：一是要爱国、爱教育事业的情怀，具有献身教育事业的崇高理想和强烈责任感；二是坚持德业双修，既要有崇高的道德修为，又要有坚实的业务能力；三是养成良好的性格、情志、作风、习惯，为人善良、诚实、谦逊，尊重人、热爱人、关心人、帮助人，坚持原则，公平、公正；四是注重自省、反思，经常反省、反思自己的所作所为，不断提升自身的素质、能力和境界。

二、管理业务的方法与艺术

教学、科研与社会服务是院长要抓的三项主体业务工作，而能不能抓好这三项工作，关键在于院长驾驭业务的能力以及其所采取的管理方法与管理艺术。

1. 院长要尽快成为业务行家

抓什么业务，就要对什么业务了解并掌握其规律。特别是对于新上任的院长，需要尽快对业务工作展开全面、深入的调研，力求摸透其中的奥秘。调研工作包括：通过学院过去的文件、资料了解学院总体的教学、科研与社会服务情况，通过召开学科带头人、教研室主任、骨干教师座谈会了解各项业务工作存在的问题，通过到先进院校调研获取典型经验等。调研中，特别要对前面历任院长在任期间所做的主要工作、工作成果、存在不足及其成因进行深入分析，这对于寻找问题解决突破口、打开工作局面非常重要。如果院长能够在上任伊始，通过深入调研和思路创新，做出几件“漂亮”事，将会对树立自身威信起到很大作用，此谓“第一印象效应”。

2. 做好业务分工，建立有效机制

院长尽管需要了解学院全面工作，但又不能“眉毛胡子一把抓”，而是需要将业务工作进行分解，由各位副院长具体分管，并落实到院属系或教研室、业务中心等业务部门。只要每一项工作都有责任人和责任部门，职责划分清晰，再辅以相应的工作运行机制、工作考核机制和激励约束机制，各项业务工作就能够落到实处并取得实效。相反，如果业务工作分工不明确，甚至出现职责交叉重叠，势必会出现相互推诿、扯皮现象，从而影响业务工作正常开展。

3. 院长要善于为下属和教职工搭台唱戏

院长的主要职责不是亲自“冲锋陷阵”，而是为大家搭起事业的平台，并创造优良环境和条件让教职工和学生发挥潜力、施展才能。在学院各项业务工作中，院长应该扮演“导演者”“服务者”“支持者”“吹鼓手”的角色，而真正在台上表演的是学科带头人、学术骨干、普通教师和学生。

4. 院长要善于培育团队

教学、科研和社会服务都越来越依赖高质量的团队去支撑，团队的结构合理性、凝聚力、创新力、效率将决定一个学科、专业或其他业务单元的竞争力。事实上，许多院长，就是通过高质量团队建设，使学院学科建设、科学研究取得跨越式发展，并在国内外崭露头角。因此，作为院长要高度重视学科、专业和社会服务团队建设，包括引导学院各团队形成本团队愿景，建立充满正气、向上、平等和支持事业发展的团队文化，建立合理分工、有效协作的机制，建立合理有效的利益分配机制，建立坦诚沟通、相互学习的知识分享机制。

5. 主动出击，构建外部协作网络

学院的学科建设、科学研究、人才培养和社会服务，单凭内部资源是远远不够的，院领导、系（或教研室）主任和学科负责人必须主动走出去，同国内外学术界、相关行业、政府机构等建立密切的交流合作机制，本着优势互补、合作共赢的原则有效整合资源和能力。院长尤其需要支持、协助学科负责人、学术骨干、年轻教师进入国内外权威学术圈，并通过“走出去”“引进来”方式或建立科研学术交流合作机制发展自己。

三、管理权力的方法与艺术

权力的本质是由于拥有某种资源而对他人产生的影响力，包括职位权力和个人权力。奖赏权、惩罚权、合法权一般属于职位权力，专家权、模范权一般属于个人权力。作为院长，既有通过制度所确立的职位权力，也有通过学习、实践、修为而形成的个人权力。没有权力，就难以调动组织的人、财、物等资源，就难以对他人产生吸引力、威慑力和影响力。但是权力是把“双刃剑”，既可成就事业、成就自己，也可毁灭事业、毁灭自己。因此，作为院长，树立正确的权力观，掌好权、用好权是一项重要修炼。

1. 掌好权

首先，作为院长，要严格掌握权力的界限，哪些属于自己的权力范围，哪些不属于自己的权力范围，应该很清晰。权力越界很容易造成与上级和下属间的矛盾、冲突。其次，在权力掌控上，要宽严适度、恩威并用。一味地施展威严、冷面对待教职工和学生，将会失去人心，而一味地宽容、不讲原则，对下属纵容姑息，则会失去威信。最后，拒绝让命令打折扣，命令一旦下达，就不能讨价还价，就要坚决执行，从而保持命令的严肃性。

2. 用好权

用权的目的是激励和鞭策下属，而不是单纯为了威胁、恐吓下属。要尽量让人格魅力、专业知识、专业技能等形成的个人权力发挥作用，而不能总是把自己的职权显露给下属和教职工。在运用职权时，要遵循规则，并采用恰当的方式，讲究用权的艺术。比如在动用惩罚权时，可采用“杀鸡儆猴”“杀一儆百”的方式，这比对所有人直接惩罚效果要好。当然，需要强调的是，院长该用权时就要用，因为他代表组织的利益，在原则上问题上放弃权力就等于放弃责任。

3. 授好权

什么事都揽在自己身上，就什么都做不好。院长工作一般都很忙，更需要进行授权管理。实际上，敢于放手是院长的一种境界和自信，给信任的人放权，就等于延伸了自己的权力。但在授权管理过程中，院长需要掌握两个原则：一是坚持责权同授、责权对等原则；二是大权独揽、小权分散原则。对于接受权力的下属，院长应该给予信任和尊重，这样便于下属放开手脚干事业。但同时，对于接受权力的下属，给予正常的监督、考评、指导也是必要的，这样做并非对下属不信任，而是一种合理的组织制度和要求。

四、管理人才的方法与艺术

人才对于学院发展的重要性是不言而喻的，学院要成就一番事业就必须依托人才的力量、发挥好人才的作用。作为院长，能否管理好人才，将决定其事业的成败。关于学院的人才管理，前面已经从不同角度进行了分析，在此主要介绍管理人才的一些主要方法和艺术。

1. 识别人才

人的才能存在高低、类别和表现早晚的差异性，所谓识别人才，就是从人群中识别出那些具有突出潜能、类别适配、经过培养可以成长为真正人才的人。人才识别并不能单纯看其智力高低，还要看其内在志向以及“能成事”的潜质，也就是要看其能力和综合素质两个方面。有些人智商很高，但情商很低，缺乏干大事业的雄心壮志，就不能算是真正的人才。

2. 培养人才

尽管所有人都需要培养，但又不能平均用力，而是需要对于那些具有较强潜质的“准人才”及现实骨干人才投入更多培养资源和精力。培养人才有多种方法，如系统学习培训、挂职锻炼、安排特殊任务、工作辅导、出国访问交流等等。作为学院，应该制订人才培养的规划或计划，并制定相应的人才培养标准、人才培养跟踪管理制度以及支持政策。

3. 选拔人才

选拔人才对于学院发展十分关键，这就需要制定科学合理的人才选拔的标准、流程、方法。高校选拔人才的标准越来越高，包括学历学位、海外经历、科研能力、教学能力、品德等多方面内容。在选人流程和方法方面，往往也更加科学、严格，不仅有专家集体面试环节，还有大量背景调查工作；不仅有基层考察环节，还有校务会议研究把关环节。

4. 使用人才

恰当地使用人才，是院长人才管理的核心。人才使用既是科学更是艺术。人才使用需要做到以下三点：一是量才录用，岗能匹配；既不能大材小用，也不能小才大用；二是利用人才互补规律，合理组建人才团队，充分发挥人才的异质性优势，促进创新绩效的提高；三是善于嫁接下属的长短，让每个人才都能闪出光亮来。这就要求院长对人才不能求全责备，要包容各类既有优势又有某些缺点的人才，方能使每个人才的才能发挥到极致。

5. 信任人才

信任对人才而言就是最大的激励。要坚持“用人不疑”“疑人不用”。这并不等于对下属不进行必要的监督、检查和考核，而是诚心用人，让人才能够有自主施展才能的机会。无论对于院领导班子中的副手、系或教研室主任，还是各位学科负责人都是如此。

6. 爱护人才

爱护人才是院长的一种优秀品质。只有真心实意地爱护人才，才能吸引人才，才能留住人才并使人才发挥作用。人才也是人，不可能没有缺点，不可能不犯错误，作为院长，必须心胸开阔，善于宽容人才和爱护人才。“萧何月下追韩信”的故事之所以流传至今，就在于故事所反映出的刘邦和萧何对于人才的高度珍惜和爱护的可贵品格。

五、管理人际的方法与艺术

1. 善用沟通

不会沟通就不会当领导，沟通是人与人间最好的润滑剂。作为院长，要善于拿起沟通的“武器”。无论对于下属和员工、上级领导和部门，还是周边的兄弟学院领导，都需要通过沟通来交换思想、传递信息、协调行动、融通感情和化解矛盾。

首先，作为院长需要同班子成员、系或教研室主任以及广大教职工的沟通，以便在学院改革发展和日常工作上取得共识和行动协调，并增强相互间的感情关系。

其次，作为院长需要同校领导和校职能部门沟通，以汇报学院工作进展情况和各项改革设想，从而取得校领导和职能部门的理解、支持。正如刘菊香（2014）所指出的：“学院要谋求发展，就必须努力使大学决策层了解并支持学院的需求或发展计划，或者使学院的需求和发展计划上升为大学决策，或成为大学战略的重点，从而顺利获得资源与支持。为此，院长必须做好与决策层，尤其是分管校领导、校长及书记的工作。”特别是同校领导沟通一定要积极主动，因为校领导本身很希望获得学院的有关信息，如果院长不主动汇报，而是等着校领导过问时才汇报，通常会很被动和尴尬。

最后，作为院长也不要忽视同兄弟学院的院领导沟通、交流，因为这不仅可以彼此加深了解、相互学习，而且增加相互之间的感情。

作为院长，要善用各种沟通渠道、沟通方式。既要充分发挥好正式沟通渠道、传统沟通渠道的作用，又要熟练掌握、有效利用现代信息沟通渠道，如微博、微信（含微信群、朋友圈等）、手机短信等。

沟通是一门艺术。在沟通中一定要尊重对方，学会聆听、善于领悟；说话说话不要过于生硬，要讲究委婉表达的艺术，但又不能过于拐弯抹角；沟通时也要把握分寸，避免伤害对方感情，引起对方误会或反感。

2. 善于交往

人都需要交际，需要有自己的交际圈，院长也不例外。院长的交往对象包括内部、外部、上级、下级、同级等各方面。人际交往具有多方面的功能：它是个体生存的基本保障，个体生存如果没有群体依托，没有与他人之间的协作、互助关系，几乎是不可能的；它是个体发展的重要途径，“多个朋友多条路”，通过交往可以结交更多朋友，从而扩充自身发展的途径；它是个体获取知识、能力、经验及各种社会信息的重要渠道，从而促进自身的社会化成长和适应能力提升；它是促进自我意识发展、自我角色确立、自我形象定位及个体事业成功的助推器；它是促进个体身心健康的重要保证；它是维持集体存在、和谐和发展集体事业的重要手段。因此，无论从个人生存发展角度，还是促进学院集体和谐与事业发展角度，院长都需要进行必要的人际交往活动。

首先，院长要同下属和教职工交往。院长不能是孤家寡人，他要履行学院改革发展的职责，完成学院各项事业目标，就必须带领全院教职工一起努力，形成强大的集体力量。因此，院长同下属和教职工保持多个层面的交往，并通过交往建立起相互协作、相互支持的关系就显得非常重要。院长同下属及教职工的正常交往，既可以形成良性的工作关系，也可以形成良性的私人关系。由于存在着上下级关系，所以院长在这种交往中需要把握一定的分寸，包括交往的面和交往的密度都需要把握好。如果院长同下属和教职工的某一位或某几位过于亲近，其他下属和教职工就可能产生不公平的感觉，从而可能影响到大家的积极性。同下属交往还需要善于处理与下级之间的矛盾，包括能够主动承担工作失误的责任，而不是将工作失误的责任推卸给下级；把与下属间的隔阂消灭在萌芽之中、及时化解矛盾；允许下属发发牢骚，而不能总是以牙还牙、针锋相对；不要总是刚愎自用，而是要善于听取他人意见和建议。当然，对于下属中那些喜欢纠缠不休和不知高低的人，也应该采取严肃和有效的反制措施以促其尽快觉悟。

其次，院长要同校领导和上级职能部门交往。院长最好能成为校领导的朋友，但又不能走得太近，因为走得太近不仅对校领导造成不利影响，也会使其他部门的同事产生不公平感或误解。在同校领导交往中，既要尊重校领导，又要保持自尊。在讨论问题时，既要尊重校领导观点，又要善于表达自己的观点；既要有自己独立的立场，又要尽量避免同校领导的激烈争论。在人格品质和工作上，要力求取得校领导的长期信任。作为学院，毕竟只是学校的一个部分或子系统，其发展离不开学校领导和各职能部门的理解、支持、协助，因此作为院长发展好、维持好同校领导和各职能部门的关系必不可少。有时候，院长会根据学院情况推行一些新的举措、新的政策，但由于操之过急，在没有征求校领导和职能部门意见的情况下就仓促推行，势必会得不到校领导和职能部门的理解和支持。在这种情况下，如果院长不冷静地发牢骚或直接对校领导发脾气，就可能出现“小不忍则乱大谋”的结局，影响到以后同校领导的合作。当然，也不能否认，校领导也未必百分之百素质都很高，秉性、脾气也不一样，看问题也未必都正确，这就需要院长根据实际情况同校领导沟通、交往，要保持一定的灵活性。人们常说，“办法总比困难多”，院长在与不同个性的校领导交往时，应力求保持积极心态，充分运用自己的智慧使问题得到有效解决。

最后，院长要同外部人士交往。院长对外的交际圈主要包括学术圈、行业圈、政府圈以及亲友圈、老乡圈、同学圈、玩伴圈等，各种交际圈的关系密切程度各不相同，各种交际圈的功能也不一样。作为院长，需要对自己的交际圈有个大致的规划，哪些属于必须投入资源和精力的，哪些属于一般维持性的，哪些属于可有可无的，哪些属于完全没有必要的，都需要有个思考。交际圈太小、太窄，不利于开阔视野，不利于更大范围整合资源和发现、利用机会；而交际圈太大、太宽，会耗费过多精力和时间，且难以形成深度的、牢固的关系。因此，精心选择、发展、利用交际圈，建立有利于学院发展的外部协作网络，是院长的一项重要工作。

六、管理工作中的权宜应变

作为院长，在管理工作中坚持原则、保持管理制度的稳定性是必要的，如果什么都可以随意变通，那就失去了原则的意义，制度也会形同虚设。然而管理工作又不能僵死不化，因为管理的环境、要素经常发生变化，特别是在全球化、互联网时代，这种变化就更加迅速和难以预料，因此权宜应变是必然的管理之道。

权宜应变的思想，在中国传统文化典籍中涉猎很多，《易经》《孙子兵法》《三国演义》等古代经典著作中对此发挥得淋漓尽致。即使在今天，在我国社会文化中权宜应变的思想仍然影响至深，特别是在全球化、信息化的背景下，这种权宜应变的思想使我国在商业、科技等领域受益匪浅。当然，讲权宜应变也不能走向极端，否则就是没有原则的投机主义和不讲诚信。

管理学领域中的权变思想始于 20 世纪 60 年代中后期，其代表人物有弗雷德·卢桑斯、菲德勒和伍德沃德等。他们主张，在组织设计、管理措施上没有一成不变的方案、办法，随着组织战略、规模、技术、环境等方面因素的变化，必须因势利导、权宜应变，对各种管理理论也需要兼收并蓄、灵活应用。

作为院长，依据权变思想和权变理论，在学院组织设计、管理政策、管理机制上就需要建立动态评估、动态调整机制，以适应不断变化的形势要求。与此同时，在应对日常突发问题或疑难问题方面也需要采取以下措施：

（1）既要坚持用制度管理，又要使制度保持一定的弹性。制度管理是学院管理的基本方式，通过制度管理，使得学院各项工作、各种关系保持稳定、协调、有序。如果在管理中缺乏制度依据，什么事情都需要临时协调解决，那将会对院长和其他管理者造成很大的负担并影响工作的效率。然而，管理上总有一些因素难以预知，这就需要让制度保持适度的弹性，以增强管理工作的适应性和应变力。

（2）做好管理工作中的调研预测工作，在调研和预测的基础上，力求准备好各种突发情况的管理预案，一旦发生突发情况，学院就可以迅速采取措施予以解决。即使准备的管理预案并不能完全地应对突发情况，但毕竟会有一些启发或方向性的指导。学院在教学、科研、社会服务、学生管理、对外交流与合作等各项工作中，经常会出现一些突发情况，因此，做好相关调研预测和预案设计工作非常有必要。

（3）在面临突发问题或疑难问题时，院长在思维方式上不能因循守旧、固执己见，而是需要在冷静观察、深入思考、明智判断的基础上，创新性地、灵活地去应对或处理面临的问题。如果突发的问题在学院职权范围内，那就需要院领导班子集体讨论后拿出处理办法，或者院长自己在权限范围内采取一定的处理措施。如果突发的问题很严重，就需要尽快向学校领导汇报，以求相应的指示或解决办法；如果确实情况紧急，来不及向学校领导汇报，班子成员应尽快协商拿出集体处理意见，并在处理过程中或问题处理后再向学校领导汇报。

七、管理会议的方法与艺术

学院是一个具有一定规模和复杂性的系统，教学、科研、行政、党团事务以及社会服务等工作都比较繁忙。开会会占用宝贵的时间，但为了思想沟通、方案决策、行动协调、信息传达等又不得不开会，这就存在一个会议管理的问题。

1. 实施分类管理

对于学院而言，存在着各类不同性质、不同议题、不同层次、不同组织者、不同参与者、不同时间、不同组织形式的会议，如果对这些会议均采取一种固定模式或者完全随机的方式，势必会影响到其效率和效果。因此，科学、合理地制定会议管理制度，并依据制度管理好学院会议十分必要。具体而言，就是要对每类会议制定出规则、流程，主要包括：会议时间、会议议题、会议组织单位、会议召集人、会议参加人、会议流程等。

凡是涉及教学、科研、社会服务、党建和思想政治工作、教职工岗位聘任与薪酬方案、干部聘任和人才引进等重要事项的会议，一般需要分别采用党政联席会议或党政联席会扩大会议，学院分党委或总支会议，学院学术委员会会议，学院职称评审委员会会议，学院教职工代表大会等规范性强的会议方式。对此类会议，应严格遵守相关规则、流程，不能随意变通，而对于解决日常管理中一些突发问题、需要协商、协调、协助解决的问题，则采取临时会议的形式。对于临时会议，也需要做出一定的规定，比如，凡是属于个人职权范围内的事情，原则上由个人决定、处理；只有超出个人职权范围，或者问题确实复杂个人难以决定的事项，才能采取个别协商、征求意见或会议讨论的方式解决。

2. 保证好会议质量

对于一些需要集体发掘方案、决策方案为诉求的重要会议，为了保证其质量和效果，就需要对会议过程进行精心设计。大致要求和环节如下：

（1）提前向参会者分发会议议程及相关背景材料，使大家开会前有所思考。

（2）明确会议目标，以便使大家聚焦于会议的目标。

（3）根据会议性质、任务要求，确立参会人员，保证参会人员群体组成合法和优化。

（4）把方案产生与方案评估分开，以便让大家畅所欲言，集思广益。

（5）鼓励少数人表达意见，因为有时候“真理掌握在少数人手中”。

（6）留心反对者的意见，不带偏见地评估反对者的意见。

（7）控制无关讨论，使得会议能够始终聚焦于核心议题、核心目标。

（8）到会议表决或形成决策阶段，院长或其他会议主持人，应采取有效方式检验决策的支持率，不能草率、鲁莽地做出决策。

（9）善于总结会议结论，并及时落实会议的任务与责任。

3. 少开会、开短会

鉴于教师教学、科研等方面工作比较繁忙，学院应尽量少开会，特别是全院性的大会更要少开。正如中央民族大学管理学院院长李俊清所说，“我们学院很少开大会，有什么事用手机短信、微信发个信息就可以了，目的就是留出时间让老师们集中精力搞业务、促进学科发展”。的确，现在互联网很发达，通过微信、手机短信、电话、学院网站都可以随时同教师沟通信息，有许多属于学院情况通报、通知、学院新闻等均可以通过移动通信及时发布；有许多属于征求意见、协商、协调的事情则可以通过微信群迅速高效地解决。运用这些电子沟通方式，实际上比集中面对面的会议效率还要高。如果一些会议非开不可，则尽量控制会议时间，力求开短会，以减少对大家时间的占用。还有一些会议，可以合并召开，集中讨论和处理。

第十一章　院长工作绩效评价

关于领导干部的绩效评价，国内外已有广泛的研究。有的学者更强调工作结果的评价，有的学者更加强调工作行为的评价，有的学者更加强调工作能力的评价，有的学者更加强调政治素质、人格品行、敬业精神等方面的评价等。专门针对大学二级学院院长或系主任的绩效评价，国外研究较多，且已形成了较为完善的绩效评价体系，而国内研究较少且研究的深度不够。

一、现状与问题

（一）院长们的看法

针对院长绩效的评价问题，笔者曾访谈了多位现任或曾任的院长以及部分校领导，其内容涉及院长绩效考核的要素、主体、方法等。

1. 关于院长考核的内容或要素

中国人民大学商学院院长毛基业认为，院长考核的内容包括："学院战略目标是不是更清晰了？学院战略推进的程度如何？人才队伍建设情况如何？人才培养指标完成情况如何？科研学术成果如何？制度规章完善情况如何？等等"。既要考核由外部评价的各项客观指标，如人才培养、科研产出情况，也要考核学院内部治理情况，如制度建设、领导班子团结协作程度等。对外经贸大学国际商学院院长王永贵认为，"从考核内容方面看，核心就是评价院长在学科建设方面的绩效"。南京农业大学公共管理学院原院长欧名豪教授认为，院长考核从内容看，除了教学、科研、社会服务指标，还应该包括学院的工作氛围等软要素。中央民族大学管理学院院长李俊清认为，院长应该是引领学术发展的带头人，所以在院长考核中应该把人才培养、学术成果、科研平台、学位点建设、研究项目等方面放在重要位置。作为院长主要有两个方面工作：一是辅助教师确定学术研究的方向，指导帮助其完成项目的申报；二是教学工作，创造环境，促进、指导本科生、硕士生、博士生的知识学习和能力提升。中国地质大学（北京）能源学院原院长樊太亮教授认为："院长主要抓学科建设，那么主要还是围绕学科建设进行考核。比如你要做学科建设规划，考核就是把学院的学科建设规划与实际达成的情况进行比较。"魏农建教授认为，院长考核的内容应该包括三个方面：一是这个学院有没有一个积极向上的氛围；二是一些具体的业务指标，比如科研指标、教学指标；三是领导班子团结不团结，执行力强不强，包括有没有明确的工作目标？有没有完成工作目标的衡量指标？有没有按照学院发展战略去走？内蒙古大学经济管理学院院长刘银喜认为，对于院长的工作评价，首先是学术角度的评价，其次是管理方面的评价。需要强调的是，学科建设是一个长期积累的过程，不能仅仅看一年的情况。张维教授认为，"如果一个院长的工作能够朝着使命的方向前进，那我觉得他的工作就是有绩效，不能够完全看绝对的所谓绩效，比如说排名第几位，或者说我发表了多少文章等，这些其实都是一些指标性的东西。我觉得，我们更应该看到那指标背后的一些东西。我个人不喜欢单纯按照指标去工作，我认为指标在一定意义上是约束人的。只要你的方向是正确的，塑造了一种很好的氛围，其实你的绩效就会体现出来"。

中国地质大学（北京）副校长万力认为，院长考核从内容看主要包括本科教学、研究生教学以及科研学术三大块，至于思想品德和政治方面可以单独考核。中国地质大学（北京）副校长王训练认为，对于院长考核要看三个方面："第一个就是要看是不是非常出色地完成了学校的任务？第二个是你的学科在全国同类学科中的地位或影响力每年是否有进步？第三个是在管理工作上是否每年都有新意？"赵鹏大院士认为，院长考核的内容既包括人才培养、科研学术方面，也包括院领导班子团结协作情况；不能单纯看短期指标完成情况，更要看长期效益；既要看数量指标，更要看质量指标。

西交利物浦大学执行校长席西民教授在接受访谈中指出，"我不太赞成用一些简单的指标去考核院长。虽然设置一些显性的、量化的指标比较简单，但设置的这些指标如果不科学，就很容易产生误导。其实有些考核指标可能会反映学院的短期成功，但从长远来看可能就是失败的。学院发展的关键是对未来的战略设计，是对学院未来发展的理念设计，是对学院发展方向的深刻把握。作为院长，主要就应该考虑学院学科发展、人才培养的基本定位、布局以及组织架构、制度、人才队伍、学院文化等重大问题，而不是短期的所谓绩效"。

2. 关于院长考核的主体

对于院长考核的主体，不少院长、专家也谈了自己的看法。对外经贸大学国际商学院院长王永贵认为，从利益相关者角度看，院长工作绩效评价应该包括校领导、同事、学生、学生家长、用人单位以及社会公众的满意度评价，而不能单纯以校领导、教师为主体。D大学某学院院长尚元君教授认为，“应该让做过院长的人去评价院长”，或者说“要用高手去评价院长”，而不是用未达到一定层次的人去评价院长。过去单纯由行政机关制定的那一套评价体系，往往存在一定的偏颇。北京师范大学经济与工商管理学院院长赖德胜认为：“我们国内比较忽视的是关于利益相关者的评价，包括外部评价（社会认可、家长认可、同行评价），未来恐怕需要重视和强化。”中国地质大学（北京）副校长万力认为：“院长考核要考虑学校整体目标，其中本科教学、研究生教学、科研是最基本的三大块。因此，要考核院长，首先应该由三位分管副校长给院长打分。”赵鹏大院士认为：“院长考核，首先要多听听群众反映，群众是不是满意。说群众满意并不是统统打高分就是好院长。要确实对学院事业发展有利，对公共事业发展有利，你的贡献群众看得见、摸得着。如果群众不买账，口碑不好，恐怕就不能算是好的院长。”

3. 关于院长考核的方法

南京农业大学公共管理学院原院长欧名豪教授访谈中指出，“现在我们国家确实都在强调考核，尤其是一些量化指标的考核。比如说人才队伍中有多少高级职称，有多少人才计划和‘帽子’，有多少个科研项目，有多少篇文章发表，影响因子是多少等，都成为对于学院学科考核评价的一些要素。一方面我们强调通过这些指标来考察院长的工作绩效，但另一方面，如果过度地量化这些指标，往往又会形成另外一种怪圈，大家往往就是跟着指标走。我个人觉得，对院长考核是需要一些适度的量化指标，但在此基础上，还是给予一定的宽松环境比较合适”。D大学某学院院长尚元君在访谈中指出，搞评价的人很多是搞管理的，“他们喜欢用各种数字化指标评价，因为这样做容易同工资、奖金挂钩。数字化要不要？肯定要。我觉得，有些叙述性的评价，捎带一些指标可能更好”。中国矿业大学（北京）管理学院院长丁日佳认为：“对院长的考核，虽然需要设计一定的指标，但指标不能太细，太量化了就会出现为完成指标而工作的急功近利行为，不利于学院长期发展。可以大致列出几个方面，相对更看重纵向的变化，因为各校各院基础存在较大差异性，过分进行横向比较是不

够公平的。”中国地质大学（北京）副校长万力认为，院长考核遇到一个问题，“每个学院情况不同（体量、学科、基础不同），怎么能用一把尺子去衡量？我前几年管过财务，有个体会，就是要进行学院的全成本核算”。“评价有两种方法：一是纵向评价，二是横向评价。同样是人文经管学科，各个高校之间就可以比较，其他学科也一样。另外，考核应该侧重于宏观、大比例，采用全成本核算的方法”。

对院长工作绩效的考核，确实存在较大难度，在访谈中，毛基业、张维、安海忠、欧名豪、樊太亮、丁日佳等均谈到了这一点。安海忠认为，“院长考核比较困难，考核标准难统一。比如在有些实力强大的学院，院长的作用或许就是维持一个和谐的氛围，不需要院长发挥学科带头人、领导者等作用，而对于一些实力比较弱的学院，可能连一个真正的研究者、学科带头人都找不到，院长所履行的职能就完全不一样了”。“考核的目的是激励院长更好地工作，如果制定了一套考核指标，反而把院长给框住了，这不利于发挥院长的能动性和自由创新。实际上，作为院长，他要通过调查研究，制定出学院学科、专业发展的一套方案，或许五年才可能真正显现出成效，或许在第二个任期效果才更加明显。所以，有时不合理、不科学的考核，对于院长的工作会起到负面的作用。因此，我不建议实行那种不科学、不具建设性的院长考核”。总之，对于院长的工作绩效考核，从指标设计到方法和考核主题的选择，都还需要深入探讨。

（二）院长工作绩效评价中存在的问题

通过院长和专家访谈以及其他途径调研发现，目前在院长工作绩效考核方面还存在一些显而易见的问题。

1. 考核指标设计缺乏针对性

长期以来，我国在干部评价方面大多采用了“德、能、勤、绩”四方面的评价模式，后来随着我国反腐败形势的严峻，又加上了关于“廉”的评价，从而构成“德、能、勤、绩、廉”五方面的评价模式。目前对于高校处级以上干部，无论是对学校党政机关、后勤服务系统以及院系党政领导干部均采用这样的模式。这种考评模式虽然比较简单、全面，但存在的比较突出的问题是考评缺乏对不同性质、不同类型干部的针对性，常常忽略了对不同类型干部关键绩效的准确评价；考评者往往只根据大概印象或人际关系亲疏对被考评者做出笼统、粗略的评价，优秀者和一般者往往拉不开距离。这种状况必然会影响优秀者的积极性，并滋长“懒政”思想和“懒政”行为。

不同性质、不同职能的干部，如果采用同一个标准、模式，必然会存在诸多不合理性。院长属于业务型干部，属于“学术管理者”，其核心是履行好学科建设、人才培养、科学研究等方面的业务管理职能，创造性地在这些业务领域取得标志性成果、开拓出学院学科建设的新局面。如果院长离开这些核心业务工作，而耗费大量时间去做一些诸如人际关系、文体娱乐、意识形态等方面工作，那么本身就失去了院长作为“学术管理者”的意义，背离了学校聘任时的初衷。正像中央民族大学经济管理学院院长李俊清所说，院长的核心职能就是抓学科建设，抓人才培养和科学研究，而不能成为“万金油”式的干部。然而目前运行的考评模式，实际上很容易使院长们成为“万金油”式的干部；院长们不得不去应付各种与核心业务不沾边的工作，从而耗费大量宝贵时间和精力。因此，研究制定一套适合院长考评的指标体系和评价标准十分重要而迫切。

2. 考核过分看重显性指标而忽视隐性和难以定量的指标

与上述过于笼统、缺乏针对性的考核模式不同，有些高校在设计院长考核指标时，过分强调显性指标而忽视隐性和难以定量的指标，从而使得考核不够全面、有失公平。在访谈中，不少院长都谈到了考核中过分强调指标化、定量化的问题。比如张维教授就指出，有些工作可能并没有进入考核指标体系，但对于学院学科发展、人才培养却同样重要，比如实施学院国际认证、建立创新创业教育体系等可能并不在考核指标体系中，但其对于学院发展、人才培养却非常有帮助。

不少院长在访谈中提到，许多真正能够反映学院发展的内在因素往往难以定量化，如学院文化建设、教职工精神状态、影响学院发展的制度安排、治理体系、院领导班子建设等，往往是以隐性方式存在的。一位真正有情怀、有志向的院长，他必定更加注重学院这些内在素质的打造，而不是急功近利地追求短期指标的完成。这些内在素质终究会转化为学院可持续发展的能力。

3. 过分看重数量指标而忽视质量指标

对于院长的考核，设计一定的数量指标是合理的，能够用数量衡量的尽量用数量去衡量，但在重视数量指标的基础上，更要重视质量指标。比如对于学院学术论文的考核，既要重视学术论文的数量，更要重视学术论文的质量。赵鹏大院士在访谈中强调，对于院长的考核，“不能单纯看短期指标完成情况，更要看长期效益；既要看数量指标，更要看质量指标”。张维教授等在访谈中也曾谈到，

学院或许并没有完成学校规定的学术论文数量指标以及科研经费指标，却可能在重大项目、重大科研成果上取得了突破，这又将如何给出评价？近些年来，学科评估、专业评估等频繁进行，高校和高校的二级学院往往忙于拼凑学术成果的数量、人才培养成果的数量，而人才培养质量、师资队伍建设质量、科研学术成果质量却不能真正有效提升。

4. 偏重横向比较而忽视纵向比较

横向比较是需要的，没有横向比较就看不到差距和努力方向。然而由于每个学院其学科基础、学科类型、办学规模、学校投入等都存在一定差异，同样的考核结果（数量、质量），其背后的努力程度及反映的意义相差很大，因此“不能用一把尺子去衡量”，或者不能简单地用数据去比较。在访谈过程中，万力、欧名豪、刘银喜等都认为，在横向比较的基础上，还应该做纵向比较；只有两种比较结合起来，才更加全面、公正、合理，才能对学院和院长产生更长久的激励作用。

5. 为考核而考核，形式重于目的

院长考核照理讲是一件大事，这是由学院在高校中的作用和院长所履行的使命或职责所决定的。通过院长考核，一方面是为了给院长一个客观公正的评价，起到鞭策、激励院长的作用，另一方面则是要给广大教职工、学生、校领导等利益相关者一个交代，是为学校、社会负责的一种行为，因此学校没有理由不重视院长考核。然而，不少高校对于院长考核并非真正重视，而是出于“做样子”或应付差事。如果学校真正重视院长考核，就应该下功夫为此开展调查研究，科学、合理地去设计考核指标，选择科学、适用的考核方法，尊重不同利益相关者的诉求。可以根据考核的目的，分别设置不同内容覆盖面、不同考核主体、不同考核方式的考核。比如在考核覆盖面方面，可以根据考核目的不同分别设置学科建设单项考核、人才培养单项考核、科研工作单项考核，或者设置师德建设、学院文化建设等方面的单项考核等。在考核方法方面，可以根据考核目的不同分别采用关键绩效指标法、全面绩效指标法，或分别采用定性考核法、定量考核法、定性定量相结合的考核法等。在考核主体方面，可以根据考核目的不同分别采用校领导考核、校内专家委员会考核、院内教职工考核、学生考核、校外专家考核等。

6. 不重视校外利益相关者评价

目前对于院长的考核，基本限于学校内部考核，而对于校外利益相关者则没有或很少涉及。美国等发达国家高校在关注校外利益相关者诉求方面做得比较好，比如对于公立高校，要关注主要投资人政府的诉求和纳税人的诉求，私立高校则要关注投资人、用人机构、毕业生、学校所在社区等的诉求。我国高校，由于受到传统体制、机制和文化上的影响，在这方面恐怕还有很长的路要走。但是作为大的趋势，高校需要越来越重视校外利益相关者的诉求。

二、关于院长工作绩效考核的模式探讨

通过以上的调研分析，可以认为，院长工作绩效考核是一个比较复杂的课题。不同的考评目的，其适用的评价指标、评价标准、评价模式应该有所不同。对于院长工作绩效的考评，可以分为多种类型，典型的包括：年度考评和任期考评；综合考评和单项考评；关键绩效考评和全面绩效考评。一般年度考评和任期考评均属于综合考评和全面绩效考评，但会重点考评关键绩效。所谓关键绩效是指那些与学校、学院战略发展目标密切联系的任职绩效，一般以学科建设、人才培养、科学研究、师资队伍建设、社会服务等指标来衡量。除此以外，德鲁克的目标管理法对于院长考评可能也是比较适宜的方法。

（一）综合考评模式

对于院长工作绩效的综合考评，可以采用目前党政干部考核的“德、能、勤、绩、廉”的框架结构。然而运用这套框架结构需要从四个方面进行改进与完善。首先，由于该套指标体系比较笼统，没有二级指标，且指标权重并没有合理区分，因此需要对指标体系及其权重进行必要补充和完善，使之更加科学合理和有针对性。其次，在考评过程中需要对被考评者述职的内容结构做出明确要求，从而保持考评指标内容同述职内容相一致。再次，确定不同考评主体（群体）在总体绩效考评中的合理权重。最后，根据评价实际情况和评价结果使用目的合理确定评价等级标准。

1. 完善指标设置

在原有“德、能、勤、绩、廉”一级指标的基础上，根据相关文献以及调研，设置二级指标，并在二级指标下面细化评价要点或观测点（见表 11 - 1）。设置二级指标和评价要点或观测点，有利于评价者给出客观、清晰和全面的评价，也有利于被考评者全面准确地撰写述职报告。

表 11－1　院长工作绩效综合评价指标权重专家打分统计

一级指标	二级指标	权重赋值分布（选次）								均值
		权值 5	权值 10	权值 15	权值 20	权值 25	权值 30	权值 35	权值 40	
德	政治素质	12	45	10	4	—	—	—	—	10（10.42）
	品德素质	2	38	19	10	1	1	—	—	13（13.10）
能	管理能力	—	8	23	25	4	9	—	2	20（19.37）
	学术能力	5	26	18	15	3	3	—	1	15（14.93）
勤	勤政敬业	6	34	20	8	3	—	—	—	12（12.75）
绩	岗位绩效	4	16	13	21	5	9	2	1	20（18.31）
廉	廉洁自律	4	50	12	5	—	—	—	—	10（11.27）

2. 确定指标权重

在确立一级指标和二级指标的基础上，需要通过相关调研和数据统计确定每项指标的权重。调研的对象一般包括校领导（党、政）、院领导（党、政）、相关职能部门负责人、教授代表等。或者通过校内外大范围调研（问卷、访谈等）和数据统计处理，确定一套更加一般性的指标权重。作者曾开展了对全国六十余所知名高校（多数属于原“211”或“985”高校）的 71 位院长或院分党委书记的问卷调研，并对数据进行统计分析（见表 11－1），初步形成了一个“院长工作绩效综合评价指标体系”（见表 11－2）。该评价指标体系，比较适用于对院长年度工作绩效的综合考核或任期工作绩效的综合考核。

表 11－2　院长工作绩效综合评价指标体系

一级指标	权重（%）	二级指标	权重（%）	评价要点	得分（100）
德	0.23	政治素质	0.10	①理想信念；②政治意识与政治纪律；③政治理论学习；④坚持党的路线方针政策	
		品德素质	0.13	①坚持原则，公道正派；②诚实守信，实事求是；③作风民主，团结协作；④勇于担责，乐于奉献；⑤关心师生，服务师生	
能	0.35	管理能力	0.20	①战略性能力；②管理性能力；③社会活动及外交能力；④管理特色及创新	
		学术能力	0.15	①个人学术造诣及学术影响力；②带动学院学术发展的作用	

续表

一级指标	权重（%）	二级指标	权重（%）	评价要点	得分（100）
勤	0.12	勤政敬业	0.12	①敬业精神及工作投入程度；②勇于进取、开拓创新；③做事务求实效；④遵守岗位值勤规定	
绩	0.20	岗位绩效	0.20	①学院规划总目标实现程度；②分管工作目标实现程度；③创新性或突破性业绩；④制度建设情况；⑤学院凝聚力及组织氛围营造情况	
廉	0.10	廉洁自律	0.10	①遵纪守法，清正廉洁；②生活作风好，公众形象好	
合计					

其中对于“德”的评价分成两个二级指标，分别是“政治素质”和“品德素质”，权重分别是0.10和0.13。评价主要依据述职报告和日常观察、了解情况，既要考察正面表现，又要考察负面表现，最后综合给出打分和评价。

对于“能”的评价也分成两个二级指标，分别是“管理能力”和“学术能力”，权重分别是0.20和0.15。在“管理能力”评价方面，主要考察其关键管理能力的表现水平，其是否形成了一套特色化管理思想、管理模式和管理方法，这套管理思想、模式、方法是否在学院治理和事业发展中取得了成效。

在“学术能力”评价方面，主要考察其个人学术造诣及学术影响力以及带动学院学术发展的作用。

对于“勤”的评价，主要考察其敬业精神及工作投入程度、求实进取与开拓创新精神、遵守岗位值勤规定情况，权重为0.12。考察中既要观察正面表现，又要观察负面表现，然后综合给出打分和评价。

对于“绩”的评价，主要考察四个方面，即学院规划总目标实现程度；分管工作规划目标实现程度；创新性或突破性业绩；学院制度建设情况；学院凝聚力及组织氛围营造情况。其权重为0.20。要求院长在述职报告中必须对四个方面进行定性、定量的阐述。

对于“廉”的评价，主要考察其遵纪守法、廉洁自律以及生活作风、公众形象方面。其权重为0.10。对于“廉”的评价，一定要依据充足、客观公正。

3. 确定评价标准

对于院长工作绩效综合评价，不仅要确定指标构成及其各指标权重，还要确定评价的等级标准。通常来说，可以划分为四个等级标准：90 分及以上为优秀；

89～80分为良好；79～60分为合格；60分以下为不合格。但有时学校为了实现各评价等级的结构控制，往往会限定各等级人数的比例，特别是对于优秀和不合格人数的比例。

4. 确定考评主体

综合考评主体一般由学校党政领导、校有关职能部门责任人、教授代表、学生代表、民主党派代表、工会代表等构成，根据学校实际情况，考评主体的范围可以适当扩大，也可以适当缩小。如果时间允许，还可以分成由本学院全体教职工为主体的院长考评和由学校组织部门安排的各层面代表参加的院长考评。当然，院长考评作为一项重要工作，其主体的确定应该形成一项相对权威和稳定的制度。

5. 考评结果的反馈

考评本身不是目的，考评的目的一般包括：监督院长是否尽职尽责；通过反馈改善院长的工作；通过奖励或惩罚激励或鞭策院长更好地工作；等等。绩效反馈是院长考评中一项重要工作，包括向院长本人反馈，也包括向教职工适度公开绩效评价信息。当然，为了尽量保护院长的积极性，公开绩效评价结果信息需要掌握一定的度。另外，在向院长反馈考评结果时，允许院长行使在一定期限内合理申诉的权力，这也是避免考评产生偏差、不公平现象的一种补救措施。院长考评重在保证考评过程和结果的客观性、公正性，只有客观、公正的考评才有说服力，才能起到真正的激励先进、鞭策后进的作用。

院长工作绩效综合评价模式，其优点是考察比较全面，但缺点是难以反映“关键绩效”或单项上的突出表现。因此，在综合评价的基础上，根据需要设立某些单项考核，或者基于关键绩效指标（Key Performance Indicators，KPI）法的原理精心设置关键绩效指标。

（二）单项考评模式

为了使得院长工作绩效考评更加有针对性，在综合考评的基础上，还可以实施单项评价模式。单项考评可以在综合考评的同时进行，也可以单独进行。前者可以节省考评时间和考评成本，后者则增加了考评实施的灵活性。

实施院长工作绩效单项评价模式，一般需要把相应的考评指标和考评要点进行适当细化，定性指标和定量指标相结合，尤其需要根据“二八定律”或关键绩效指标法原理去设置指标。

采用单项评价模式，需要对评价主体的专业权威性、客观性、公平性等提出较高要求。比如对于院长履行学科建设职能的单项考评，一般就需要深度了解学科建设的校领导、职能部门负责人和教授代表作为考评主体，或者为了增强考评的客观性，还可以邀请外部专家作为考评主体。对于院长教育教学管理职能的单项考评，一般就需要主管教育教学的校领导、教务处和研究生院负责人、教授代表、学生代表等作为考评主体，而不能是无关的人。

对于院长工作绩效的单项考评一般包括：学科建设业绩考评、教育教学管理考评、国际交流与合作考评、学院管理创新考评、工作勤勉考评、廉洁自律考评等。单项考评项目的设置，要根据学校工作实际，目的在于有针对性地推进某项重要工作的改善或持续进步。

（三）目标管理模式

美国管理大师彼得·德鲁克（Peter Drucker）1954 年在《管理实践》中首次提出了“目标管理”的概念（孙世强、胡发刚，2017）。所谓目标管理，是指根据预设的目标进行管理的一种方法。目标管理包括三层含义：组织目标是由组织中上级管理人员同下级管理人员共同商定的，组织总目标决定每个部门以及每个人担负的任务、责任及应该达成的分目标；以总目标和分目标作为单位和个人开展活动的依据，组织的一切活动都围绕达到这些目标进行，将履行职责变为达到目标；以目标为依据对个人和单位进行考核评价。

目标管理是以实现工作目标为管理宗旨，以注重工作成效为基本出发点的科学管理方法。它强调组织上级与下级协商来制定各级组织以及个人的目标，并以此确定彼此之间的成果责任；强调人人为实现目标而努力，进行自我调节和控制；强调通过绩效考评对整个管理工作进行引导、监督、验证和激励。目标管理是一种面向未来的管理，是一种系统和整体的管理，是一种重视成果的管理，是一种充分重视人的主体作用的管理（吴淑娟，2005）。目标管理法自从德鲁克提出以后，在全世界得到了推广，并取得了较好的效果。

目标管理法用于院长的绩效考评，相对是一种比较合理、适用的考评模式。因为每个学院都是学校整体系统中的相对独立的子系统，学校的整体学科建设、人才培养和社会服务的任务需要向学院分解和落实，但每个学院的学科基础、师资力量以及其他软硬件资源又存在一定的差异性。为了将学校整体的目标任务在学院落实好，就需要让院长们充分了解学校整体的战略、目标和任务，就需要让学校领导和职能部门充分了解每个学院的资源、能力，通过上下充分协商，最终使得学校目标任务在学院得以分解落实。目标管理法还强调在上下级协商落实目标任务的基础上，进一步就落实目标任务的考核和奖惩进行协商确定。目标管理

法强调在学校层次上的目标管理，使得学校领导能够摆脱日常繁杂的过程管理而聚焦于学校战略的筹划，同时给予了学院和院长实施过程管理的自主性和创造性，调动了学院和院长们的积极性，因此是一种比较好的、可行的绩效管理方法。

当然，实施目标管理也存在目标难定、目标商定费时等弊端，甚至由于实际中的人可能存在“机会主义本性”或利己本性，在监督不力的情况下，有可能使得最终目标出现偏离。此外，如果目标管理中过分强调可衡量的目标或指标，有时还会约束院长的自主创新精神和对于隐性、深层次或长远目标的追求。因此，在实际采用目标管理方法考评院长工作绩效时，应该充分考虑学科建设、人才培养、科研学术的特点，充分考虑院长工作的特点，增强其针对性和有效性。

三、院长考评中需要注意的几个问题

无论是对于院长的年度考评还是任期考评、综合考评还是单项考评，都可能存在考评的客观性、公平性问题。缺乏客观性、公平性的考评，必然会影响到院长们的积极性。为此，在院长考评中需要注意以下问题：

（1）避免先入为主或“晕轮效应”。作为校领导，往往先前已经形成对于某位院长的固定印象，无论这种印象是好的或不好的，都可能会影响当前对于该位院长的客观评价。或者，如果校领导对某位院长的某一特点印象很深，这种印象可能会扩大到对该位院长的全面评价，印象好就都好，印象不好就都不好。因此，这两个方面都是需要校领导在考评院长时注意的。

（2）避免重视量化指标忽视质量指标。在考评指标设计时，要注意量和质的结合，或者在量的基础上更加突出质的考量。比如有些高校特别看重学术论文和科研项目的数量，而忽视学术论文和科研项目的质量、档次。事实上，1 篇具有重大原创性的高被引学术论文，或许其价值远远高于 100 篇普通学术论文。如果高校在学科建设、人才培养上长期重量不重质，必然会造成创新力和竞争力减弱、可持续发展能力不足的后果。

（3）避免仅做横向比较忽视纵向评价。进行横向比较，了解同先进者的差距可以使院长们找到努力方向。但是单纯进行横向比较，而不顾及学院本身存在的在学科基础、师资实力、资源投入等方面的差异性，对那些已经十分努力但确实由于基础较差而难以短期内达到某种高度的学院和院长是不够公平的。因此，对于这样的学院应该更加注重纵向评价，并基于其取得的突破性成绩给予特殊奖励，如设立学科建设进步奖等。

（4）避免仅做结果评价忽视潜力评价。所谓结果评价，是指对当前已经取得实际可见成果的评价；所谓潜力评价，是指对潜在产出成果能力的评价。对于院长的考评，如果仅仅重视已经产出成果的评价，往往会助长急功近利的短期行为。因此，在考评指标设计特别是综合考评指标设计时应该将潜力评价纳入指标体系之中。潜力评价的内容包括资源潜力、领导力、领导班子的团结协作程度、学科团队的协同与创新能力、学院整体的凝聚力和战斗力、学院的制度体系与学院文化建设、学院的外部协作网络等。

（5）注意不同学科的差异性要求。不同学科之间在某些要素上会存在一定差异性。比如在理工科学院实验室建设占有很大分量，而在人文社科类学院一些非实验性质的研究中心、学术沙龙可能更加重要。对于国际检索论文，理工科更加重视 SCI 论文，人文社科经管类学科更加重视 SSCI 论文或者国内重要期刊论文。因此，在考评指标设计或实际考评过程中，都应该注意到不同学科的这些差异性，从而避免出现学科间的不公平性。

（6）合理区分院长贡献与他人贡献。虽然可以笼统地说一个学院的成绩都是在院长领导下取得的，但是如果把所有人的贡献都记在院长身上是不够合理也不够公平的，事实上绝大多数院长也不会这样做。在学院的总的成绩中，大致可以做如下区分：学院过去延续的成绩，它是由过去积累的各种资源、能力所取得的；院长上任后或在新的任期开始后新创造的成绩，如开发的新资源、开拓的新领域；院长实施有效领导所取得的领导性成绩，它可能覆盖学院若干方面，但又难以完全分离出来；院长分管工作取得的成绩；书记、副院长、副书记分管工作取得的成绩；学科带头人、学科团队、普通教师和基层行政服务人员取得的成绩；校领导和职能部门给予的特殊支持取得的成绩；校友、关系单位等为学院做出的贡献；等等。因此，在设计院长考评指标以及在实施院长考评过程中，适当区分院长的贡献和他人的贡献是必要的。

（7）避免考评“走过场”，草率进行。一些高校在院长考评过程中，存在准备时间过短、考评操作时间过短的现象。如果考评准备时间太短，院长本身要梳理、准备述职报告可能存在困难，或者会造成考评主体对考评标准、要求掌握不够全面、准确，都会影响考评的客观性、公正性。此外，在考评现场，有时给考评主体了解、判断被考评者绩效信息的时间太短，使之仓促给出评价等级或评价分数，甚至完全变成凭过去印象打分、评价，也会造成考评结果出现偏差。因此，对于考评的精心准备，是做好院长考评的基础。

四、失败是"成功之母"

上面谈了关于院长工作绩效的考评问题，而在院长考评中必然会产生考评等级的区分，作为院长对此应该正确看待，要有一种"成不骄、败不馁"的精神。事实上，对于院长来说，在履职过程中出现方向、路径选择错误、工作失误都属于难以完全避免的事情。对于工作中的失误或职业上的暂时"脱轨"，首先应该有一种好的心态，不能心灰意冷，自暴自弃；其次就是注意从失误或失败中学习，能够从跌倒的地方爬起来。对此，北京林业大学经济管理学院院长陈建成在接受访谈时谈了他对待工作失败或"脱轨"现象的看法，非常具有启发性。

陈建成认为："符合规律的事情不一定得到别人的认可。如果不能得到别人的认可，我们不能放弃或者不予理睬，而应检讨自身。在当今经济快速发展的时代，文化可能会与其他环节脱节，出现不和谐的现象，此时失败很正常。"

陈建成指出："对于'脱轨'现象，首先要有积极的看法。做错事不怕，就怕知错不改。我院有一种精神——'屡战屡败，越战越勇，不达目标，誓不罢休!'，这是一种斗志，是一种积极向上的精神。其次，柳传志的'复盘'精神值得学习。'复盘'是指对局完毕后，复演该盘棋的记录，以检查对局中对弈者的优劣与得失关键，有效加深对这盘对弈的印象，找出双方攻守的漏洞。'吾日三省吾身'，做错事不怕，但要经常进行反思自省，查找问题的根源，避免以后犯同样的错误。再次，如果出现'脱轨'现象，说明此院长心胸不够宽广，遇事不够积极，不善于'弹钢琴'。在当今这种变化无处不在的时代，随时都会有新的要素纳入，不要把其看成是对原有要素的冲击，而要将其看作是对原有要素的升华。所以，遇到挫折和不公正待遇时，也要积极面对。最后，长期积累，形成迎接未来的一切准备，有备而战，以不变应万变，'机遇总是偏爱有准备的人'。总而言之，坚持自信是核心。院长不仅要抓住机遇，还要在面对机遇时有好的方法，苦巧结合，莫要蛮干。"

五、有效的院长和成功的院长

阅读过弗雷德·鲁森斯（Fred Luthans）的《组织行为学》或斯蒂芬·罗宾斯的《管理学》的人都知道，管理者可以区分为有效的管理者和成功的管理者（陈黎琴、赵恒海、高世葵，2011）。所谓有效的管理者是指拥有优秀和忠实的下属以及高绩效团队的管理者，其满足的标准包括：一是使工作在量和质上都达到很高的绩效标准；二是使其下属有满意感和奉献精神。所谓成功的管理者是指在组织中相对快速地获得提升的管理者。

研究表明，所有管理者都会从事四种活动：传统管理，包括计划、决策和控制。日常沟通，包括交流常规信息和处理案头文件；人力资源管理，包括激励、奖惩、处理冲突、人员配备和培训；社交活动，包括社会化活动与外界交往。

然而不同管理者花费在上述四种活动上的时间和精力显著存在差异（见表11－3）：对于成功的管理者而言，维护网络联系对其成功相对贡献最大，而从事人力资源管理活动对其成功相对贡献最小。相反，对于有效的管理者而言，沟通的相对贡献最大，维护网络联系的贡献最小，而传统管理和人力资源管理处于中间水平。

表11－3 不同管理者的时间分布 （单位:%）

	传统管理	沟通	人力资源管理	网络联系
一般的管理者	32	29	20	19
成功的管理者	13	28	11	48
有效的管理者	19	44	26	11

资料来源：[美] 斯蒂芬·罗宾斯．管理学（第4版）[M]．北京：中国人民大学出版社，1997.

作为院长，同样可以划分为“有效的院长”和“成功的院长”。但是从院长这一群体来看，基本上都属于从学术型、业务型职位转向教育与学术管理职位，追求高绩效者居多，因此可以肯定“有效的院长”居多。但从观察来看，在院长当中，也有些更倾向于“成功的院长”，他们虽然也关注学院的学术上和教育上的绩效，但在建立与维护网络联系方面投入较多，这使得他们相对更容易维持自己的院长职位，或者在机会来临时更容易晋升到更高的职位。

对于此种现象，不能简单地判定哪一种院长更好，更不能简单地用一种道德标准去评判，因为它只是反映个人的一种倾向性和能力特点。作为校领导或考评者，只要坚持科学、民主的考评原则，采取客观、公正、适用的考评标准和考评方法，就能够有效评判出院长的实际绩效和贡献，就能够有效遏制个别人的机会主义倾向。如果一位院长既能够取得高绩效和高员工满意度，又是一位能够获得较快晋升的管理者，那通常就可以认为他（她）是一位具有优秀内在素质和强大竞争力的院长。当然，对于个别置学院工作和员工于不顾，一心想通过建立网络关系获得晋升的院长必须持否定态度、坚决反对。

参考文献

[1] Harry De Boer, Leo Goedegebuure, and V. Lynn Meek. The Changing Natufe of Academic Middle Management; A -Framework for Analysis [A] //V. L. Meek et al. The changing Dynamics of Higher Education Middle Management [M]. Springer Science + Business Media B. V., 2010: 229 -234.

[2] I. Moses. Leadship: Deans and Heads of departnient. [M] .//Burton R. Clerk, Guy Neave et al. The Encyclopedia of Higher Eductioii [M] . New York: Pergainon Press Inc., 1992.

[3] Marietta Del Favero. Disciplinary Variation in Preparation for the Academic Dean Role [J] . Higher Education Research & Development, 2006, 25 (3): 277 -292.

[4] Mimi Wolverton, Walter H. Gmelch, Joni Montez. The Changing Nature of The Academic Peanship [M] . ERIC, 2001.

[5] Richard Wisniewski. The Dean of Education and the Looking - Glass Self [R] . ERIC, 1977.

[6] Robert Bimbaum. The - End of Shared. Gover Hance: Looking Ahead or Looking Back [M] . New Directions for Higher Education, 2004.

[7] Tucker A., Bryan R. A. The Academic Deani Dovoi, Dragon and DipIomat [M] . New York: Macniillan, 1988.

[8] [美] 德里克·博克. 大学的未来——美国高等教育启示录 [M]. 曲强, 译. 北京: 中国人民大学出版社, 2017.

[9] 陈黎琴, 赵恒海, 高世葵. 管理学 [M]. 北京: 经济管理出版社, 2011.

[10] 崔韵深．关于系主任负责制的思考［J］．广西师范大学学报（哲学社会科学版），1988（2）：18－22.

[11] 何大义，孔锐．顾客满意度调查中因子权重的排序估计法［J］．工业工程与管理，2006（4）：83－86.

[12] 黄达人等．大学的根本［M］．北京：商务印书馆，2015.

[13] 李妍．论我国高校院（系）领导体制的演变、创新与完善［D］．抚州：扬州大学硕士学位论文，2009.

[14] 刘菊香．治理视域下的我国大学院长角色研究［D］．武汉：华中科技大学博士学位论文，2014.

[15] 刘尧．大学教育学院院长的素质要求［J］．南阳师范学院学报，2003（5）：107－108.

[16] 潘如勤，彭子柱．谈师范院校系主任的角色作用［J］．山东教育科研，1999（Z1）：66－67.

[17] 裴春秀．高校系主任能力体系及其建构［J］．中国市场，2006（31）：8－9.

[18] 朴雪涛．中国大学系主任角色行为分析［J］．现代教育科学，2002（7）：25－27.

[19] 任初明．我国高校院长的角色冲突研究［D］．武汉：华中科技大学博士学位论文，2009.

[20] 眭依凡．大学系主任研究［J］．上海高教研究，1990（1）：53－57.

[21] 孙世强，胡发刚．管理学：思想·案例·实践［M］．北京：人民邮电出版社，2017.

[22] 王仙雅，慕静．高校科研团队国际化成果产出的动力机制［J］．高教探索，2017（8）：5－9.

[23] 吴淑娟．关于高校推行目标管理的几点思考［J］．长江大学学报（社会科学版），2005，28（4）：119－122.

[24] 张新民．商学院管理之道［M］．北京：对外经济贸易大学出版社，2012.

[25] 赵曙明，邱恒明．我的人生感悟与管理观［M］．北京：机械工业出版社，2012.

附录

附录 1

“院长角色与特质”调查问卷

敬请各位专家百忙之中帮助填写此问卷，非常感谢！

一、关于院长的角色，一般认为包括：①学者/学科带头人；②教育家/教师；③管理者；④执行者；⑤领导者；⑥社会活动家；⑦政治家；⑧其他____。

1. 请按重要程度依次排序（填序号即可）：

（1）____；（2）____；（3）____；（4）____；（5）____；（6）____；（7）____；（8）____。

2. 再请按您实际扮演角色付出的时间和精力依次排序（填序号即可）：

（1）____；（2）____；（3）____；（4）____；（5）____；（6）____；（7）____；（8）____。

二、关于院长的特质，您认为重要的包括（按重要程度用数字排出前 10 位）：

A. 事业心 （ ）

B. 合作精神 （ ）

C. 理念能力 （ ）

D. 战略谋划能力 （ ）

E. 决策能力 （ ）

F. 选人用人能力 （ ）

G. 组织动员能力 （ ）

H. 沟通协调能力 （ ）

I. 激励能力 （ ）

J. 资源整合能力 （ ）

K. 改革创新能力 （ ）

L. 评估、监控能力 （ ）

M. 政治意识与政治技巧 （ ）

N. 社会交往能力 （ ）

O. 承压能力与身心健康 （ ）

P. 学术研究能力 （ ）

Q. 人格魅力 （ ）

X. 其他，如____________ （ ）

对于您的支持再次表示感谢！

附录 2

院长工作绩效评价指标体系专家打分表

一级指标	二级指标	评价要点	评价要求	权重（100）
德	政治素质	（1）理想信念 （2）政治意识与政治纪律 （3）政治理论学习 （4）坚持党的路线方针政策	依据述职报告及日常了解 （1）考察正面表现 （2）考察负面表现	
	品德素质	（1）坚持原则，公道正派 （2）诚实守信，实事求是 （3）作风民主，团结协作 （4）勇于担责，乐于奉献 （5）关心师生，服务师生	依据述职报告及日常了解 （1）考察正面表现 （2）考察负面表现	

续表

一级指标	二级指标	评价要点	评价要求	权重（100）
能	管理能力	（1）战略性能力 （2）管理性能力 （3）创新性能力 （4）社会活动能力 （5）身心素质	（1）考察能力的完备程度及有效发挥程度 （2）弱项能力是否在班子分工与协作中得到有效弥补 （3）是否形成了一套特色化管理思想、模式和方法 （4）这套管理思想、模式、方法是否在学院治理和事业发展中取得了成效	
	学术能力	（1）个人学术造诣及社会影响力 （2）带动学院学术发展的作用	考察对于学院学科学术发展的特殊作用及贡献	
勤	勤政敬业	（1）敬业精神及工作投入程度 （2）勇于进取、开拓创新 （3）做事务求实效 （4）遵守岗位值勤规定	依据述职报告及日常了解 （1）考察正面表现 （2）考察负面表现	
绩	岗位绩效	（1）学院规划总目标实现程度 （2）分管工作规划目标实现程度 （3）创新性业绩及社会影响力 （4）学院凝聚力、战斗力	（1）将计划指标与实际完成指标进行定量化对比 （2）被评价人应在述职报告中按规定提供数据 （3）兼顾定量和定性指标	
廉	廉洁自律	（1）遵纪守法，清正廉洁 （2）生活作风，公众形象	依据述职报告及可靠证据 （1）考察正面表现 （2）考察负面表现	
权重合计				100

注：（1）请各位专家按照总权重100分在德、能、勤、绩、廉五个一级指标及相应二级指标上分配权重。（2）如认为指标设置存在不合理之处，敬请提出合理化建议！

附录 3

全国知名高校专家访谈一览表

序号	姓名	访谈主题	访谈时间	所在校院及职位
1	安海忠	院长角色定位；院长特质；学院治理与领导班子建设；学科建设与人才培养；学院文化建设；院长考核	2018 年 1 月 4 日；2018 年 7 月 18 日	中国地质大学（北京）经济管理学院院长
2	陈建成	院长角色定位；院长特质；学院治理与领导班子建设；学科建设与人才培养；学院文化建设；院长考核	2017 年 10 月 11 日	北京林业大学经济管理学院院长
3	毛基业	院长角色定位；院长特质；学院治理与领导班子建设；学科建设与人才培养；学院文化建设；院长考核	2018 年 4 月 7 日	中国人民大学商学院院长
4	赖德胜	院长角色定位；院长特质；学院治理与领导班子建设；学科建设与人才培养；学院文化建设；院长考核	2017 年 11 月 29 日	北京师范大学经济与工商管理学院院长
5	王方华	院长角色定位；院长特质；学院治理与领导班子建设；职业化院长		上海交通大学安泰经济与管理学院原院长
6	王云峰	院长角色定位；院长特质；学院文化建设	2018 年 3 月 21 日	河北工业大学经济管理学院原院长
7	王瑞华	院长角色定位；院长特质；学院治理与领导班子建设；学科建设与人才培养；学院文化建设；院长考核	2017 年 11 月 9 日	中央财经大学商学院院长
8	王永贵	院长角色定位；院长特质；学院治理与领导班子建设；学科建设与人才培养；学院文化建设；院长考核	2018 年 3 月 29 日	对外经济贸易大学国际商学院院长
9	王欢	院长角色定位；院长特质；学院治理与领导班子建设；学科建设与人才培养；学院文化建设；院长考核	2017 年 11 月 5 日	北京邮电大学经济与管理学院执行院长
10	张维	院长角色定位；院长特质；学院治理与领导班子建设；学科建设与人才培养；学院文化建设；院长考核	2018 年 6 月 12 日	天津大学经济与管理学部原任主任

续表

序号	姓名	访谈主题	访谈时间	所在校院及职位
11	李俊清	院长角色定位；院长特质；学院治理与领导班子建设；学科建设；学院文化建设；院长考核	2017年10月19日	中央民族大学管理学院院长
12	郑晓齐	院长角色定位；院长特质；学院治理与领导班子建设；学科建设与人才培养；学院文化建设；院长考核	2017年11月22日	北京航空航天大学人文社会科学学院院长
13	白中科	院长角色定位；院长特质；学院治理与领导班子建设；学科建设与人才培养；学院文化建设；院长考核	2017年10月16日	中国地质大学（北京）土地科技学院原院长
14	欧名豪	院长角色定位；院长特质；学院治理与领导班子建设；学科建设与人才培养；学院文化建设；院长考核	2018年4月24日	南京农业大学公共管理学院原院长
15	魏农建	院长角色定位；院长特质；学院治理与领导班子建设；学科建设与人才培养；学院文化建设；院长考核	2018年4月19日	上海对外经贸大学工商管理学院原院长
16	刘银喜	院长角色定位；院长特质；学院治理与领导班子建设；学科建设与人才培养；学院文化建设；院长考核	2018年6月12日	内蒙古大学公共管理学院院长
17	尚元君	院长角色定位；院长特质；学院治理与领导班子建设；学科建设与人才培养；学院文化建设；院长考核	2018年4月16日	D大学某理科学院院长
18	樊太亮	院长角色定位；院长特质；学院治理与领导班子建设；学科建设与人才培养；学院文化建设；院长考核	2018年4月12日	中国地质大学（北京）能源学院原院长
19	丁日佳	院长角色定位；院长特质；学院治理与领导班子建设；学科建设与人才培养；学院文化建设；院长考核	2018年6月27日	中国矿业大学（北京）管理学院院长
20	余际从	院长角色定位；院长特质；学院治理与领导班子建设；学科建设与人才培养；学院文化建设；院长考核	2018年8月2日	中国地质大学（北京）原副校长、原人文经管学院院长
21	张汉凯	本科教学、人才培养等	2018年8月7日	中国地质大学（北京）原副校长

续表

序号	姓名	访谈主题	访谈时间	所在校院及职位
22	万力	院长角色定位；院长特质；学院治理与领导班子建设；学科建设与人才培养；学院文化建设；院长考核	2018 年 4 月 11 日	中国地质大学（北京）副校长、原水资源与环境学院院长
23	王训练	院长角色定位；院长特质；学院治理与领导班子建设；学科建设与人才培养；学院文化建设；院长考核	2018 年 6 月 21 日	中国地质大学（北京）副校长、原地学院院长
24	张新民	院长角色定位；院长特质；学院治理与领导班子建设；学科建设与人才培养；学院文化建设；院长考核	2018 年 9 月 5 日	对外经济贸易大学副校长、原国际商学院院长
25	席酉民	院长角色定位；院长特质；学院治理与领导班子建设；学科建设与人才培养；学院文化建设；院长考核	2018 年 10 月 29 日	西交利物浦大学执行校长、英国利物浦大学副校长
26	赵鹏大	院长角色定位；院长特质；学院治理与领导班子建设；学科建设与人才培养；学院文化建设；院长考核	2018 年 4 月 12 日	中国地质大学校长、中国科学院院士

注：尚元君是某“211”大学理科学院院长，笔者曾就院长角色定位及其管理工作对其进行了访谈，尊重该院长意见书中隐去姓名、所在单位名称。